主编◎金乾伟

大学语文

DAXUE YUWEN

编写人员名单(排名不分先后)

包小玲　陈晓锋　金乾伟
李跃敏　刘　莹　韦依娜
喻国伟

西南财经大学出版社
SOUTHWESTERN UNIVERSITY OF FINANCE & ECONOMICS PRESS
中国·成都

图书在版编目(CIP)数据

大学语文/金乾伟主编．—成都:西南财经大学
出版社,2019.9
ISBN 978-7-5504-3989-4

Ⅰ.①大… Ⅱ.①金… Ⅲ.①大学语文课—高等学校—教材
Ⅳ.①H193.9

中国版本图书馆 CIP 数据核字(2019)第 120556 号

大学语文

DAXUE YUWEN

金乾伟 主编

责任编辑	王利
封面设计	张姗姗
责任印制	朱曼丽
出版发行	西南财经大学出版社(四川省成都市光华村街 55 号)
网　　址	http://www.bookcj.com
电子邮件	bookcj@foxmail.com
邮政编码	610074
电　　话	028-87353785
照　　排	四川胜翔数码印务设计有限公司
印　　刷	郫县犀浦印刷厂
成品尺寸	185mm×260mm
印　　张	13.75
字　　数	331 千字
版　　次	2019 年 9 月第 1 版
印　　次	2019 年 9 月第 1 次印刷
印　　数	1— 2000 册
书　　号	ISBN 978-7-5504-3989-4
定　　价	35.00 元

前言

本教材充分考量当下大学生的知识结构和受学心理，在区别中学语文所选课文的基础上，为适应当代人文科学与自然科学日益交叉渗透的发展趋势，精选国内外精品佳作60余篇，经典为主，兼顾当下，突出“互联网+”技术应用，注重课内外资料结合，培养大学生的听、说、读、写才能，积极应用“互联网+”搜集整理相关资料，引导大学生熟练使用电子网络及书面文本文献，通过动脑思考、动口讨论、动脚调研、动手写作等，培养规范回答问题的意识和能力，引导学生努力完成学习目标，成为会学习、会阅读、会写作的应用型复合型人才。

每篇文章编写凡例为：

【互联网+注释】根据需要列出重点词语，或者指导学生查阅难点词汇，理解文中含义丰富的语句；

【互联网+知人论世】重视作者简介，列出作者生平、籍贯、代表作等；可指点学生应用网络电子文献补充与作者相关的内容，或者成长经历，或者写作佳话，或者代表作典故等；

【文本解读+鉴赏力】分析文本背景、写作意图、结构布局，培养学生鉴赏能力。

【阅读思考+创造力】设计思考题3个左右，引导学生规范回答，培养学生实践应用能力。

【互联网+拓展链接】指导阅读相关篇目，列举2~3篇，进一步加大阅读量，培养学生敏锐的语感，潜移默化地提升学生语文水平。

编写本书着眼于训练学生的文本鉴赏与思辨创新能力，指导学生有效利用工具书和网络，积极展开自主学习，旨在提升当代大学生的阅读能力与写作能力，加大大学层面上的母语教育力度，提高学生的语文应用水平。特别是联系应用网络技术，汇编有代表性的传统经典诗词文章，同时精选国内外新时代佳作，通过深入学习，树立文化自信和创新自信，进一步巩固中华民族共同体文化认同，让中华文化展现其永久魅力和时代风采。

全书共分为八个主题单元：第一章为以正治国（政论文）、第二章为科技文献（科技文）、第三章为故土亲情（亲情文）、第四章为两姓之好（婚恋文）、第五章为自然生态（生态美文）、第六章为生命如歌（生命美文）、第七章为艺术人生（美学文）、第八章为应用文类（实用文）。

全书由金乾伟担任主编，负责策划并设计编写框架，草拟文章篇目，经过讨论完善后组织老师编写，并负责本书的最后统稿和审定。具体分工如下：

喻国伟：《论语（六则）》《道德经（三章）》《墨子·兼爱（上）》《孟子·尽心章句（下）》《礼记·小康》《争臣论》《题梁任父同年》《论世变之亟》《中国书法》；

韦依娜：《周南·桃夭》《卫风·硕人》《西洲曲》《赠卫八处士》《先妣事略》《木僧行乞》《叶限》《蝶恋花》《游桂林诸山记》《曾国藩家书（两篇）》；

包小玲：《古诗十九首（选二）》《走马川行奉送封大夫出师西征》《贺新郎·甚矣吾衰矣》《西湖七月半》《万里寻兄记》《闺房记乐（节选）》《牡丹亭·惊梦（节选）》《木兰花·拟古决绝词柬友》《聊斋志异·毛大福》；

陈晓锋：《尚书·牧誓》《孙子兵法·用间篇》《论衡·自然篇（节选）》《梦溪笔谈（二则）》《贾谊论》《读第五才子书法（节选）》《童心说》《〈红楼梦〉的两个世界（节选）》；

李跃敏：《玻璃瓶》《书〈洛阳名园记〉后》《祭妹文》《就任北京大学校长之演说》《父亲和我（节选）》《少小离家老大回——我的寻根记》《中国之美》；

刘莹：《初恋》《无言之美》《我的四个假想敌》《一只特立独行的猪》《女孩子的花》《将军族》《十八岁出门远行》《麦琪的礼物》；

金乾伟：《大学（节选）》《潜夫论·浮侈》《论积贮疏》《石炭》《天工开物（二则）》《一派白虹起》《临江仙·滚滚长江东逝水》《闽女》《古代镜子的艺术》《先父对余之幼年教诲》《我一个人思念我们仨（选二）》《哥本哈根精神》《医林改错·半身不遂论叙》《西西弗的神话》《放妻书》《荆楚岁时记（节选）》。

编写本书花费了编者们大量的时间和精力，编写过程中参考了大量的网络和书面文献，吸纳了专家学者的研究成果，在此一并表示感谢。但是由于编者水平有限，加之篇目较多，涉及古今中外各类作品，难免存在错误和问题，恳请各位专家和读者批评指正。特别感谢出版社的领导和编辑老师，正是他们的辛勤付出和真诚帮助，才让这本《大学语文》得以顺利问世。

编者
2019 年 8 月

▶▶目录

第一章 以正治国

论语（六则）

子曰："为政以德，譬如北辰，居其所而众星共[1]之。"（《为政》）

季康子问政于孔子。孔子对曰："政也，正也。子帅[2]以正，孰敢不正。"（《颜渊》）

子曰："其身正，不令而行；其身不正，虽令不从。"（《子路》）

哀公问曰："何为则民服？"孔子对曰："举直错[3]诸枉[4]，则民服；举枉错诸直，则民不服。"（《为政》）

子曰："君子和而不同，小人同而不和。"（《子路》）

有子曰："礼之用，和为贵。先王之道，斯为美。小大由之，有所不行。知和而和，不以礼节之，亦不可行也。"（《学而》）

【互联网+注释】

1. 掌握下列字词：

[1] 共：同"拱"，环绕的意思。

[2] 帅：同"率"，率先。

[3] 错：通"措"，安放，安置。

[4] 枉：邪曲。

2. 理解下列语句的意思：

[1] 政也，正也。子帅以正，孰敢不正。

[2] 举直错诸枉，则民服；举枉错诸直，则民不服。

[3] 君子和而不同，小人同而不和。

【互联网+知人论世】

1. 作者简介：本书作者据传为孔子的学生。本书记录了孔子和他的弟子的言行。

孔子（前551—前479），春秋末期鲁国陬邑（今山东曲阜东南）人，著名思想家、教育家，儒家学派的创始人。因其父母曾为生子而祷于尼丘山，故名丘，字仲尼。其少时家庭贫困，但好学，30岁后开办私学，50岁后有致仕的短暂经历，54岁后游学列国，68岁后致力于教育和整理古代文献。曾修《诗》《书》，定《礼》《乐》，序《周易》，作《春秋》。孔子的思想及学说对后世产生了极其深远的影响。

2. “龙生虎养鹰打扇”的传说

公元前551年，有一个叫颜徵（征）在的女子在尼丘山祝祷归家后，果然怀孕。待怀胎十月时，忽然梦见一位垂髫的仙女，手牵着一只满身龙麟的独角兽，背上坐着一个小孩。仙女言：“此兽名叫麒麟，专为送子而来。”等到出生时，天上传来奏乐声，同时有五个仙翁从云彩中缓缓降下。其中一个说道：“天生圣人，天降音乐。”结果这个孩子一出生，人们就发现他与众不同。其头顶如反盂（中间低四周高），面部有“七露”（双眼露白，双鼻露孔，双耳露轮，嘴露齿），看上去像个怪物，他的父亲叔梁纥和母亲颜徵在就把他扔到野地里了。后来，不知道从哪里飞来一只老鹰，用翅膀给他打扇子，遮蔽骄阳；又有一只老虎将他衔进了一个山洞，并喂给他乳汁。这就是所谓的“龙生虎养鹰打扇”的传说。这个传说至今还在曲阜一带流传。

【文本解读+鉴赏力】

本篇选取《论语》相关篇目中的六个小段，比较集中地体现了孔子治理国家的主张和方法。孔子主张“为政以德”，用道德和礼教来治理国家是最高尚的治国之道。这种治国方略也叫“德治”或“礼治”。这是孔子学说中较有价值的部分，表明儒家治国的基本原则是德治，而非严刑峻法。统治者是社会治理责任的主要承担者，孔子主张统治者应以身作则，端正自身，才能使人民信服，强调正身的效果。这也是“德政”的体现。孔子一贯主张亲君子远小人，在选用人才的问题上仍是如此。荐举贤才、选贤用能，“举直错诸枉”，这是孔子德治思想的重要组成部分。宗法制度下的选官用吏，唯亲是举，非亲非故者即使再有才干，也不会被选用。孔子的这种用人思想可说在当时是一大进步。“任人唯贤”的思想，在今天仍不失其珍贵的价值。如何处理人际关系也是社会治理的重要内容，孔子在继承和发展史伯、晏婴“和同之辩”的基础上，提出“君子和而不同，小人同而不和”。孔子的“和同观”对构建和谐社会具有重要价值。

中国自远古三代就有“以德治世”的思想传统。孔子继周公之后，第一次明确提出了“德政”的思想，开儒家德治主义之先河，强调道德在人类社会中的重要作用，把道德视为治国安邦、协调人际关系、提高个人修养的根基和出发点。后经孟子、荀子的系统发挥，《大学》《中庸》的理论升华，形成了一套严密、完整、系统的治国方略，成为中国传统政治文化中极为重要的组成部分。

在当今社会，古代德治主义思想虽不能直接作为治国之道为我所用，但其思想精髓及合理内核仍具有显著的价值意义，并为当今实施以德治国方略提供了必要的思想资源。

【阅读思考+创造力】

1. 儒家“德治”的具体措施是什么？

2. 阅读有关文献，谈谈晏子与孔子“和同观”的异同。

【互联网+拓展链接】

1. 利用课余朗诵《论语》全文。
2. 根据史料准确描绘孔子游学列国的路线图。
3. 观看周润发主演的电影《孔子》，并写一篇影评，不少于800字。

大学（节选）

大学之道[1]，在明明德[2]，在亲民[3]，在止于至善。知止[4]而后有定，定而后能静，静而后能安，安而后能虑，虑而后能得。物有本末，事有终始，知所先后，则近道矣。古之欲明明德于天下者，先治其国；欲治其国者，先齐其家[5]；欲齐其家者，先修其身；欲修其身者，先正其心；欲正其心者，先诚其意；欲诚其意者，先致其知[6]；致知在格物[7]。物格而后知至，知至而后意诚，意诚而后心正，心正而后身修，身修而后家齐，家齐而后国治，国治而后天下平。自天子以至于庶人[8]，壹是[9]皆以修身为本。其本乱而末[10]治者，否矣！其所厚者薄而其所薄者厚[11]，未之有也[12]。此谓知本，此谓知之至也。

【互联网+注释】

1. 掌握下列字词：

［1］大学之道：大学的宗旨。“大学”一词在古代有两种含义：一是“博学”的意思；二是相对于小学而言的“大人之学”。古人八岁入小学，学习“洒扫应对进退、礼乐射御书数”等文化基础知识和礼节；十五岁入大学，学习伦理、政治、哲学等“穷理正心，修己治人”的学问。所以，后一种含义其实也和前一种含义有相通的地方，同样有“博学”的意思。“道”的本义是道路，引申为规律、原则等，在中国古代哲学、政治学里，也指宇宙万物的本原、个体，一定的政治观或思想体系等，在不同的上下文环境里有不同的意思。

［2］明明德：前一个“明”作动词，有使动的意味，即“使彰明”，也就是发扬、弘扬的意思。后一个“明”作形容词，明德也就是光明正大的品德。

［3］亲民：有两种说法。一是《管子·形势解》：“道之纯厚，遇之有实，虽不言曰‘吾亲民’，而民亲矣。”王阳明曾与弟子徐爱辨亲民和新民，认为“宜从旧本作亲民”，列在《传习录》首章，“说亲民便是兼教养意，说新民便觉偏了”。“亲民”的目的主要是在于“齐家”，齐家即亲民也。“亲民”二字与上面“明明德”相结合，即弘扬光明的品德，要学习并应用于日常生活当中，大人的学问即从生活中来。二是程颐、朱熹解“亲”作“新”，即革新、弃旧图新。亲民，也就是新民，使人弃旧图新、去恶从善。

［4］知止：知道目标之所在。

［5］齐其家：管理好自己的家庭或家族，使家庭或家族和和美美、蒸蒸日上、兴旺发达。

［6］致其知：使他具有真正的知识。

［7］格物：研究事物的原理。

［8］庶人：平民百姓。

［9］壹是：都是。

［10］末：相对于“本”而言，枝节。

［11］厚者薄：该重视的不重视。薄者厚：不该重视的却加以重视。

［12］未之有也：即未有之也。没有这样的道理（事情、做法等）。

2. 理解下列语句的意思：

［1］大学之道，在明明德，在亲民，在止于至善。

［2］物格而后知至，知至而后意诚，意诚而后心正，心正而后身修，身修而后家齐，家齐而后国治，国治而后天下平。

［3］自天子以至于庶人，壹是皆以修身为本。

［4］其本乱而末治者，否矣！其所厚者薄而其所薄者厚，未之有也。

【互联网+知人论世】

1. 作品简介.《大学》原为《礼记》的第四十二篇。宋朝程颢、程颐兄弟把它从《礼记》中抽出，编辑章句。朱熹将《大学》《中庸》《论语》《孟子》合编注释，称为《四书》。至于《大学》的作者，程颢、程颐认为是“孔氏之遗言也”。

朱熹把《大学》重新编排整理，分为“经”一章、“传”十章。他认为，“经一章盖孔子之言，而曾子述之；其传十章，则曾子之意而门人记之也”。就是说，“经”是孔子的话，曾子记录下来；“传”是曾子解释“经”的话，由曾子的学生记录下来。这样的编排就成为后世常见的《大学》版本。

2. 列举古代仁人志士如何从儒家经典书目《大学》汲取做人做事的道理的案例。

【文本解读+鉴赏力】

之所以说儒家是入世的，从《大学》论述的“三纲领八条目”就完全能领会到。人生在世要从自然人转化为社会人，就需要一套做人的标准作为指引。“明明德、亲民、止于至善”是人生修养进取的最高目标！这就是“三纲领”。还要明确“八条目”：“格物、致知、诚意、正心、修身、齐家、治国、平天下”非常清晰地指明了人生学习进步、逐渐完善自我的步骤，一步一个脚印，努力实干，就能为人生赢得不朽，为天下谋取福祉。

确实如此。出身卑微、身无分文的穷酸书生，通过《大学》依然看到了明天的太阳艳丽无比、温暖无比，相信灿烂的阳光一定会照到每个人、每个角落，映着人们的笑脸、暖着人们的心灵。他们发自内心地自信，发出了“为天地立心，为生民立命，为往圣继绝学，为万世开太平”的豪言壮语，并用全部的心血、一生的行动致力于建设政治清明、百姓安居乐业的美好世界！

“三纲八目”成为华人世界通行的语言，正是“格物、致知、诚意、正心、修身、齐家、治国、平天下”，让三千年后的我们找到了传统文化的精髓，也让远在异国他乡的华人，找到了与祖国乡音共鸣的话语，我们在中外交流中重新找到了文化自信。直到今天这还是值得深入挖掘的新课题，顺着“三纲八目”投射的光彩，我们就找到了儒学的入室大门，紧紧围绕“修身”这个关键环节，致力于“格物、致知、诚意、正心”内修，锤炼能力，就可为“齐家、治国、平天下”外治立下不世之功。

【阅读思考+创造力】

1. 说说本篇倡导的“三纲领八条目”与古代社会以科举选取国家栋梁的关系。
2. 为何说我国文人书生“十人九儒”？

【互联网+拓展链接】

1. 阅读《大学》内容，汇总其名言警句。
2. 结合儒家经典著作的学习，写一篇文章概括理想中的君子人格，不少于500字。

墨子·兼爱（上）

墨翟

圣人以治天下为事者也，必知乱之所自起，焉能治之；不知乱之所自起，则不能治。譬之如医之攻人之疾者然：必知疾之所自起，焉能攻之；不知疾之所自起，则弗能攻。治乱者何独不然？必知乱之所自起，焉能治之；不知乱之所自起，则弗能治。圣人以治天下为事者也，不可不察乱之所自起。

当[1]察乱何自起，起不相爱。臣子之不孝君父，所谓乱也。子自爱，不爱父，故亏父而自利；弟自爱，不爱兄，故亏兄而自利；臣自爱，不爱君，故亏君而自利，此所谓乱也。虽父之不慈子，兄之不慈弟，君之不慈臣，此亦天下之所谓乱也。父自爱也，不爱子，故亏子而自利；兄自爱也，不爱弟，故亏弟而自利；君自爱也，不爱臣，故亏臣而自利。是何也？皆起不相爱。

虽至天下之为盗贼者亦然：盗爱其室，不爱其异室，故窃异室以利其室。贼爱其身，不爱人，故贼人以利其身。此何也？皆起不相爱。虽至大夫之相乱家，诸侯之相攻国者亦然：大夫各爱其家，不爱异家，故乱异家以利其家；诸侯各爱其国，不爱异国，故攻异国以利其国。天下之乱物，具此而已矣。察此何自起？皆起不相爱。

若使天下兼相爱，爱人若爱其身，犹有不孝者乎？视父兄与君若其身，恶[2]施不孝？犹有不慈者乎？视弟子与臣若其身，恶施不慈？故不孝不慈亡[3]有。犹有盗贼乎？故视人之室若其室，谁窃？视人身若其身，谁贼？故盗贼亡有。犹有大夫之相乱家、诸侯之相攻国者乎？视人家若其家，谁乱？视人国若其国，谁攻？故大夫之相乱家、诸侯之相攻国者亡有。若使天下兼相爱，国与国不相攻，家与家不相乱，盗贼无有，君臣父子皆能孝慈，若此，则天下治。

故圣人以治天下为事者，恶得不禁恶而劝爱？故天下兼相爱则治，交相恶则乱。故子墨子曰：“不可以不劝爱人者，此也。”

【互联网+注释】

1. 掌握下列字词：

［1］当：读为“尝”，曾经。

[2] 恶（wū）：何。

[3] 亡：通“无”。

2. 理解下列语句的意思：

[1] 圣人以治天下为事者也，必知乱之所自起，焉能治之；不知乱之所自起，则不能治。

[2] 若使天下兼相爱，国与国不相攻，家与家不相乱，盗贼无有，君臣父子皆能孝慈，若此，则天下治。

【互联网+知人论世】

1. 作者简介：墨子（公元前468—公元前390），名翟（dí），春秋末战国初期宋国（今河南商丘）人，一说鲁国（今山东滕州）人。战国时期著名的思想家、教育家、科学家、军事家，墨家学派的创始人。墨子曾经师从于儒者，学习孔子之术，称道尧舜大禹，学习《诗》《书》《春秋》等儒家典籍。但后来逐渐对儒家繁琐的礼乐感到厌烦，最终舍掉了儒学，开创了自己的墨家学派。

2. 轶事典故

墨子泣丝

墨子见人染丝，感叹道：“用青色染丝就变成青色，用黄色染丝就变成黄色。染料变了，丝色也随之而变；放入五种染料，丝就呈现五种颜色。所以对于染丝不可不慎重啊！”不仅染丝如此，治国处世也如同染丝一样。人性如丝，必择所染。

墨子救宋

鲁国工匠公输般为楚王造了“云梯”，楚王决定凭此新式武器去侵略宋国。墨子听说后，长途跋涉到楚国找到公输班，并劝阻楚王伐宋，使楚王打消了攻宋的念头。

【文本解读+鉴赏力】

在春秋、战国的历史大变革当中，思想家们针对如何稳定社会秩序、重建社会伦理原则，提出了不同的思想主张。孔子提出“仁爱”思想，老子提出“无为”思想，而墨子的“兼爱”思想则独树一帜。所谓兼爱，包含平等与博爱的意思。墨子要求君臣、父子、兄弟都要在平等的基础上相互友爱，“爱人若爱其身”，并认为社会上之所以出现乱象，正是天下人不相爱所致。只有通过“兼相爱，交相利”才能达到社会安定的状态。墨子始终坚持从社会公众的利益出发，主张无差等的对生命整体的爱，爱人若爱己，并且认为这种“爱”是相互的，而且是对生命的、整体的相互的爱。这种理论具有反抗贵族等级观念的进步意义，但同时也带有强烈的理想色彩。墨子的“兼爱”思想不仅对当时稳定社会起了一定作用，而且将会对我们今天的和谐社会建设产生积极和深远的影响。

墨子的“兼爱”思想有两个最基本的含义：一是视人若己。“兼爱”就是把别人的国、家、身当作自己的国、家、身一样看待，同等地爱护。人们只有彼此相爱，“爱人若爱其身”“视父兄与君若其身”“视弟子与臣若其身”“视人之室若其室”“视人家若其家”“视人国若其国”“若此，则天下治”。墨子的“兼爱”思想超越儒家“亲亲有术”“爱有差等”的“爱人”原则，否定了亲疏有别的宗法观念。二是爱人若爱己。“父自爱也，不爱子，故亏子而自利；兄自爱也，不爱弟，故亏弟而自利；君自爱也，不爱臣，故亏臣而自利。是何也？皆起不相爱。”因此，墨子认为：人人实行“兼爱”，爱人若爱己，才能消除社会乱象。墨子把“兼爱”看成是一个“仁者”所追求的最高道德理想。

【阅读思考+创造力】

1. 墨子“兼爱”思想的主要内涵是什么？
2. 墨子“兼爱”思想对当今构建和谐社会有何现实意义？

【互联网+拓展链接】

1. 墨子“兼爱”思想对孔子“仁爱”思想有何突破？
2. 墨子“兼爱”思想对后世有哪些影响？
3. 积累资料，写一篇研究墨子的学术论文，不少于 3 500 字。

道德经（三章）

老子

圣人无常心[1]，以百姓心为心。善者，吾善之；不善者，吾亦善之；德[2]善。信者，吾信之；不信者，吾亦信之；德信。圣人在天下，歙歙[3]焉，为天下浑其心[4]，百姓皆注其耳目，圣人皆孩之[5]。（《道德经》第 49 章）

以正[6]治国，以奇[7]用兵，以无事取天下。吾何以知其然哉？以此：天下多忌讳，而民弥贫；人多利器，国家滋昏；人多伎巧[8]，奇物滋起；法令滋彰，盗贼多有。故圣人云：“我无为，而民自化；我好静，而民自正；我无事，而民自富；我无欲，而民自朴。”（《道德经》第 57 章）

天下莫柔弱于水，而攻坚强者莫之能胜，以其无以易之[9]。柔之胜刚，弱之胜强，天下莫不知，而莫能行。是以圣人云：“受国之垢，是谓社稷主；受国之不祥，是谓天下王。”正言若反[10]。（《道德经》第 78 章）

【互联网+注释】

1. 掌握下列字词：

[1] 无常心：长久保持无私心。

[2] 德：假借为“得”。

[3] 歙（xi）：吸气。此处指收敛欲望。

[4] 浑其心：使人心思归于淳朴。

[5] 圣人皆孩之：圣人使百姓们都回复到婴孩般纯真质朴的状态。

[6] 正：此处指无为、清静之道。

[7] 奇：奇巧、诡秘。

[8] 伎巧：指技巧、智巧。人们的伎俩很多。

[9] 无以易之：易，替代、取代。没有什么能够代替它。

[10] 正言若反：正面的话好像反话一样。

2. 理解下列语句的意思：

[1] 圣人无常心，以百姓心为心。

[2] 圣人在天下，歙歙焉，为天下浑其心，百姓皆注其耳目，圣人皆孩之。

[3] 天下多忌讳，而民弥贫；人多利器，国家滋昏；人多伎巧，奇物滋起；法令滋彰，盗贼多有。

[4] 受国之垢，是谓社稷主；受国之不祥，是谓天下王。

【互联网+知人论世】

1. 作者简介：老子（约公元前571—公元前471），字伯阳，谥号聃，又称李耳，楚国苦县厉乡曲仁里（今河南省鹿邑县太清宫镇）人。他曾做过周朝“守藏室之官”（管理藏书的官员），是我国古代伟大的哲学家和思想家、道家学派创始人，著有《道德经》一书。该书是道家学派的经典著作。他的学说后来被庄周继承和发展。道家后人将老子视为宗师。史载孔子曾向老子请教关于礼的问题。老子与后世的庄子并称“老庄”。

2. 外国人论老子：

（1）德国哲学大师黑格尔（1770—1831）在《历史哲学》中说：“老子的著作，尤其是他的《道德经》，最受世人崇拜。”

（2）德国哲学家尼采（1844—1900）曾评论《道德经》一书说：“老子思想的集大成——《道德经》，像一眼永不枯竭的井泉，满载宝藏，放下汲桶，唾手可得。”

（3）法国哲学家德里达（1930—2004）认为：“整个西方思想与民族精神，都以逻各斯为中心概念。逻各斯是西方民族精神的最高概念，道是中华民族精神的最高概念，二者惊人的相似，可以说是逻各斯与道同在。”

（4）美国科学家威尔杜兰（1885—1981）在《世界文明历史》中说：“或许除了《道德经》外，我们要焚毁所有的书籍，而在《道德经》中寻得智慧的摘要。”

（5）日本当代学者卢川芳郎说：“《道德经》有一种魅力，它给在世俗世界压迫下疲惫的人们以一种神奇的力量。”

（6）苏联著名汉学家李谢维奇说：“老子是国际的，是属于全人类的。”

【文本解读+鉴赏力】

《道德经》一书，又名《老子》或《道德真经》。《道德经》《易经》和《论语》被认为是对中国人影响最深远的三部思想巨著。《道德经》分为上、下两部分，共81章，前37章为上篇道经，第38章以下属下篇德经，全书的思想结构是：道是德的“体”，德是道的“用”。全文共计5 000字左右。

《道德经》第49章表达了老子的政治思想。文中所讲的“圣人”，是老子理想中的执政者。老子说的“圣人”是指符合“道”的统治者，即是不能有自己的意志，而要有百姓的意志，也就是不能有自己的主观意愿，不能以自我为中心，不能有“我执”。“圣人无常心”，就是圣人永远不要有自我意志。不能从自我意志出发去决定好恶、判断是非，也不能以自我意志去限定百姓意志。而要反过来，以百姓意志为主去决定自己的意志。这就叫顺应自然、符合大道。这样，我与百姓之间、人与自然之间的隔阂才能打破、距离才能消除，从而达到人我合一、天我合一。对待“善者”和“不善者”的态度，主要有两种，一种是以善对善，以不善对不善，这是有差别的态度；另一种是无论是善还是不善，都以善对待他，这是一种无差别的态度，是慈悲、慈爱的表现。老子采用的是后一种态度。这也是一种“德治”态度，以宽容的胸怀来感化人民，包括那些不善者，从而化解矛盾、消除对立，尤其是启发不善者改变自己的价值观，改变自己的不善。这样一来，天下人的品德都向善了。同样，对待“信者”与“不信者”的态度也有两种，老子采用的是无差别的诚信态度，以此去感化不信者，从而改变不信者的价值观，使天下人的品德都归于诚信。

《道德经》第 57 章是对“无为”的社会政治观点的概括。在本章里，老子以“天下多忌讳，而民弥贫；人多利器，国家滋昏；人多伎巧，奇物滋起；法令滋彰，盗贼多有”反证应以“无事取天下”。结尾假托有道的圣人之言，长言无为之治，章法井然。老子生活的时代，社会动荡不安，严峻的现实使他感到统治者依仗权势、武力，肆意横行，为所欲为，造成天下混乱的局面。所以老子提出了“无为”“好静”“无事”“无欲”的治国方案。此方案充满了脱离实际的幻想成分，但这对于头脑清醒的统治者为政治民还是会有益处的。

《道德经》第 78 章以水为例，说明弱可以胜强、柔可以胜刚的道理。老子认为，水虽然表面上看来是柔弱卑下的，但它能穿山透石、淹田毁舍，任何坚强的东西都阻止不了它、战胜不了它；因此，老子坚信柔弱的东西必能胜过刚强的东西。这里，老子所说的柔弱，是柔中带刚、弱中有强，坚韧无比。所以，对于老子柔弱似水的主张，应该加以深入理解，不能停留在字面上。由此推而言之，老子认为，体道的圣人就像水一样，甘愿处于卑下柔弱的位置，对国家和人民实行“无为而治”。本章后面有一句话：“正言若反”，集中概括了老子的辩证法思想，其含义十分深刻、丰富。

【阅读思考+创造力】

1. 简述老子的治国理念及其现实启示意义。
2. 老子提出的“无为”的含义是什么？
3. 谈谈你对“正言若反”的理解。

【互联网+拓展链接】

1. 老子说的“圣人”和孔子所说的“圣人”有何不同？
2. 观看电视剧《老子传奇》，体会艺术世界中的老子形象。

孟子·尽心章句（下）

孟子

第一章

孟子曰：“不仁哉，梁惠王也！仁者以其所爱及其所不爱，不仁者以其所不爱及其所爱。”

公孙丑曰：“何谓也？”

“梁惠王以土地之故，糜烂其民而战之，大败，将复之，恐不能胜，故驱其所爱子弟以殉之，是之谓以其所不爱及其所爱也。”

第二章

孟子曰：“春秋无义战。彼善于此，则有之矣。征者上伐下也，敌国不相征也。”

第三章

孟子曰：“尽信《书》[1]，则不如无《书》。吾于《武成》，取二三策而已矣。仁人无敌于天下。以至仁伐至不仁，而何其血之流杵也？”

第四章

孟子曰：“有人曰：‘我善为陈，我善为战。’大罪也。国君好仁，天下无敌焉。南面而征北狄怨，东面而征西夷怨。曰：‘奚为后我？’武王之伐殷也，革车三百两，虎贲三千人。王曰：‘无畏！宁尔也，非敌百姓也。’若崩厥角稽首。征之为言正也，各欲正己也，焉用战？”

第五章

孟子曰：“梓匠轮舆，能与人规矩，不能使人巧。”

第六章

孟子曰：“舜之饭糗[2]茹草也，若将终身焉；及其为天子也，被袗[3]衣，鼓琴，二女果[4]，若固有之。”

第七章

孟子曰：“吾今而后知杀人亲之重也：杀人之父，人亦杀其父；杀人之兄，人亦杀其兄。然则非自杀之也，一间[5]耳。”

第八章

孟子曰：“古之为关也，将以御暴。今之为关也，将以为暴。”

第九章

孟子曰：“身不行道，不行于妻子；使人不以道，不能行于妻子。”

第十章

孟子曰：“周[6]于利者，凶年不能杀[7]；周于德者，邪世不能乱。”

第十一章

孟子曰：“好名之人，能让千乘之国；苟非其人，箪食豆羹见于色。”

第十二章

孟子曰：“不信仁贤，则国空虚。无礼义，则上下乱。无政事，则财用不足。”

第十三章

孟子曰："不仁而得国者，有之矣；不仁而得天下，未之有也。"

第十四章

孟子曰："民为贵，社稷次之，君为轻。是故得乎丘[8]民为天子，得乎天子为诸侯，得乎诸侯为大夫。诸侯危社稷，则变置。牺牲既成，粢[9]盛既洁，祭祀以时，然而旱干水溢，则变置社稷。"

第十五章

孟子曰："圣人，百世之师也，伯夷、柳下惠是也。故闻伯夷之风者，顽夫廉，懦夫有立志；闻柳下惠之风者，薄夫敦，鄙夫宽。奋乎百世之上。百世之下，闻者莫不兴起也。非圣人而能若是乎，而况于亲炙之者乎？"

第十六章

孟子曰："仁也者，人也。合而言之，道也。"

第十七章

孟子曰："孔子之去鲁，曰：'迟迟吾行也。'去父母国之道也。去齐，接淅而行，去他国之道也。"

第十八章

孟子曰："君子之厄于陈蔡之闲，无上下之交也。"

第十九章

貉稽曰："稽大不理于口。"

孟子曰："无伤也。士憎兹多口。诗云：'忧心悄悄[10]，愠[11]于群小。'孔子也。'肆[12]不殄[13]厥[14]愠，亦不陨厥问。'文王也。"

第二十章

孟子曰："贤者以其昭昭，使人昭昭；今以其昏昏，使人昭昭。"

第二十一章

孟子谓高子曰："山径之蹊闲，介[15]然用之而成路。为闲不用，则茅塞之矣。今茅塞子之心矣。"

第二十二章

高子曰："禹之声，尚文王之声。"

孟子曰："何以言之？"

曰："以追蠡。"

曰："是奚足哉？城门之轨，两马之力欤？"

第二十三章

齐饥。陈臻曰："国人皆以夫子将复为发棠，殆不可复。"

孟子曰："是为冯妇也。晋人有冯妇者，善搏虎，卒为善士。则之野，有众逐虎。虎负嵎，莫之敢撄。望见冯妇，趋而迎之。冯妇攘臂下车。众皆悦之，其为士者笑之。"

第二十四章

孟子曰："口之于味也，目之于色也，耳之于声也，鼻之于臭也，四肢之于安佚也，性也。有命焉，君子不谓性也。仁之于父子也，义之于君臣也，礼之于宾主也，智之于贤者也，圣人之于天道也，命也。有性焉，君子不谓命也。"

第二十五章

浩生不害问曰："乐正子，何人也？"

孟子曰："善人也，信人也。"

"何谓善？何谓信？"

曰："可欲之谓善，有诸己之谓信。充实之谓美，充实而有光辉之谓大，大而化之之谓圣，圣而不可知之之谓神。乐正子，二之中，四之下也。"

第二十六章

孟子曰："逃墨[16]必归于杨，逃杨必归于儒。归，斯受之而已矣。今之与杨墨辩者，如追放豚，既入其苙[17]，又从而招之。"

第二十七章

孟子曰："有布缕之征，粟米之征，力役之征。君子用其一，缓其二。用其二而民有殍，用其三而父子离。"

第二十八章

孟子曰："诸侯之宝三：土地、人民、政事。宝珠玉者，殃必及身。"

第二十九章

盆成括仕于齐。孟子曰："死矣，盆成括！"盆成括见杀。门人问曰："夫子何以知其将见杀？"

曰："其为人也小有才，未闻君子之大道也，则足以杀其躯而已矣。"

第三十章

孟子之滕，馆于上宫[18]。有业屦于牖上，馆人求之弗得。

或问之曰："若是乎从者之廋[19]也？"

曰："子以是为窃屦[20]来欤？"

曰：“殆非也。夫予之设科[21]也，往者不追，来者不拒。苟以是心至，斯受之而已矣。”

第三十一章

孟子曰：“人皆有所不忍，达之于其所忍，仁也；人皆有所不为，达之于其所为，义也。人能充无欲害人之心，而仁不可胜用也；人能充无穿踰之心，而义不可胜用也。人能充无受尔汝之实，无所往而不为义也。士未可以言而言，是以言餂[22]之也；可以言而不言，是以不言餂之也，是皆穿踰之类也。”

第三十二章

孟子曰：“言近而指远者，善言也；守约而施博者，善道也。君子之言也，不下带而道存焉。君子之守，修其身而天下平。人病舍其田而芸人之田，所求于人者重，而所以自任者轻。”

第三十三章

孟子曰：“尧舜，性者也；汤武，反之也。动容周旋中礼者，盛德之至也；哭死而哀，非为生者也；经德不回，非以干禄也；言语必信，非以正行也。君子行法，以俟命而已矣。”

第三十四章

孟子曰：“说大人，则藐之，勿视其巍巍然。堂高数仞，榱题数尺，我得志弗为也；食前方丈，侍妾数百人，我得志弗为也；般[23]乐饮酒，驱骋田猎，后车千乘，我得志弗为也。在彼者，皆我所不为也；在我者，皆古之制也，吾何畏彼哉？”

第三十五章

孟子曰：“养心莫善于寡欲。其为人也寡欲，虽有不存焉者，寡矣；其为人也多欲，虽有存焉者，寡矣。”

第三十六章

曾晳嗜羊枣，而曾子不忍食羊枣。

公孙丑问曰：“脍炙与羊枣孰美？”

孟子曰：“脍炙哉！”

公孙丑曰：“然则曾子何为食脍炙而不食羊枣？”

曰：“脍炙所同也，羊枣所独也。讳名不讳姓，姓所同也，名所独也。”

第三十七章

万章问曰：“孔子在陈曰：‘盍归乎来！吾党之士狂简，进取，不忘其初。’孔子在陈，何思鲁之狂士？”

孟子曰：“孔子曰：‘不得中道而与之，必也狂狷乎！狂者进取，狷者有所不为也。’孔子岂不欲中道哉？不可必得，故思其次也。”

“敢问何如斯可谓狂矣？”

曰：“如琴张、曾皙、牧皮者，孔子之所谓狂矣。”

“何以谓之狂也？”

曰：“其志嘐嘐然，曰：‘古之人，古之人。’夷考其行而不掩焉者也。狂者又不可得，欲得不屑不洁之士而与之，是狷也，是又其次也。孔子曰：‘过我门而不入我室，我不憾焉者，其惟乡原乎！乡原，德之贼也。’”

曰：“何如斯可谓之乡原矣？”

曰：“‘何以是嘐嘐也？言不顾行，行不顾言，则曰：古之人，古之人。行何为踽踽凉凉？生斯世也，为斯世也，善斯可矣。’阉然媚于世也者，是乡原也。”

万章曰：“一乡皆称原人焉，无所往而不为原人，孔子以为德之贼，何哉？”

曰：“非之无举也，刺之无刺也；同乎流俗，合乎污世；居之似忠信，行之似廉洁；众皆悦之，自以为是，而不可与入尧舜之道，故曰德之贼也。孔子曰：‘恶似而非者：恶莠，恐其乱苗也；恶佞，恐其乱义也；恶利口，恐其乱信也；恶郑声，恐其乱乐也；恶紫，恐其乱朱也；恶乡原，恐其乱德也。’君子反经而已矣。经正，则庶民兴；庶民兴，斯无邪慝矣。”

第三十八章

孟子曰：“由尧舜至于汤，五百有余岁，若禹、皋陶，则见而知之；若汤，则闻而知之。由汤至于文王，五百有余岁，若伊尹、莱朱则见而知之；若文王，则闻而知之。由文王至于孔子，五百有余岁，若太公望、散宜生，则见而知之；若孔子，则闻而知之。由孔子而来至于今，百有余岁，去圣人之世，若此其未远也；近圣人之居，若此其甚也，然而无有乎尔，则亦无有乎尔。”

【互联网+注释】

1. 掌握下列字词：

[1]《书》：指《尚书》。《武成》是《尚书》中的一篇文章。

[2] 糗（qiǔ）：这里为炒熟的米、麦等谷物之意。茹：这里为“吃”之意。

[3] 袗（zhěn）：这里是指绣有花纹的华贵衣服。

[4] 果：通“祼”。古代帝王以酒祭奠祖先或赐宾客饮之礼。

[5] 间：这里是“间隙”之意。

[6] 周：这里是“周密”“周到”之意。

[7] 杀：这里是“败坏”“衰败”之意。

[8] 丘：这里是“聚居”之意。

[9] 粢：这里是指古代供祭祀用的谷物。

[10] 悄：这里是指忧愁的样子。

[11] 愠：这里是“恼怒”“怨恨”之意。

[12] 肆：本义为“陈列”，这里引申为“展现”。

[13] 殄：这里是“断绝”“竭尽”之意。

[14] 厥：这里是代词，相当于“其”。

[15] 介：这里是“独特”之意。

[16] 墨：墨子，即墨翟，战国初期思想家，墨家学派的创始人。杨：杨子，姓杨名朱，又称阳子居、阳生，魏国人，战国初期思想家，主张“贵生”“重己”。

[17] 苙：这里用为畜栏之意。

[18] 上宫：上等的旅馆。

[19] 屦（jù）：这里指用麻、葛等制成的单底鞋。业屦：未织完的鞋子。

[20] 廋（sōu）：这里为“搜求”之意。

[21] 设科：办教育。

[22] 餂：这里为用甜言蜜语诱取、探取之意。

[23] 般：通“班”。这里为“颁布”之意。

2. 理解下列语句的意思：

[1] 不信仁贤，则国空虚。无礼义，则上下乱。无政事，则财用不足。

[2] 年秋，先父挈余往，先瞻拜至圣先师像，遂四人同塾。

[3] 仁也者，人也。合而言之，道也。

[4] 贤者以其昭昭，使人昭昭；今以其昏昏，使人昭昭。

【互联网+知人论世】

1. 作者简介：孟子（前 372—前 289），名轲，字子舆（一说字子车或子居）。邹（今山东邹城）人。中国古代著名思想家、教育家，战国时期儒家代表人物。《韩诗外传》载有他母亲“断织”等故事，《列女传》载有他母亲“三迁”和“去齐”等故事。《史记·孟子荀卿列传》说他“受业孔伋之门人”比较可信。孔子第四代弟子。著有《孟子》一书。孟子继承并发扬了孔子的思想，成为仅次于孔子的一代儒家宗师，有“亚圣”之称，与孔子合称为“孔孟”。

2. 《孟子》中的经典名句

(1) 仁者无敌。——《梁惠王（上）》

(2) 君子莫大乎与人为善。——《公孙丑（上）》

(3) 上有好者，下必有甚焉者矣。——《滕文公（上）》

(4) 不以规矩，不能成方圆。——《离娄（上）》

(5) 声闻过情，君子耻之。——《离娄（下）》

(6) 人不可以无耻，无耻之耻，无耻矣。——《尽心（上）》

(7) 穷则独善其身，达则兼善天下。——《尽心（上）》

(8) 尽信《书》，则不如无《书》。——《尽心（下）》

【文本解读+鉴赏力】

本篇是《孟子》全书的最后一篇。全篇原文共 38 章，比较集中地记录了战国时期思想家孟子的治国思想和政治策略。

本篇所蕴含的孟子治国思想，首先体现在其“民本、仁政”思想上。孟子认为如何对待人民，对于国家的治乱兴亡非常重要。“不信仁贤”“无礼义”“无政事”则导致国家衰亡。“诸侯之宝三：土地、人民、政事。宝珠玉者，殃必及身。”（第 28 章）君主必须重视人民，否则就会亡国。孟子根据战国时期的经验，总结各国治乱兴亡的规律，提出了一个富有民主精神的著名命题：“民为贵，社稷次之，君为轻。”（第 14

章）把人民放在第一位，国家其次，君在最后。孟子主张民为贵、君为轻，实际上是一种民本主义思想。所谓“民本”就是以民众、老百姓作为国家社会的根本和主体。民本思想与中国古代人贵论思想和人本思想紧密联系。

以民为本就要对人民施行仁政，要对人民“省刑罚，薄税敛”。“古之为关也，将以御暴。今之为关也，将以为暴。”（第 8 章）同样是关卡，用处却不一样。古代设立关卡，是为了抵御外部侵略；今天设立关卡，却是为了横征暴敛。可以看出，孟子对当时统治者对人民横征暴敛的不满和极度愤怒。“有布缕之征，粟米之征，力役之征。君子用其一，缓其二。用其二而民有殍，用其三而父子离。”（第 27 章）孟子举此三种，一则因为这是当时社会主要税赋，二则主要说明作为统治者一定爱惜民力，征用有度，否则将民不聊生、妻离子散，进而给国家安定带来隐患。这是孟子从税赋的角度阐发他的“民为邦本”的思想。“仁也者，人也。合而言之，道也。”（第 16 章）仁，就是人。人和仁合起来就是道。孟子明确主张作为君王一定要实行仁政，否则不仅得到的少，还有可能会得而复失。“不仁而得国者，有之矣；不仁而得天下，未之有也。”（第 13 章）

孟子反对实行霸道，即用兼并战争去征服别的国家；而应该行仁政，争取民心归附。梁惠王为了扩张土地，糟蹋百姓的生命，驱使他们去打仗。大败后准备再打，又担心不能取胜，所以又驱使本族子弟去为他送死。这就叫把带给他所不爱的人的祸害推及他所爱的人，所以孟子说：“不仁哉，梁惠王也！”（第 1 章）孟子反对战争，认为春秋无义战。孟子以商汤和武王为例，说明仁君要以仁爱征服天下，而不是以武力、以牺牲百姓的生命为代价征服天下。“吾今而后知杀人亲之重也：杀人之父，人亦杀其父；杀人之兄，人亦杀其兄。然则非自杀之也，一间耳。”（第 7 章）孟子从根本上反对战争，反对屠杀，认为杀人者必被人杀，虽非亲杀，但和亲杀没有区别，以此告诫人们，不可妄开杀戒，不然冤冤相报何时了。

孟子对治国者的道德素质也提出了要求。孟子要求为政者有仁爱之心，以身作则。“身不行道，不行于妻子。使人不以道，不能行于妻子。”（第 9 章）自己没有好的德行，驱使人不合道理，则虽在家庭妻子之间，也是行不通的。“贤者以其昭昭，使人昭昭；今以其昏昏，使人昭昭。”（第 20 章）孟子欣赏舜具有圣人之心，不为外物所左右：“舜之饭糗茹草也，若将终身焉；及其为天子也，被袗衣，鼓琴，二女果，若固有之。”（第 6 章）“盆成括仕于齐。孟子曰：‘死矣，盆成括！’盆成括见杀。”（第 29 章）盆成括是一个有才无德之人，这样的人自恃聪明，不走正道，往往是聪明反被聪明误，最终会招来杀身之祸。孟子在这里强调君子之道在官场的重要性。

孟子继承和发展了孔子的德治思想，发展为仁政学说，成为其治国思想和政治策略的核心。孟子的治国思想，是以仁政为主要内容的王道，其本质是为封建统治阶级服务的，但是其民本思想至今仍有现实意义。

【阅读思考+创造力】

1. 孟子治国之道的核心是什么？
2. 如何理解孟子之“仁”？

【互联网+拓展链接】

1. 以“人性本善”“人性本恶”为正反方，分组进行一次辩论赛。

2. 针对当前社会存在的问题，写一篇关于社会治理的文章，不少于2 000字。

礼记·小康

戴圣

今大道[1]既隐，天下为家，各亲其亲[2]，各子其子[3]，货力[4]为己，大人世及[5]以为礼。城郭沟池以为固，礼义以为纪；以正君臣，以笃父子，以睦兄弟，以和夫妇，以设制度，以立田里，以贤勇知[6]，以功为己。故谋用是作，而兵由此起。禹、汤、文、武、成王、周公，由此其选也。此六君子者，未有不谨于礼者也。以著其义，以考其信，着有过，刑仁讲让，示民有常。如有不由此者，在势者去，众以为殃，是谓小康。

【互联网+注释】

1. 掌握下列字词：

［1］大道：古代指政治上的最高理想，也是治理社会的最高准则。

［2］亲其亲：第一个“亲”，名词的意动用法，“以……为亲人”；第二个“亲”指父母。

［3］子其子：第一个“子”，名词的意动用法，“以……为子”；第二个“子”指子女。

［4］货力：财物和劳力。

［5］大人世及：大人，天子诸侯；世及，世代相传。

［6］知：通“智”。

2. 理解下列语句的意思：

［1］今大道既隐，天下为家，各亲其亲，各子其子，货力为己，大人世及以为礼。

［2］以著其义，以考其信，着有过，刑仁讲让，示民有常。

【互联网+知人论世】

1. 作者简介：戴圣（生卒年不详），字次君，祖籍梁国甾县（今河南省商丘市民权县），出生于梁国睢阳（今河南省商丘市睢阳区）。西汉时期官员、学者、礼学家、汉代今文经学的开创者。戴圣一生以学习儒家经典为主，与叔父戴德及庆普等人曾师事经学大师后苍，潜心钻研《礼》学，成就卓著，史称戴德为“大戴”、戴圣为“小戴”，二人合称“大小戴”。相传戴圣对秦汉以前各种礼仪著作加以辑录，编纂而成《礼记》，被称为《小戴记》或《小戴礼记》，它和《仪礼》《周礼》合称为“《三礼》”。《汉书》记载《礼记》成书于汉建初七年（80年）。

2.《小戴礼记》原为解说《仪礼》的资料汇编，后经郑玄作注，使它摆脱了从属于《仪礼》的地位而独立成书，成为今本《礼记》。全书共分《曲礼》《檀弓》《王制》《月令》《礼运》《学记》《乐记》《中庸》《大学》《内则》《坊记》《儒行》《王制》《玉藻》《冠义》《昏义》《杂记》等49篇，其中的要言精义比《仪礼》中的繁文缛节更有利于维护封建统治，与其叔父戴德所编《大戴礼记》85篇（现存39篇）亦不相同。

【文本解读+鉴赏力】

《礼记》是战国至秦汉年间儒家学者解释经书《仪礼》的文章选集，是《十三经》中的一种，是儒家的重要典籍，共20卷49篇。其内容主要是记载和论述先秦到汉朝的礼制、礼仪，解释仪礼，记录孔子及其弟子等的问答，记述修身做人的准则。《礼记》中记载的古代文化史知识及思想学说，对儒家文化传承、当代文化教育和德行教养及社会主义和谐社会建设都有重要影响。

《礼运》是借孔子之口论述礼的发展演变和运用的一篇文章。《礼运》首段是孔子与子游的对话，又称为《礼运·大同》篇，本篇从《礼记》第九篇《礼运》节选出来，标题是另加的。

此段文字洗练，短小精悍，描述孔子的理想小康社会。“小康”思想在中国传统文化中占有十分重要的地位。据考证，“小康”一词，最早出自《诗经》。《诗·大雅·民劳》中曰：“民亦劳止，汔可小康。”这里的“小康”应该是安养、休息的意思。《礼记·礼运》把“小康”作为一种社会模式加以描述，孔子把“小康”描述成仅次于“大同”的理想社会模式。虽然“小康”不及“大同”美好，但孔子认为，“小康”有可能成为现实社会。而“大同”只存在于尧舜时代，这样的社会在他看来恐怕是一去不复返了。

在孔子那里，“小康”到底是一个怎样的社会？在经济制度上，“小康”实行的是私有制，天下不再是公共的，而是成为一家一姓的天下，人们生产财货和付出劳力，都只为了自己，且所取得的私人财产还有一定的制度保障，即通过“正君臣”“立田里”的方式将这种“货力为己”制度化。在分配上，“小康”提倡的是“以功为己”，论功行赏，以“礼”来衡量尊卑贵贱和确定财产分配，这是“家天下”条件下的秩序基础和保障。在社会保障制度上，“小康”是“各亲其亲”“各子其子”，人人只孝敬自己的父母、只爱护自己的子女。在社会劳动观上，“小康”之世是“货力为己”，即劳动以自己为中心，为了自身的需要。在社会组织主体上，“小康”讲求“贤勇知”，但又具体化为“禹、汤、文、武、成王、周公”六君子以及与他们相似的君王来对国家进行管理。而这些君王不是民选的，而是“谨礼”、世袭所致。

在社会关系原则上，“小康”是“大人世及以为礼。城郭沟池以为固，礼义以为纪”，即开始有了明确等级尊卑和世袭的封建礼制，而且统治者要施行法纪。人的思想道德状况与社会治理状况上，“小康”是“天下为家”，人有了私有观念，生产力低下和分配的不公，导致人际关系也比较紧张，强盗、小偷、乱徒、贼党时有产生，社会也不是很稳定，但统治者也有一套相应的管理策略，需要“刑仁讲让，示民有常”，以维护社会秩序的稳定。

由上可见，孔子的“小康”社会虽然存在许多社会问题，如冲突、隔阂、财产私有、奸谋常用、战乱常有，但“小康”社会有良好的制度——“礼”的存在。有了“礼”作为社会运行的准则并且认真执行，就可以约束人心，使君臣有序、父子有情、兄弟和睦、夫妻和美、社会安定。这个社会虽然次于“大同”，但在孔子看来，这是一个可以实现的理想社会。孔子关于“小康”社会的描述体现出以其为代表的儒家比较务实的一面。

【阅读思考+创造力】

1. 在孔子那里，“小康”到底是一个怎样的社会，它与我们今天所讲的小康社会有什么区别？

2. 为什么孔子认为“小康”是一个可以实现的理想社会？

【互联网+拓展链接】

1. 阅读《礼记·礼运》，分组讨论“大同”与“小康”的区别。

2. 试以英文翻译本篇内容。

争臣论

韩愈

或问谏议大夫[1]阳城于愈，可以为有道之士乎哉？学广而闻多，不求闻于人也。行古人之道，居于晋之鄙[2]。晋之鄙人，熏其德而善良者几千人。大臣闻而荐之，天子以为谏议大夫。人皆以为华，阳子不色喜。居于位五年矣，视其德，如在野，彼岂以富贵移易其心哉？

愈应之曰：是《易》所谓恒其德贞，而夫子凶者也。恶得为有道之士乎哉？在《易·蛊》之“上九”云：“不事王侯，高尚其事。”《蹇》之“六二”则曰：“王臣蹇蹇[3]，匪躬之故。”夫亦以所居之时不一，而所蹈之德不同也。若《蛊》之“上九”，居无用之地，而致匪躬之节；以《蹇》之“六二”，在王臣之位，而高不事之心，则冒进之患生，旷[4]官之刺兴。志不可则，而尤不终无也。今阳子在位，不为不久矣；闻天下之得失，不为不熟矣；天子待之，不为不加矣。而未尝一言及于政。视政之得失，若越人视秦人之肥瘠，忽焉不加喜戚于其心。问其官，则曰谏议也；问其禄，则曰下大夫之秩秩也；问其政，则曰我不知也。有道之士，固如是乎哉？且吾闻之：有官守者，不得其职则去；有言责者，不得其言则去。今阳子以为得其言乎哉？得其言而不言，与不得其言而不去，无一可者也。阳子将为禄仕乎？古之人有云：“仕不为贫，而有时乎为贫。”谓禄仕者也。宜乎辞尊而居卑，辞富而居贫，若抱关[5]击柝者可也。盖孔子尝为委吏[6]矣，尝为乘田矣，亦不敢旷其职，必曰“会计当而已矣”，必曰“牛羊遂而已矣”。若阳子之秩禄，不为卑且贫，章章明矣，而如此，其可乎哉？

或曰：否，非若此也。夫阳子恶讪上者，恶为人臣招其君之过而以为名者。故虽谏且议，使人不得而知焉。《书》曰：“尔有嘉谟[7]嘉猷，则人告尔后于内，尔乃顺之于外，曰：斯谟斯猷，惟我后之德。”若阳子之用心，亦若此者。愈应之曰：若阳子之用心如此，滋所谓惑者矣。入则谏其君，出不使人知者，大臣、宰相者之事，非阳子之所宜行也。夫阳子，本以布衣隐于蓬蒿之下，主上嘉其行谊，擢在此位，官以谏为名，诚宜有以奉其职，使四方后代，知朝廷有直言骨鲠[8]之臣，天子有不僭赏[9]、从谏如流之美。庶岩穴之士，闻而慕之，束带结发，愿进于阙下，而伸其辞说，致吾君于尧舜，熙鸿号[10]于无穷也。若《书》所谓，则大臣、宰相之事，非阳子之所宜行也。且阳子之心，将使君人者恶闻其过乎？是启之也。

或曰：阳子之不求闻而人闻之，不求用而君用之。不得已而起。守其道而不变，何子过之深也？愈曰：自古圣人贤士，皆非有求于闻用也。闵[11]其时之不平，人之不义，得其道。不敢独善其身，而必以兼济天下也。孜孜矻矻，死而后已。故禹过家门不入，孔席不暇暖，而墨突不得黔[12]。彼二圣一贤者，岂不知自安佚之为乐哉？诚畏天命而悲人穷也。夫天授人以贤圣才能，岂使自有余而已，诚欲以补其不足者也。耳目之于身也，耳司闻而目司见，听其是非，视其险易，然后身得安焉。圣贤者，时人之耳目也；时人者，圣贤之身也。且阳子之不贤，则将役于贤以奉其上矣；若果贤，则固畏天命而闵人穷也。恶得以自暇逸乎哉？

或曰：吾闻君子不欲加诸人，而恶讦[13]以为直者。若吾子之论，直则直矣，无乃伤于德而费于辞乎？好尽言以招人过，国武子之所以见杀于齐也，吾子其亦闻乎？愈曰：君子居其位，则思死其官。未得位，则思修其辞以明其道。我将以明道也，非以为直而加人也。且国武子不能得善人，而好尽言于乱国，是以见杀。《传》曰："惟善人能受尽言。"谓其闻而能改之也。子告我曰："阳子可以为有之士也。"今虽不能及已，阳子将不得为善人乎哉？

【互联网+注释】

1. 掌握下列字词：

[1] 谏议大夫：官名，执掌议论政事、对皇帝进行规劝的职责。阳城（736—805）：原隐居中条山（今山西南部），788 年（贞元四年），唐德宗召为谏议大夫。

[2] 鄙：边境。

[3] 蹇蹇，尽忠的样子。匪，通"非"。躬：自身。

[4] 旷：空缺。

[5] 抱关：守关门。击柝（tuò）：打更。

[6] 委吏：古代掌管粮库的小官。乘田：古官名。春秋时鲁国主管畜牧的小官。会计：管理财物及出纳事。章章：显明的样子。

[7] 嘉谟，高明的经国谋略。嘉猷，治国的好规划。

[8] 直言骨鲠：言辞正直，气节刚劲。

[9] 僭赏：无功受赏或赏过其功。

[10] 鸿号：大名；美称。

[11] 闵：同"悯"，忧虑。

[12] 墨突不得黔：原指墨翟东奔西走，每至一地，烟囱尚未熏黑，又到别处去了。后用其事为典，形容事情繁忙，犹言席不暇暖。

[13] 讦（jié）：揭发别人的隐私或攻击别人的短处。

2. 理解下列语句的意思：

[1] 自古圣人贤士，皆非有求于闻用也。闵其时之不平，人之不义，得其道。

[2] 不敢独善其身，而必以兼济天下也。孜孜矻矻，死而后已。

[3] 吾闻君子不欲加诸人，而恶讦以为直者。

【互联网+知人论世】

1. 作者简介：韩愈（768—824），字退之，唐代文学家、哲学家、思想家，河阳（今河南省焦作孟州市）人。祖籍河北昌黎，世称韩昌黎。晚年任吏部侍郎，又称韩吏部。谥号“文”，又称韩文公。韩愈以文章见长，文章气势雄浑，说理透彻，逻辑性强，被尊为“唐宋八大家”之首，时人有“韩文”之誉，宋代苏轼称他“文起八代之衰”，是唐代古文运动的主要倡导者，有“文章巨公”和“百代文宗”之名。后人将其与柳宗元、欧阳修和苏轼合称“千古文章四大家”。其作品都收在《昌黎先生集》里。韩愈在思想上是中国“道统”观念的确立者，是尊儒反佛的里程碑式人物。

2. 轶事典故：

过马牵山

韩愈到任潮州时，正逢天降暴雨，他担心百姓安危，便带着随从张千和李万到城外巡视。他骑着马，走到城北，吩咐随从凡走过的地方都插上竹竿，作为堤线的标志。然后通知百姓，按着竿标筑堤。百姓应命而来，却见那些插了竹竿的地方已拱起了一条山脉，堵住了北来的洪水。百姓纷纷传说：“韩文公过马牵山。”这座山，后来就叫“竹竿山”。

【文本解读+鉴赏力】

《争臣论》是韩愈针对德宗时谏议大夫阳城，不认真履行自己的职责，身为谏官却不问政事得失而进行的批评。文章中韩愈十分尖锐地指出为官者应当认真对待职守，勇于担当。今天看来此论依然具有现实意义。

文章采取问答形式，通过四问四答，有驳有议，时开时阖，忽擒忽纵，在辩论中，逐步推出作者的观点。

第一轮辩论：由对方发问，提出阳城是“有道之士”的看法，并且阐述其理由。韩愈以《易经》所言开展辩驳，论说处在不同的时段境况，所遵循的道德标准不同。并指出阳先生在职五年却无所作为，有道之士，应该是这样的吗？又援引孔子行为和言论，意在让阳城自我对照，反省并改正尸位素餐的过错。

第二轮辩论：对方狡辩阳城不是不谏议，而是不愿让君主负恶名，所以他虽有谏诤而外人不知。这个狡辩应该说是很难反驳的，因为在古代，君主是神圣的，臣子确有不愿让君担恶名而匿其谏诤之迹。但韩愈直接批驳说：“入则谏其君，出不使人知者，大臣、宰相者之事，非阳子之所宜行也。”皇上奖赏他的行为，提拔他到这个职位。官职以“谏”作为名称，完全应该有行动来尽他的职守。阳城如果真像论者所说的那样，难道他是为了有意地让君主养成“恶闻其过”的危险习惯吗？

第三轮辩论：对方提出阳先生的不求闻名而人们宣扬他，不求被任用而君主任用他，是不得已而起来的。他坚守他的原则不变，为什么您责备他这么严厉呢？韩愈驳斥说：自古圣人贤士，都没有求闻名、被任用，他们“闵其时之不平，人之不义，得其道。不敢独善其身，而必以兼济天下也”。并以禹过家门不入、孔席不暇暖、墨突不得黔加以论证，证明“若果贤，则固畏天命而闵人穷也”。

第四轮辩论：至此对方已经理屈词穷，但仍然抛出“吾闻君子不欲加诸人，而恶讦以为直者”，并以威胁的口吻说：“好尽言以招人过，国武子之所以见杀于齐也，吾子其亦闻乎?”韩愈则说:“君子居其位,则思死其官。”“我将以明道也,非以为直而加入也。且国武子不能得善人,而好尽言于乱国,是以见杀。”

纵观全文,整个论辩设计颇为精彩,围绕“争臣”之责层层辩驳,论锋犀利,表现了作者敢于面对现实、干预生活的勇气。后来的评论家都认为,本文所批评的谏议大夫阳城在此后三年,改变作风,伏阙上书,挟击奸臣,多少得益于韩愈这一击之功。可见本文是产生了积极的社会效果的。

【阅读思考+创造力】

1. 在作者看来,阳城在位五年的表现可用什么来概括?
2. 作者援引孔子行为和言论的目的是什么?
3. 自拟题目,以问答的形式写一篇议论文章。

【互联网+拓展链接】

1. 从网上搜集历代士人对韩愈散文的评价。
2. 比较阅读《旧唐书·韩愈传》《新唐书·韩愈传》。
3. 通过网络了解韩愈的社会交游活动。

题梁任父[1]同年

黄遵宪

寸寸山河寸寸金,侉离[2]分裂力谁任。
杜鹃再拜忧天泪[3],精卫无穷填海心[4]。

【互联网+注释】

1. 掌握下列字词:

[1]“父”,通“甫”,中国古代对男子的美称。梁任父即梁启超,梁启超号任公。“同年”,旧时科举制度中,同榜录取的人互称“同年”。

[2]侉(kuǎ)离:分裂之意。

[3]相传古蜀国望帝传位丛帝,丛帝却不思治国,陷百姓于水火。望帝和民众若劝,丛帝也不悔改,还紧闭城门,不让望帝进城。望帝终于化为杜鹃飞入城中,对着丛帝苦苦哀鸣,直到啼血而死。此处“杜鹃”是诗人自比。

[4]精卫填海,是中国上古神话传说之一。相传精卫本是炎帝神农氏的小女儿,名唤女娃。一日女娃到东海游玩,溺于水中。死后其不平的精灵化作花脑袋、白嘴壳、红色爪子的一种神鸟,每天从山上衔来石头和草木,投入东海,然后发出“精卫、精卫”的悲鸣,好像在呼唤着自己。

2. 理解下列语句的意思:

寸寸山河寸寸金,侉离分裂力谁任。

【互联网+知人论世】

1. 作者简介：黄遵宪（1848—1905），晚清诗人、外交家、教育家。字公度，别号人境庐主人，广东梅州人，光绪二年举人。其人生经历可以归纳为四个阶段：读书应试阶段、出使阶段、参加变法阶段、乡居阶段。一生之中十几年的外交生涯对其影响深远，令其有机会接触各种西方学说，视野为之开阔，从此“心志为之一变，以为太平世必在民主”，领悟到“所当师四夷”，“中国必变从西法”，思想的转变为其后来投身康有为掀起的维新变法的运动奠定了思想基础。“百日维新”失败后，被清政府列为“从严惩办”的维新乱党。由于朝野好友说情和外国驻华公使的干预，黄遵宪没有遭到杀害，成为维新派领导人中少数幸存者之一。1898 年 10 月 15 日，黄遵宪乘舟南归。回乡后潜心新体诗创作，喜以新事物熔铸入诗，被誉为“诗界革命巨子”。1905 年（光绪三十一年）3 月 28 日，黄遵宪病逝于家乡梅州，终年 58 岁。6 年后，辛亥革命爆发，封建制度在中国终结。

2. 黄遵宪的作品有《人境庐诗草》《日本国志》《日本杂事诗》等。

【文本解读+鉴赏力】

此诗为 1896 年黄遵宪邀请梁启超到上海办《时务报》时写给梁的一首诗。诗歌主旨主要是表达作者为国献身、变法图存的坚强决心和对梁启超的热切希望。

首句“寸寸山河寸寸金”抒发作者对祖国大好河山的赞美，蕴含着作者对祖国的珍爱之情。祖国山河辽阔无边、宏伟壮美，寸寸为金，祖国的每一寸土地都值得我们骄傲，值得我们珍惜。然而腐败的晚清政府一而再、再而三地割地赔款，尤其是甲午海战更是输给了东瀛小国，签订了《马关条约》再次割地，自此国家分崩离析。此时此刻又有谁能力挽狂澜？第二句“侉离分裂力谁任”，问天、问地、问己、问他，饱含泪水的深问，不仅深深表达了作者无力救国的自责，也同时表达了希望诸如梁启超这样的仁人志士出来救国图存的想法。第三句“杜鹃再拜忧天泪”借用典故，以杜鹃鸟自比，表达了作者愿意为国家像杜鹃鸟一样啼叫哀求，呼唤国家栋梁之材，共同为国家出力，爱国激情溢于言表。第四句“精卫无穷填海心”借精卫填海典故表达了自己要像精卫那样，为挽救国家民族的危亡而鞠躬尽瘁、死而后已的坚定决心。

黄遵宪生活在晚清时代，早年即经历动乱，中年以后又亲身经历了戊戌变法前后一系列的政治风浪，对社会现状有深刻的体会。作为中国近代史上的先觉者，黄遵宪利用诗歌深刻地表达了他对社会的认知，表达了那个时代有识之士普遍持有的人生理想——变法图存。此诗深刻地表现了作者的爱国热忱、痛苦矛盾、理想追求。

【阅读思考+创造力】

1. 作者写作此诗目的何在？
2. 为何诗歌首句不写山河破碎？
3. 谈谈借用典故的意义。

【互联网+拓展链接】

1. 阅读梁启超《少年中国说》。

2. 搜集整理清末爱国诗人名录、名作。

3. 以七绝的形式创作一首爱国诗歌。

潜夫论·浮侈

王符

王者以四海为一家，以兆民为通计。一夫不耕，天下必受其饥者；一妇不织，天下必受其寒者。今举世舍农桑，趋商贾，牛马车舆，填塞道路，游手为巧，充盈都邑，治本者少，浮食者众。商邑翼翼，四方是极。今察洛阳，浮末者什[1]于农夫，虚伪游手者什于浮末。是则一夫耕，百人食之；一妇桑，百人衣之。以一奉百，孰能供之？天下百郡千县，市邑万数，类皆如此，本末何足相供？则民安得不饥寒？饥寒并至，则安能不为非？为非则奸宄[2]，奸宄繁多，则吏安能无严酷？严酷数加，则下安能无愁怨？愁怨者多，则咎征并臻，下民无聊，而上天降灾，则国危矣。

夫贫生于富，弱生于强，乱生于治，危生于安。是故明王之养民也，忧之劳之，教之诲之，慎微防萌，以断其邪。故易美"节以制度，不伤财，不害民"；七月诗大小教之，终而复始。由此观之，民固不可恣[3]也。

今民奢衣服，侈饮食，事口舌，而习调欺，以相诈绐，比肩是也。或以谋奸合任为业，或以游敖博弈为事；或丁夫世不传犁锄，怀丸挟弹，携手遨游。或取好土作丸卖之，于弹外不可以御寇，内不足以禁鼠，晋灵好之以增其恶，未尝闻志义之士喜操以游者也。惟无心之人，群竖小子，接而持之，妄弹鸟雀，百发不得一，而反中面目，此最无用而有害也。或坐作竹簧，削锐其头，有伤害之象，傅以蜡蜜，有甘舌之类，皆非吉祥善应。或作泥车、瓦狗、马骑、倡排，诸戏弄小儿之具以巧诈。

诗刺"不绩其麻，女也婆娑"。今多不修中馈，休其蚕织，而起学巫祝，鼓舞事神，以欺诬细民，荧惑百姓。妇女羸弱，疾病之家，怀忧愦愦[4]，皆易恐惧，至使奔走便时，去离正宅，崎岖路侧，上漏下湿，风寒所伤，奸人所利，贼盗所中，益祸益祟，以致重者不可胜数。或弃医药，更往事神，故至于死亡，不自知为巫所欺误，乃反恨事巫之晚，此荧惑细民之甚者也。

或裁好缯[5]，作为疏头，令工采画，雇人书祝，虚饰巧言，欲邀多福。或裂拆缯彩，裁广数分，长各五寸，缝绘佩之。或纺彩丝而縻，断截以绕臂。此长无益于吉凶，而空残灭缯丝，萦悸小民。或克削绮縠[6]，寸窃八采，以成榆叶、无穷、水波之纹，碎刺缝紩[7]，作为笥囊、裙襦、衣被，费缯百缣[8]，用功十倍。此等之俦[9]，既不助长农工女，无有益于世，而坐食嘉谷，消费白日，毁败成功，以完为破，以牢为行，以大为小，以易为难，皆宜禁者也。

山林不能给野火，江海不能灌漏卮。孝文皇帝躬衣弋绨[10]，足履革舄[11]，以韦带剑，集上书囊以为殿帷，盛夏苦暑，欲起一台，计直百万，以为奢费而不作也。今京师贵戚，衣服、饮食、车舆、文饰、庐舍，皆过王制，僭上甚矣。从奴仆妾，皆服葛子升越，筩中女布，细致绮縠[12]，冰纨锦绣。犀象珠玉，琥珀玳瑁，石山隐饰，金银错镂，獐麂履舄，文组彩褋，骄奢僭主，转相夸诧，箕子所唏，今在仆妾。富贵嫁娶，车軿各十，骑奴侍僮，夹毂节引。富者竞欲相过，贫者耻不逮及。是故一飨之所费，破终身之本业。

古者必有命民，然后乃得衣缯彩而乘车马。今者既不能尽复古，细民诚可不须，乃踰于古昔孝文，衣必细致，履必獐麂，组必文采，饰袜必緰此，狡饰车马，多畜奴婢。诸能若此者，既不生谷，又坐为蠹贼也。

子曰："古之葬者，厚衣之以薪，葬之中野，不封不树，丧期无时。"后世圣人易之以棺椁，桐木为棺，葛采为缄[13]，下不及泉，上不泄臭。后世以楸梓槐柏杶，各取方土所出，胶漆所致，钉细要，削除铲靡，不见际会，其坚足恃，其用足任，如此可矣。其后京师贵戚，必欲江南檽梓豫章楩柟[14]。边远下土，亦竞相仿效。夫檽梓豫章，所出殊远，又乃生于深山穷谷，经历山岑，立千步之高，百丈之溪，倾倚险阻，崎岖不便，求之连日然后见之，伐斫连月然后讫，会众然后能动担，牛列然后能致水，油溃入海，连淮逆河，行数千里，然后到雒。工匠雕治，积累日月，计一棺之成，功将千万。夫既其终用，重且万斤，非大众不能举，非大车不能挽。东至乐浪，西至敦煌，万里之中，相竞用之。此之费功伤农，可为痛心！

古者墓而不崇。仲尼丧母，冢高四尺，遇雨而堕，弟子请治之。夫子泣曰："礼不修墓。"鲤死，有棺而无椁。文帝葬于芷阳，明帝葬于洛南，皆不藏珠宝，不造庙，不起山陵。陵墓虽卑而圣高。今京师贵戚，郡县豪家，生不极养，死乃崇丧。或至刻金镂玉，檽梓楩柟，良田造茔，黄壤致藏，多埋珍宝偶人车马，造起大冢，广种松柏，庐舍祠堂，崇侈上僭。宠臣贵戚，州郡世家，每有丧葬，都官属县，各当遣吏赍奉，车马帷帐，贷假待客之具，竞为华观。此无益于奉终，无增于孝行，但作烦搅扰，伤害吏民。

今按鄗、毕之郊，文、武之陵，南城之垒，曾析之冢。周公非不忠也，曾子非不孝也，以为褒君显父，不在聚财；扬名显祖，不在车马。孔子曰："多货财伤于德，弊则没礼。"晋灵厚赋以雕墙，《春秋》以为非君；华元、乐吕厚葬文公，《春秋》以为不臣。况于群司士庶，乃可僭侈主上，过天道乎？

景帝时，武原侯卫不害坐葬过律夺国；明帝时，桑民摐阳侯坐冢过制髡削[15]。今天下浮侈离本，僭奢过上，亦已甚矣！

凡诸所讥，皆非民性，而竞务者，乱政薄化使之然也。王者统世，观民设教，乃能变风易俗，以致太平。

【互联网+注释】

1. 掌握下列字词：

[1] 什：同"十"。

[2] 宄（guǐ）：坏人。

[3] 恣：放纵，无拘束。

[4] 愦愦：烦乱不安。

[5] 缯：古代对丝织品的总称。

[6] 绮縠（hú）：绫绸绉纱之类。

[7] 缝紩（zhì）：缝缀。

[8] 缣（jiān）：双经双纬的粗厚织物之古称。

[9] 俦（chóu）：伴侣。

[10] 绨（tí）：古代一种粗厚光滑的丝织品。

[11] 舄（xì）：鞋。

[12] 縠（hú）：有皱纹的纱。

[13] 缄（jiān）：①捆东西的绳索。②书信。③封，闭。

[14] 楩柟（pián nán）：黄楩木与楠木。柟：同楠。

[15] 髡削（kūn xuē）：谓受髡刑，剃去须发。

2. 理解下列语句的意思：

[1] 今察洛阳，浮末者什于农夫，虚伪游手者什于浮末。

[2] 是故明王之养民也，忧之劳之，教之诲之，慎微防萌，以断其邪。

[3] 今民奢衣服，侈饮食，事口舌，而习调欺，以相诈绐，比肩是也。

[4] 今多不修中馈，休其蚕织，而起学巫祝，鼓舞事神，以欺诬细民，荧惑百姓。

[5] 山林不能给野火，江海不能灌漏卮。

[6] 富贵嫁娶，车軿各十，骑奴侍僮，夹毂节引。富者竞欲相过，贫者耻不逮及。是故一飨之所费，破终身之本业。

[7] 此无益于奉终，无增于孝行，但作烦搅扰，伤害吏民。

[8] 凡诸所讥，皆非民性，而竞务者，乱政薄化使之然也。王者统世，观民设教，乃能变风易俗，以致太平。

【互联网+知人论世】

1. 作者简介：王符（约公元80—167），字节信，号潜夫，东汉安定郡临泾（今甘肃镇原）人。其所著《潜夫论》，凡10卷36篇，涉猎范围之广，堪称“东汉小百科全书”。

2. 搜集作者王符的资料，理解其号“潜夫”及著作《潜夫论》的取名用意。

【文本解读+鉴赏力】

老子云：治大国如烹小鲜，强调治理国家要恰到好处，满足百姓吃、穿、住、行、学、医等诸需求。这些看似日常小事，处理的方式和分寸却与国家和百姓的长远利益有关。人是肉体凡胎，喜欢享受是本性之一，喜食美味，喜听美乐，喜看美色等，只要条件允许，为了展示个人身份的独特，就会用各种感性的物品加以炫耀，大有今天所批判的炫富之意。历朝历代的统治者，日常用度都要用最好的，奢华侈靡之风盛行，铺张浪费成了富贵者的成功标签，达官贵人乃至黎民百姓争相追求奢侈，非常严重地败坏了社会风气。

东汉王符严厉批判了“浮侈”之风。参加劳动生产的少，游手好闲者多，一句话：只想吃好的穿好的住好的，就是不愿意付出血汗，还幻想着依靠欺骗发财，问题很严重。属于欺骗范畴的是有病不求医，而把命运交给了巫婆神汉，万一死亡，后辈晚生又修建豪华大墓，采购昂贵棺木来安置亡灵等。文章引经据典，善用骈句，针砭社会时弊，希望世人明白生活的真谛，热爱劳动，愿意付出，扎实奋斗，为社会做出应有的贡献。王符所著《潜夫论》，书名也体现了这层意思。王符终身不仕，潜心著述，继承儒家思想，吸收道家、法家的观点，关心国家关心社会关心民众，是出色的政论家和思想家。

我国历史久远，文化博大精深，可以毫不夸张地说，任选一个时代，任选一个有历史影响的人物，都可以让我们研究一辈子。可是处在全面发展打基础阶段的高校学子，还需要博览群书，尽可能地多学多知，特别是积极传承优秀传统文化，明白古代文化是无边无际的大海。在我们不断前行的学习之路上，不要忘了转过身来好好欣赏，必要时还需潜入“水”中“打捞”传统文化的瑰宝。上得岸来，还要放眼四望，知道中国文化之外还有很多优秀文化，同样值得好好研究吸收，学贯中西应该成为学习的目标。通过努力，使自己成为一个文化知识的富翁，而不是浅尝辄止、以偏概全、卖弄学问的浅薄者。

读书学习还要继承关心国事的优良传统。国家兴旺发达依赖人民的支持，营造勤劳实干、合作进取、创新发展的文化氛围非常重要。改革开放40年来，我国经过几代人的共同努力，一跃成为世界第二大经济体，产生了不少亿万富翁，不少人有了可以炫富的资本，个别人拥有了花不完的钱，暴发户嘴脸及奢侈浪费就和庸俗的个别人紧紧联系起来，成为世人的笑料。作为新时代的青年学子，一定要用实际行动体现中国青年的阳光形象，诸如积极投入学习、热爱劳动、珍惜生命、乐于助人、愿意奉献等，用自己的双手、大脑和双脚走出一条符合自己实际的成功之路，成为学习上、工作岗位上的标兵，为社会发展贡献自己火热的青春。

【阅读思考+创造力】

1. 王符著述所揭示的社会背景是什么？
2. 王符的思想观念及其政论文对后人有什么影响？

【互联网+拓展链接】

1. 搜集古代奢侈享乐之风导致亡国的案例，最少列举三个王朝。
2. 针对奢侈浪费炫富之风写一篇评论，不少于1 000字。

第二章 科技文献

木僧行乞[1]

张鷟

将作大臣[2]杨务廉，甚有巧思，常[3]于沁州[4]市内刻木作僧，手执一碗，自能行乞。碗中投钱，关键忽发，自然作声云："布施[5]。"市人竞观，欲其作声，施者日盈数千。

【互联网+注释】

1. 掌握下列字词：

［1］选自（唐）张鷟（zhuó）《朝野佥载》。

［2］将作大臣：中国古代官名，掌管宫室修建之官。

［3］常：通"尝"，曾经。

［4］沁州：地名，在今山西省沁源县。

［5］布施：将财物分享给别人。

2. 理解下列语句的意思：

［1］碗中投钱，关键忽发，自然作声云："布施。"

［2］市人竞观，欲其作声，施者日盈数千。

【互联网+知人论世】

1. 作者简介：张鷟（约660—740），字文成，自号浮休子，深州陆泽（今河北深州市）人，唐代小说家。他于高宗李治调露年登进士第。当时著名文人蹇味道读了他的试卷，叹为"天下无双"。张鷟被任命为岐王府参军，此后又参加"下笔成章""才高位下""词标文苑"等八科考试，每次都列入甲等。后为长安县尉，又升为鸿胪丞。其间参加四次书判考选，所拟的判词都被评为第一名，当时有名的文章高手、水部员外郎员半千称他有如成色最好的青铜钱，万选万中，他因此在士林中赢得了"青钱学士”的雅称。这个雅号后来成为典故，成了才学高超、屡试屡中者的代称。武后时，擢任御史。著有《游仙窟》《朝野佥载》《龙筋凤髓判》。

2.《朝野佥载》：唐代笔记小说集，记隋唐两代朝野遗闻，对武则天时期的朝政颇多讥评，有的为《资治通鉴》所取材。《朝野佥载》为作者张鷟耳闻目睹的社会札记，内容十分广泛，记述了唐代前期朝野遗事轶闻，尤以武后朝事迹为主。书中反映了当时有关人物事迹、典章制度、社会风尚、传闻逸事，也站在反对派的角度对武后朝的政治黑暗、吏治腐败、酷吏横暴、民生疾苦有所揭露，暴露了“贿货纵横，赃物狼藉”的现实世相。因属时人记时事，所载内容，多为第一手资料，所以颇有参考价值，被《太平广记》《资治通鉴》以及后世治唐史者广为引用。但因作者纪事好追求诙谑，致使书中所载失之于荒诞、琐杂，在一定程度上降低了其史料文献价值，为后人所诟病。如洪迈《容斋续笔》卷12就曾说：“《（朝野）佥载》记事，皆琐尾擿裂，且多媟语。”

【文本解读+鉴赏力】

这篇小文节选自唐人张鷟的笔记小说《朝野佥载》，文字简短，却记载了一个有趣的故事：一位叫杨务廉的工匠技艺高超，构思巧妙，擅长发明设计。他曾经雕刻了一个僧人形象的木偶，手里端着只木碗，能自动向路人乞讨布施。人们如果往它的木碗中放钱，就能启动机关，这个木僧就会发出“布施”的声音。当时很多人都争着围观，大家都想听听木僧说话，于是不断有人往木碗里放钱。一天下来，这位木僧可以行乞到好几千文钱。如此神奇的木偶，在千年之前的古中国大概可以称得上神奇之物，而以今天的眼光考量，它其实与当下的智能机器人有着相似之处。人工智能代表着先进的科技与生产力，发展至今，其应用和市场都已呈现爆炸式增长，其产品以便捷的操作和丰富有趣的功能而受到人们越来越多的追捧，从而进入千家万户。当我们享受着科技创新带给我们的便利生活时，可曾想到，在遥远的古代，我们智慧的祖先也曾制造出了一些能够自己活动的机械装置，它们是现代机器人的鼻祖。虽然从张鷟的记载中我们无法考证出木僧行乞的科技原理和制作流程，但是借此遥想一下当时众人围观的热闹场面，是不是也应该为那些有着奇思妙想又愿意付诸实践的能工巧匠们点个赞？

【阅读思考+创造力】

1. 杨务廉制作的木僧类似于今天的机器人，其巧妙体现在哪些地方？

2.《朝野佥载》中记载的能工巧匠除了杨务廉外，还有洛州县令殷文亮、郴州刺史王琚等人，请读一读有关他们的故事。

【互联网+拓展链接】

1. 通过互联网查找并了解与张鷟有关的逸闻轶事。

2. 查阅并了解中国古代笔记小说的相关知识及其代表作品，选择自己感兴趣的一两部作品进行阅读。

3. 课外阅读：《列子·汤问》中关于“偃师献技”、《南齐书·祖冲之传》中关于诸葛亮制造“木牛流马”、《晋书·舆服志》中关于张衡发明“记里鼓车”的记载。

梦溪笔谈（二则）

沈括

其一：活版

版印书籍，唐人尚未盛[1]为之，自冯瀛王[2]始印五经，已后[3]典籍皆为版本。庆历中，有布衣毕昇，又为活版。其法用胶泥刻字，薄如钱唇[4]，每字为一印，火烧令坚。先设一铁板，其上以松脂、腊和[5]纸灰之类冒[6]之。欲印，则以一铁范置铁板上，乃密布字印。满铁范为一板，持就火炀[7]之。药稍熔，则以一平板按其面，则字平如砥。若止印三二本，未为简易；若印数十百千本，则极为神速。常作二铁板，一板印刷，一板已自布字。此印者才毕，则第二板已具。更互用之，瞬息可就。每一字皆有数印，如"之""也"等字，每字有二十余印，以备一板内有重复者。不用则以纸贴[8]之，每韵为一贴，木格贮之。有奇字素无备者，旋刻之，以草火烧，瞬息可成。不以木为之者，木理有疏密，沾水则高下不平，兼与药相粘，不可取。不若燔土，用讫再火令药熔，以手拂之，其印自落，殊不沾污。昇死，其印为余群从[9]所得，至今保藏。

其二：古鉴

古人铸鉴，鉴大则平，鉴小则凸。凡鉴凹则照人面大，凸则照人面小。小鉴不能全视人面，故令微凸，收人面令小，则鉴虽小而能全纳人面。仍复[10]量鉴之小大，增损高下，常令人面与鉴大小相若。此工之巧智，后人不能造。比[11]得古鉴，皆刮磨令平，此师旷[12]所以伤知音也。

【互联网+注释】

1. 掌握下列字词：

[1] 盛：大。此处指大规模。

[2] 冯瀛王：冯道（882—954），五代时宰相，瀛州（今河北沧州）人，人称"官场不倒翁"，死后追封为瀛王。

[3] 已后：以后。已，通"以"。

[4] 钱唇：铜钱的边。

[5] 和：混合。

[6] 冒：覆盖，遮盖。

[7] 炀（yáng）：烘烤。

[8] 贴：贴标签（分类）。

[9] 群从：指堂兄弟及侄子辈。从：宗族中次于至亲的亲属。

[10] 仍复：反复，屡次。仍，重复，多次。

[11] 比：经常，接连地。

［12］师旷：春秋时晋国著名盲人乐师，博学聪慧，尤擅弹琴。

2. 理解下列语句的意思：

［1］不以木为之者，木理有疏密，沾水则高下不平，兼与药相粘，不可取。

［2］鉴大则平，鉴小则凸。

【互联网+知人论世】

1. 作者简介：沈括（1031—1095），字存中，号梦溪丈人，浙江钱塘人，北宋科学家。沈括出身于官宦世家，自幼博学多闻，潜心科学研究，在传统经验学科领域取得了卓越的成就，被研究中国科技史的著名学者李约瑟博士誉为“中国整部科学史中最卓越的人物”。生平著述22种，多与自然科学有关。其代表作《梦溪笔谈》，钩沉集异，收罗了大量当时有关科学的发现与传闻，涵盖大多数自然科学领域，集前代科学成就之大成，在世界文化史上有着重要的地位，被称为“中国科学史上的里程碑”。

2. 阅读《梦溪笔谈·技艺》及相关篇章，统计一下沈括记录的当时的科学成就涵盖了哪些领域，重点又在哪几个领域。

【文本解读+鉴赏力】

中国古代在科技发明方面有着辉煌的记录。在对人类社会的贡献方面，远超同时代的其他文明。但是，中国古代的科技史，存在三个大问题。第一，整个社会重经崇儒，不重视自然科学，导致科学理论的发展几乎停滞；第二，绝大部分的发明和技术，是基于生产生活层面的经验科学技术；第三，由于知识水平所限，或者是出于一些众所周知的原因，古代中国的很多技术往往以言传身授的方式，在小范围内流传，极易失传。

在这种社会历史大背景下，北宋沈括在科学技术方面的贡献就显得非常突出和难能可贵。他不仅钩沉索隐，千方百计搜集前代的科学技术和成品，而且亲身实践，验证其真实性和有效性，并把它们记录下来。《梦溪笔谈》即其中一种。

课文选了《活版》和《古鉴》两则。

《活版》一文，紧紧围绕活版区别于原有木刻雕版的“活”的特点，按照工作程序的顺序有条不紊地展开说明，通过与雕版的比较，体现活版的优越性。行文生动，语言平实、简洁而又准确。短短300多字，将活字印刷的发明、用法、功效以及胶泥活字的优点解说得清楚明白。娓娓道来，令人有现场之感。其中对于活字印刷的程序和动作的细致描写，特别是动词的运用，尤其值得注意。末了，还点出了不用木块用胶泥的原因：“不以木为之者，木理有疏密，沾水则高下不平，兼与药相粘，不可取。”足显作者心思的缜密和周到。

《古鉴》则清楚低地描述了凸面镜的使用原理和古代匠人的高超技术，并通过古代凸面镜技术失传的教训，点出了中国古代一些科技领域技术水平不进反退的原因。

【阅读思考+创造力】

1. 《活版》一文作为科普说明文，在行文上有什么特色？

2. 《古鉴》中说：“此工之巧智，后人不能造。”针对“后人不能造”的原因，谈谈你的看法。

【互联网+拓展链接】

1. 课外重温法国昆虫学家法布尔的《昆虫记》。
2. 尝试写一则描述沏茶工序的小品文，300 字左右。

石炭

苏轼

彭城旧无石炭，元丰元年十二月，始遣人访获取于州之西南白土镇之北，以冶铁作兵，犀利胜常云。

君不见前年雨雪行人断，城中居民风裂骭[1]。
湿薪半束抱衾裯[2]，日暮敲门无处换。
岂料山中有遗宝，磊落如磐万车炭。
流膏迸液无人知，阵阵腥风自吹散。
根苗一发浩无际，万人鼓舞千人看。
投泥泼水愈光明，烁玉流金见精悍。
南山栗林渐可息，北山顽矿何劳锻。
为君铸作百炼刀，要斩长鲸为万段。

【互联网+注释】

1. 掌握下列字词：
［1］骭（gàn）：指肋骨或小腿骨。
［2］衾裯（qīn chóu）：指被褥、床帐等卧具。
2. 理解下列语句的意思：
［1］根苗一发浩无际，万人鼓舞千人看。
［2］投泥泼水愈光明，烁玉流金见精悍。

【互联网+知人论世】

1. 作者简介：苏轼（1037—1101），男，字子瞻，又字和仲，号东坡居士，世称苏东坡、苏仙。汉族，北宋眉州眉山（今属四川省眉山市）人，祖籍河北栾城，北宋著名文学家、书法家、画家。苏轼是宋代文学最高成就的代表，其诗与黄庭坚并称“苏黄”；其词与辛弃疾并称“苏辛”；其散文与欧阳修并称“欧苏”，为“唐宋八大家”之一。苏轼善书法，为“宋四家”之一；工于画，其墨竹、怪石、枯木等别有风骨。

2. 根据苏轼一生的经历，分析其成为文坛大家的缘故。

【文本解读+鉴赏力】

苏轼才华高，人品正，可谓多才多艺，在文学、绘画、书法等方面堪称三绝。这位少年得志的大才子，对现实生活极其敏感，为官做事以实际效果为衡量尺度，往往与庙堂达官意见不一，从被看好的相才之人一贬再贬，天涯海角见证了他的不屈，东坡肉证明了为官亦能为民，还能苦中作乐有所发明。丰富的阅历成为苏轼把握艰难岁月的法器，因为太多无情的真实生活的磨砺，苏轼的思想、才学都与现实世界有了更多的亲密触碰，激发了来自读书为官做人生活感悟的创造力，使他留给后人的文化财富都显得特别可亲。翻阅他的作品就像检阅他的经历，可以很快走进观赏者的心灵。

该诗属于艺术+科技的范畴。这位由庙堂走向乡野的儒官，饱读诗书的眼睛看到了底层真实的生活。石炭，来自深土的矿石，能够产生想不到的动力，给社会带来想不到的好处，这在作者看来非常值得惊喜。对照古今教育体系来看，古代书生大多以四书五经为必读精读书目，其他一般不愿涉及，因为科举考试不会考到。而贬官苏轼足迹遍布大半个中国，视野非常开阔，知识越发丰富，所以留给后人的作品也是让人赞叹不已。今天，社会需要复合型高素质人才，孩子们一定要加强学习，全面发展，强化科学素养，与时俱进，不但适应互联网智能时代的社会发展，还要成为推动社会经济发展的时代新人。

【阅读思考+创造力】

1. 找出表现煤炭造福百姓的喜悦之情的诗句，谈谈作者是如何铺垫的。
2. 该诗序文提及“冶铁作兵”，这对改善民生有何关系？

【互联网+拓展链接】

1. 查找整理科技诗篇，总结文人关注科技实用层面的写作倾向。
2. 课外阅读林语堂《苏轼传》，全面认识多才多艺的巨子苏东坡。

玻璃瓶

洪迈

徽宗尝以紫流离胆瓶十付小珰，使命匠范[1]金托其里。珰持示苑匠，皆束手，曰：“置金于中，当用铁葭熨烙之乃妥贴。而是器颈窄不能，又脆薄不堪手触，必治之，且破碎。宁获罪，不敢为也。”珰知不可强。漫贮箧中。他日行廛[2]间，见锡工扣陶器精甚。试以一授之，曰：“为我托里。”工不复拟议，但约明旦来取。至则已毕。珰曰：“吾观汝伎能，绝出禁苑诸人右。顾屈居此。得非以贫累乎？”因以实谂[3]之。答曰：“易事耳。”珰即与俱入而奏其事。上亦欲亲阅视，为之幸后苑。悉呼众金工列庭下，一一询之，皆如昨说。锡工者独前，取金锻治，薄如纸，举而裹瓶外。众咄曰：“若然，谁不能。固知汝俗工，何足办此！”其人笑不应。俄剥所裹者，押[4]于银箸上插瓶中，稍稍[5]实以汞，掩瓶口，左右㴸挏[6]之。良久，金附著满中，了无罅隙。徐以爪甲匀其上而已。众始愕眙相视。其人奏言：“琉璃为器，岂复容坚物振[7]触？独水银柔而重，徐入而不伤。虽其性必蚀金，然非目所睹处，无害也。”上大喜，厚赍[8]赐遣之。

【互联网+注释】

1. 掌握下列字词：

[1] 范：用模子浇注器物。

［2］廛（chán）：古代城市平民的房子。~里（古代城市中住宅的通称）。市~（集市）。

［3］谂：告诉、说。

［4］押：固定。

［5］稍稍：渐渐。

［6］澒挏：大意是左右摇动瓶中的水银。澒，水银。挏，摇。

［7］振：碰撞，接触。

［8］赍（jī）：拿东西给人，送给。

2. 理解下列语句的意思：

［1］曰："置金于中，当用铁筵熨烙之乃妥贴。而是器颈窄不能，又脆薄不堪手触。必治之。且破碎。宁获罪，不敢为也。"

［2］其人奏言："琉璃为器，岂复容坚物振[7]触？独水银柔而重，徐入而不伤。虽其性必蚀金，然非目所睹处，无害也。"

【互联网+知人论世】

1. 作者简介：洪迈，1123年出生，南宋饶州鄱阳（今江西省鄱阳县）人，字景卢，号容斋，又号野处。洪皓第三子。官至翰林院学士、资政大夫、端明殿学士、宰执，封魏郡开国公、光禄大夫。卒年80，谥"文敏"。南宋著名文学家。主要作品有《容斋随笔》《夷坚志》。配张氏，兵部侍郎张渊道女；继配陈氏，均封和国夫人。

2. 对比沈括和洪迈的科学成就和文学成就。

【文本解读+鉴赏力】

本篇课文选自《夷坚志》，南宋笔记小说集。书名出自《列子·汤问》：《山海经》为"大禹行而见之，伯益知而名之，夷坚闻而志之"。大意是指《山海经》中的故事是大禹看到的，伯益取的名，夷坚听说后记载下来了。可见洪迈是以夷坚自谓，将其书比作《山海经》。

宋徽宗曾经把十个紫琉璃胆瓶交给小太监，让小太监命令工匠在瓶里面镀一层金。小太监拿着琉璃瓶向工匠们展示，工匠都说没有办法做到。他们说："把金子镀在里边，应该用烙铁熨烙使金子平整才行。但是琉璃瓶的瓶颈太窄，烙铁无法到达应到的位置。而且琉璃瓶又脆又薄耐不住手捏。一定要镀金的话，瓶子肯定要破碎。我们宁愿获罪，也不敢接这个活。"小太监知道这不能勉强，便将琉璃瓶随手放进了箱子里。后来小太监在城里民居间行走，看见锡工给陶器镀锡的工艺很精巧，就试着拿了一个琉璃瓶给他，说："替我在内壁镀金。"锡工却没说从前金匠的话，只是告诉小太监第二天来取。第二天小太监到了，琉璃瓶已经镀好了金。小太监说："我看你的技术，确实比宫里的工匠高明。你在这里屈居，不得被贫穷拖累吗？"并把此事的原本都告诉了他。锡匠回答说："这事容易。"小太监于是和锡匠入宫向皇帝禀报了这件事。皇帝也打算亲自观看，为此亲自到了后花园，并把金匠全部召集到庭院里，一一询问。工匠回答的都和昨天一样。锡匠独自上前，取一块金子锻打。金子被锻打成纸一样薄。锡匠拿起来裹在瓶外边。众人嗤笑着说："这样做谁不会？就知道你是个低级的工匠，怎么能够做到在里边镀金？"锡匠笑笑并不回答。不一会锡匠剥下裹在瓶上的金箔，固定在银筷子上插进瓶里，并用水银慢慢滴进瓶里，盖上瓶口，来回摇动让水银布满瓶内。过了很久，金箔全部附在了内壁上，一点缝隙都没有，然后锡匠慢慢地用指甲将其修整均匀。众人这才惊愕地瞪大眼睛相互看。锡匠向皇上介绍说："琉璃这种器具，怎么能够承受得住硬物的撞击呢？只有水银柔而且沉，慢慢地倒进去不会对瓶子造成损害。即使水银的性质会腐蚀金子，不过眼睛看不到，也就无所谓了。"皇上大喜，厚厚地赏赐他，打发他走了。

【阅读思考+创造力】

1. 了解玻璃传入中国的历史以及玻璃的制作方法。
2. 详细解读"左""右"在中国文化中的含义。

【互联网+拓展链接】

1. 课外阅读《容斋随笔》，它是毛泽东推崇的一部具有较高价值的笔记书。
2. 了解《梦溪笔谈》《天工开物》，它们是中国古代科学的大观。

天工开物（二则）

宋应星

乃粒[1]

宋子曰：上古神农氏若存若亡，然味其徽号两言[2]，至今存矣。生人不能久生而五谷生之，五谷不能自生而生人生之。土脉历时代而异，种性随水土而分。不然神农去陶唐食已千年矣，耒耜[3]之利，以教天下，岂有隐焉。而纷纷嘉种，必待后稷详明，其故何也？

纨绔之子，以赭衣[4]视笠蓑；经生之家，以农夫为诟詈[5]。晨炊晚饷，知其味而忘其源者众矣！夫先农而系之以神，岂人力之所为哉！

【互联网+注释】

1. 掌握下列字词：

［1］乃粒：《书·益稷》："烝民乃粒。"即百姓以谷物为食的意思。此处代指谷物。

［2］两言：两字。

［3］耒耜（lěi sì）：先秦时期的主要农耕工具。耒为木制的双齿掘土工具，起源甚早；耜是中国古代曲柄起土的农器，即手犁。

［4］赭衣：古代囚衣。因以赤土染成赭色，故称。

［5］诟詈（gòu lì）：辱骂。

2. 理解下列语句的意思：

［1］生人不能久生而五谷生之，五谷不能自生而生人生之。

[2] 纨绔之子，以赭衣视笠蓑；经生之家，以农夫为诟詈。

[3] 晨炊晚饷，知其味而忘其源者众矣！

稻

凡稻种最多。不粘者，禾曰秔[1]，米曰粳。粘者，禾曰徐，米曰糯（南方无粘黍，酒皆糯米所为）。质本粳而晚收带粘（俗名"婺源光"之类），不可为酒，只可为粥者，又一种性也。凡稻谷形有长芒、短芒（江南名长芒者曰浏阳早，短芒者曰吉安早）、长粒、尖粒、圆顶、扁面不一。其中米色有雪白、牙黄、大赤、半紫、杂黑不一。

湿种之期，最早者春分以前，名为社种[2]（遇天寒有冻死不生者），最迟者后于清明。凡播种，先以稻麦稿[3]包浸数日，俟其生芽，撒于田中，生出寸许，其名曰秧。秧生三十日即拔起分栽。若田亩逢旱干、水溢，不可插秧。秧过期，老而长节，即栽于亩中，生谷数粒，结果而已。凡秧田一亩所生秧，供移栽二十五亩。

凡秧既分栽后，早者七十日即收获（粳有救公饥、喉下急，糯有金包银之类，方语[4]百千，不可殚述），最迟者历夏及冬二百日方收获。其冬季播种、仲夏即收者，则广南之稻，地无霜雪故也。

凡稻旬日失水，即愁旱干。夏种冬收之谷，必山间源水不绝之亩，其谷种亦耐久，其土脉亦寒，不催苗也。湖滨之田，待夏潦[5]已过，六月方栽者，其秧立夏播种，撒藏高亩之上，以待时也。南方平原，田多一岁两栽两获者。其再栽秧，俗名晚糯，非粳类也。六月刈初禾，耕治老膏田，插再生秧。其秧清明时已偕早秧撒布。早秧一日无水即死，此秧历四五两月，任从烈日暵干无忧，此一异也。

凡再植稻遇秋多晴，则汲灌与稻相终始。农家勤苦，为春酒之需也。凡稻旬日失水则死期至，幻出[6]旱稻一种，粳而不粘者，即高山可插，又一异也。香稻一种，取其芳气以供贵人，收实甚少，滋益全无，不足尚也。

【互联网+注释】

1. 掌握下列字词：

[1] 秔（jīng）：同"粳"。

[2] 社种：古时以立春之后的第五个戊日为春社，时在春分之前。

[3] 稿：秸秆。

[4] 方语：地方土语，方言。

[5] 夏潦（xià liǎo）：夏季因久雨而形成的大水。

[6] 幻出：变化出。

2. 理解下列语句的意思：

[1] 早秧一日无水即死，此秧历四五两月，任从烈日暵干无忧，此一异也。

[2] 凡稻旬日失水则死期至，幻出旱稻一种，粳而不粘者，即高山可插，又一异也。

【互联网+知人论世】

1. 作者简介：宋应星（1587—约 1666），字长庚，汉族，江西奉新人，明朝人。

一生致力于对农业和手工业生产的科学考察和研究，搜集了丰富的科学资料，其中最杰出的作品《天工开物》被誉为“中国17世纪的工艺百科全书”。“天工开物”取自“天工人其代之”及“开物成务”。

2.《天工开物》是世界上第一部关于农业和手工业生产的综合性著作，是中国古代一部综合性的科学技术著作，是一部百科全书式的著作。中国古代素以农业作为国本，所以宋应星的文章中也处处体现出贵五谷轻金玉的思想。

【文本解读+鉴赏力】

民生一直以来都是头等大事，谷物为普通百姓为生度日的主要粮食。作者引经据典，叙事结合议论，既介绍了谷物的特性，又抨击了不重视农事的陋习。相当长的时间里，我国属于重农抑商的国度，国人都知道农业耕种收藏的无比重要性，官方甚至还会举行春种的仪式，期望土地给力，风调雨顺，谷物满仓。在主要依靠手工劳动的时代，没有现代科技手段作为支撑，也没有足够的肥料，从事农业生产十分辛苦，劳累、枯燥且没有太多的收益，可以说做个田地上的农民没有什么大前途，农民往往又被达官贵人鄙视。作者十分心痛，对此毫不留情地进行了讽刺。

“民以食为天”，从这句话就可看出粮食作物关系到生与死的问题。所以古代先贤把栽种收成最好的实践者上升到神的地位，神农氏其实就是农民的化身。他勤劳能干，善于尝试寻找提高产量的方式方法，不辞艰辛地劳作，终于为后人留下了较为先进的选种栽培管理的方法，为先民耕种生产做出了巨大贡献。后人因此把他奉为神灵。今天的科技有了质的飞跃，现代农业提倡的不仅是高产，还有绿色环保的生产方式，本着可持续发展的理念，希望人类赖以生存的土地给人们餐桌上供应的都是健康、卫生、富有营养的绿色食品。由古至今，农业确实是关系到社会稳定的大事。

宋应星是我国历史上非常优秀的农民代言人，又是重视农业生产的专家。这里选取《乃粒》《稻》两文，就是希望同学们认真阅读，从中汲取古人的智慧，学习古代先贤严谨扎实的工作作风。对比来看，宋应星发自内心地对各类实践活动感兴趣，并结合所掌握的相关知识，通过文字勾画出来，这足以说明作者不但具有非常丰富的专业知识，而且在文字应用方面也是一位妙笔生花的高人。值得同学们学习的地方很多，比如对于自己感兴趣的领域，不能抱着玩耍的态度，而是要通过学习积累，成为一位专家，同时要有一股钻劲儿，老老实实地从实践中改进自身的不足，跟上时代的步伐，不断进取，取得更大的成绩。

科学素养所体现的是：勇于探索存在但还没有被发现的规律，因此需要强烈的好奇心，进而表现为科学假设层面的想象力，克服可能存在的各种难题，不怕失败，勇往直前，其顽强的创新意识和实践活动带有类似疯狂的行为，向着既定目标永不放弃，并以扎扎实实的行动推动科技新发现新成果的不断涌现。中华民族勤劳智慧，实干创新，经过一代又一代人的努力，我国高科技在很多领域有了令世界瞩目的成就，中国的科技进步有目共睹。我们坚信，随着教育事业机制的越发完善，科技研究的环境越发改善，以诺贝尔奖为标志的自然科学奖名单上的中国人会越来越多，中华民族必将以其智慧创造为推动世界向更美好发展做出应有的贡献。

两文短小精悍，认真研读给人以历史文化的厚重感，同时又能给人科学素养方面的启迪，比如精心钻研、扎实做事、善于观察、动脑动手、勤劳实干、坚定信念、永不放弃等，就是学习该书送给读者的最大财富。

【阅读思考+创造力】

1. 结合《乃粒》的文段，分析文中引用神农氏功绩的目的是什么。
2. 结合《稻》的文字内容，讨论“天工”与“人工”的关系。

【互联网+拓展链接】

1. 结合《天工开物》的撰写背景，谈谈当时崇尚“百姓日用是道”的经世致用观。
2. 结合宋应星的一生经历，理解其读书治学的独到之处。

古代镜子的艺术

沈从文

中国金工用青铜铸造镜子，约在春秋战国时期。多数镜子的背面，都有精美的装饰图案，从造型特征和艺术表现看，可以分成两类，代表两种不同风格：一种镜身比较厚实，边缘平齐，用蟠虺[1]纹作为图案主题，用浅浮雕、高浮雕和透空雕等技法处理的，图案花纹和河南新郑、辉县以及山西李峪村及最近安徽寿县各地出土青铜器部分装饰花纹相近。有一种透空虺纹镜子，数量虽然不多，做法自成一个系统，产生时代可能早一些。另一种镜身材料极薄，边缘上卷，图案花纹分两层处理，一般是在精细地纹上再加各种主题浅浮雕，地纹或作涡漩云纹、几何纹及丝绸中的罗锦纹。主题装饰有代表性的，计有山字形矩纹、连续矩纹、菱形纹、连续菱纹、方格子嵌水仙花纹，黼绣[2]云藻龙凤纹、长尾兽（蜼）纹，及反映当时细金工佩饰物各式花纹。这部分图案比前一部分有个基本的不同处，是它和古代纺织物丝绸锦绣花纹发生密切联系，制作的精美也达到了当时金铜工艺的高峰，产生时代可能稍晚一些，因首先在淮河流域发现，通称“淮式镜”。中华人民共和国成立后长沙战国楚墓中出土同类镜子格外多，我们才知道叫它作“楚式镜”比较正确。从现有材料分析，青铜镜子的发明，虽未必创自楚国，但是楚国铸镜工人对于生产技术的进一步提高和图案艺术的丰富多样化，无疑有过极大贡献。镜子埋藏在地下已经过二千三百余年，出土后还多保存得十分完整，镜面黑光如漆，可以照人。照西汉《淮南子》一书所说，是用“玄锡”作反光涂料，再用细毛呢摩擦的结果。后来磨镜药是用水银和锡粉做成的。经近人研究，玄锡就是指这种水银混合剂。由此知道我国优秀的冶金工人在战国时期就已经掌握了烧炼水银的新技术。这时期开始流行的鎏金技术，同样要利用水银才能完成。这些重要发现或发明，是中国冶金史和科学技术发明史上的一件重大事情。由于新的科学技术的应用，使得中国金工装饰艺术因之更加显得华美和壮丽。当时特种加工镜子，还有涂朱绘彩的、用金银错镂镶嵌的、加玉背井镶嵌彩色琉璃的，都反映了这个伟大历史时期金铜工艺所达到的高水平。

到汉代，青铜镜子的应用范围日益广泛，图案花纹也不断丰富以新的内容，特别有代表性的如连续云藻纹镜，云藻多用双钩法处理，材料薄而卷边，还具“楚式镜”

规格，大径在五寸以内，通常都认为是秦汉之际制作的。有的又在镜中画圆框或方框，加铸四字或十二字铭文：“大富贵，宜酒食，乐无事，日有”是常见格式，或用“安乐未央”四字铭文，必横列一旁。

第二种是小型平边镜子，镜身稍微厚实，铜质泛黑，惟用“见日之光，长毋相忘”八字作铭文，每字之间再用两三种不同简单云样花式作成图案，字体方整犹如秦刻石。图案结构虽比较简单，铭文却提出了一个问题。西汉初年社会，已开始用镜子作为男女间爱情标记，生前相互赠送，作为纪念，死后埋入坟中，还有生死不忘的意思。“破镜重圆”的传说，就在这个时期产生，比后来传述乐昌公主故事早七八百年。又有大型日光镜，外缘加七言韵语，文如《长门赋》体裁，借形容镜子使用不时，作为爱情隔阂忧虑比喻。另有一种星云镜，用天文星象位置组成图案，或在中心镜钮部分作九曜七星，又把四围众星用云纹联系起来，形成一种云鸟图案。这都是西汉前期镜子。第三种是中型或大型四神规矩镜，用青龙、白虎、朱雀、玄武分布四方作为主要装饰，上下各有规矩形，外缘另加各种带式装饰，如重复齿状纹、水波云纹、连续云藻纹、连续云中乌鹊夔凤纹，主题组织和边缘装饰结合，共同形成一种活泼而壮丽的画面。正和汉代一般工艺图案相似，在发展中开始见出神仙方士[3]思想的侵入。这种镜子或创始于武帝刘彻时尚方官工，到王莽时代还普遍流行，是西汉中期到末叶官工镜子标准式样。有的在内外缘间还加铸年号、作者姓名和七言韵语，表示对于个人或家长平安幸福的愿望。最常用的是“尚方作镜真大巧，上有仙人不知老，渴饮玉泉饥食枣……”和“新有善铜出丹阳，和以银锡清且明，巧工作之成文章，左龙右虎辟不祥”等语句。有些还说起购买镜子的人做生意凡事顺心能发大财。又有铭文说“铜以徐州为好，工以洛阳著名”。它的产生年代和图案铭刻反映的社会意识，因之也更加明确。第四种是大型“长宜子孙”“长宜高官”铭文镜，字体作长脚花式篆，分布四周，美丽如图画。图案简朴，过去人认为是西汉早期制作，近年来多认定为西汉末东汉初期成品。此外还有由四神规矩发展而成的神人龙虎镜、分段神相镜、“位至三公”八凤镜、“天王日月”神像镜、凸起鼍[4]龙镜、西王母车马人物镜，可代表汉末过渡到魏晋时代的产品。八凤镜用平剔法，简化对称图案如剪纸，边缘或作阴刻小朵如意云，富于民间艺术风味。神仙龙虎镜，有的平面浮雕龙虎和西汉白虎、朱雀瓦当，浮雕风格相同，形象特别矫健壮美。一般多用浅浮雕，是西汉以来技法。较晚又用圆浮雕法把龙虎简化，除头部外其他全身都不明显，产生年代多在桓帝祠老子以后，有署“建安”年号的。神仙龙虎镜加“胡虏殄灭四夷服，多贺国家得安宁”等七言诗的，创始于西汉，汉魏之际还有模仿。又有一种高圆浮雕鼍龙镜，龙身高低不一，在构图和表现技法上是新发展。特别引人注意的是西王母东王公车马神像镜，铜质精美，西王母蓬发戴胜，仪态端庄，旁有玉女侍立，间有仙人六博及毛民羽人竖蜻蜓表演杂技。主题图案组织变化丰富，浮雕技法也各具巧思。有的运用斜雕法，刻四马并行，拉车奔驰，珠帘绣，飘忽上举，形成纵深体积效果，显得十分生动，在中国雕刻艺术史上是新成就。后来昭陵六骏石刻及宋明剔红漆雕法，都受它的影响。这种镜子在浙江绍兴一带出现最多，为研究汉代西王母传说流行时代和越巫关系问题提供了重要线索。

又根据近年出土记录，西汉以来还有鎏金、包金和漆背加彩画人物等各种不同方式加工的大型镜子产生。当时除尚方工官特别制作外，铸镜工艺在国内几个大商业城市，也已经成为一种专门手工业，长安、洛阳、西蜀、广陵都有专门名家，铸造各式镜子，罗列市上出售。许多镜子上的铭文，就把这些事情反映得清清楚楚。这些镜子当时不仅被当成高级美术商品流行全国，还远及西域各属及国外。近年在西北出土的镜子，可根据它判断墓葬相对年代。在日本出土的汉镜及汉式镜，又进一步证明了中日两国间文化的交流，至晚在西汉就已开始，比《魏略》说的东汉晚期早200年。东汉末年到三国时期，还有一种铁制镶嵌金银花纹镜子，早见于曹操《上杂物疏》记载中。近年来这种镜子在国内也常有出土。其镜钮扁平，图案花纹比较简单质朴，和八凤镜风格相近，开启后来应用铁器错银技法。惟铁质入土容易氧化，完整的镜子保存不多。

晋至南北朝三百余年中，神相龙虎镜、西王母镜，东晋时犹继续生产，此外还有“天王日月”铭文镜，边缘多用云凤纹处理，内缘铭文改成四言，如道士口诀律令。再晚一些又有分卦十二生肖四神镜、高浮雕四神镜、重轮双龙镜、簇六宝相花镜等。后四种出现于六朝末陈、隋之际，唐代还流行。南北朝晚期镜子图案逐渐使用写生花鸟做主题后，在技法表现上也有了改进和提高，花鸟浮雕有层次起伏，棱角分明，充满了一种温柔细致情感。其主要生产地已明确属于扬州，可说明这阶段南方生产的发展和美术工艺的成就。

唐代物质文化反映于造型艺术各部门，都显得色调鲜明，组织完美，整体健康而活泼，充满着青春气息。镜子艺术的成就，同样给人这种深刻印象。镜身大部分比较厚实（特别是葡萄鸟兽花草镜），合金比例，银锡成分增多，因此颜色净白如银。造型也有了新变化，突破传统圆形的束缚，创造出各种花式镜。大型镜子直径大过一尺二寸，小型镜子仅如一般银币大小。并且开始创造有柄手镜。至于图案组织，无论用的是普通常见花鸟蜂蝶，还是想象传说中的珍禽瑞兽或神话故事、社会生活，表现方法都十分富于风趣人情，具有高度真实感。唐代海外交通范围极广，当时对外来文化也采取一种兼容并收的态度来丰富新的艺术创造内容，在音乐、歌舞、绘画、纺织图案、服装各方面的影响都相当显著。镜子图案的主题和表现技法，同样反映出这种趋势。例如满地葡萄鸟兽花草镜、麒麟狮子镜、醉佛击拍鼓弄狮子镜、骑士玩波罗球镜、黑昆仑舞镜、太子玩莲镜，都可以显著见出融合外来文化的痕迹。前一种图案组织复杂而精密，用高浮雕技术处理，综合壮丽与秀美成一体，在表现技法中格外突出。后几种多用浅浮雕法，细腻利落，以善于布置见长，结构疏密恰到好处。极小镜面也留出一定空间，使得花鸟蜂蝶都若各有生态，彼此呼应，整体完美而和谐。

唐代统治者宣扬道教，神仙思想因之流行，在唐镜的图案上也得到各种不同的反映。例如嫦娥奔月镜、真子飞霜镜、王子晋吹笙引凤镜、仙真乘龙镜、水火八卦镜、海上三神山镜，其图案组织都打破了传统的对称法，做成各种不同的新式样。唐代佛教盛行，艺术各方面都受影响，镜子图案除飞天频伽外，还有根据《莲花太子经》制作的太子玩莲图案，用一些胖娃娃作为主题，旋绕于花枝间。子孙繁衍、瓜瓞绵绵是一般人所希望的，因此这个主题画在丝绸锦绣中得以发展，就成为富贵宜男百子锦，织成幛子被单，千年来还为人民熟习爱好。汉代铸镜作带勾多在五月五日，唐人习惯照旧，传说还得在扬子江中心着手，显然和方士炼丹有瓜葛。又八月五日是唐玄宗生日，定名叫“千秋节”（又称“千秋金鉴节”），照社会习惯，到这一天全国都铸造镜子，当作礼物送人，庆祝长寿。唐镜中比较精美的鸾衔长绶镜、飞龙镜和加工特别精美的金银平脱花鸟镜、罗钿花鸟镜，多完成于开元、天宝二十余年间，部分且为适应节令而产生。唐代社会重视门阀，名家世族，儿女婚姻必求门当户对，但是青年男女却乐于突破封建社会的束缚来满足恋爱热情。当时人常把它当作佳话奇闻，转成小说、诗歌的主题。镜子图案对这一个问题虽少直接表现，但吹笙引凤、仙人乘龙、仙女跨鸾，以及各式花鸟镜子中的鸳鸯口衔同心结子相趁相逐形象及鱼水和谐、并蒂莲形象，却和诗歌形容恋爱幸福及爱情永不分离寓意相同。镜子铭文中，又常用北周庾子山五言诗及唐初人拟苏若兰织锦回文诗，借歌咏化妆镜中人影，对女性美加以反复赞颂。

唐代特种加工镜子，计有金银平脱花鸟镜、罗钿花鸟镜、捶金银花鸟镜、彩漆绘嵌琉璃镜，这类具有高度艺术水平的镜子图案，有部分和一般镜子主题相同；有部分又因材料特性引起种种不同新变化，如像满地花罗钿镜子的成就，便是一个好例。这些镜子华美的装饰图案，在中国制镜工艺发展史上达到了一个新的高峰。

唐镜花样多，有代表性的可以归纳成三类：第一类宝相花图案，包括有写生大串枝、簇六规矩宝相、小簇草花、放射式宝相及交枝花五种。第二类珍禽奇兽花草图案，包括有小串枝花鸟、散装花鸟和对称花鸟等；鸟兽虫鱼中有狮子、狻猊[5]、天鹿、天马、鱼、龙、鹦鹉、鸳鸯、练鹊、孔雀、鸾凤、蝴蝶、蜻蜓等。第三类串枝葡萄鸟兽蜂蝶镜，包括方圆大小不同式样。第四类故事传说镜，包括各种人物故事、社会生活，如真子飞霜、嫦娥奔月、孔子问荣启期、俞伯牙钟子期、骑士打球射猎等。特别重要的部分是各种花鸟图案，可说总集了当时工艺图案的大成。唐人已习惯采用生活中常见的花、鸟、蜂、蝶作装饰图案，应用到镜子上时更加见得活泼生动（这是唐镜图案最值得我们学习的一点）。花鸟图案中如鸾衔绶带、雁衔威仪、鹊衔瑞草、俊鹘衔花各式样，又和唐代丝绸花纹关联密切。唐代官服彩绫，照制度应当是各按品级织成各种本色花鸟，妇女衣着则用染缬[6]、刺绣、织锦及泥金绘画，表现彩色花鸟，使用图案和镜子花纹一脉相通。丝绸遗物不多，镜子图案却十分丰富，因此镜子图案为研究唐代丝绸提供了种种可靠材料。

唐镜在造型上的新成就，是创造了小型镜和各种花式镜，打破了旧格式，如银圆大小贴金银花鸟镜，八棱、八弧、四方委角花式镜等。

宋代镜子可分作两类：一类是在我国青铜工艺史上应当占有一个特别位置的，即部分缠枝花草官工镜。其造型特征是镜身转薄，除方、圆二式外，还有亚字形、钟形、鼎形及其他许多新式样出现。装饰花纹也打破了传统习惯，做成各种不同格式。新起的写生缠枝花，用浅细浮雕法处理，属于雕刻中“识文隐起”的做法。图案组织多弱枝细叶相互盘绕，形成迎风露效果。其中特别优秀的作品，产生时代多属北宋晚期。宋人叙丝绸刺绣时喜说“生色花”，有时指彩色写生折枝串枝，有时又用作“活色生香”的形容词，一般素描浮雕花朵都可使用。这种“生色花”反映于镜中图案时，做工特别细致，只像是在浅浮雕上见到轻微凸起和一些点线的综合，可是依然生气充沛，具有高度现实感和韵律节奏感。这一类官工镜子，精极不免流于纤细，致后来难以为继。另有一类具有深厚民间艺术作风的，用粗线条表现，其中双鱼和凤穿牡丹两式具有代表性，元、明时犹在民间流行。

北宋在北方有契丹、辽政权对峙，西北方面和西夏又连年用兵，因此铜禁极严，民间铸镜多刻上各州县检验铸造年月和地名，借此得知当时各县都有铸镜官匠。第二类镜子的创作，就完成于这种地方官匠手中，文献和实物可以相互证明。

青铜镜子的生产，虽早在二千三四百年前已有，一直使用下来，到近二百年才逐渐由新起的玻璃镜子代替。如以镜子工艺美术而言，发展到宋代特种官工镜，已可说近于曲终雅奏。劳动人民的丰富智慧和技巧以及无穷无尽的创造力，随同社会发展变化，重点开始转移到新的烧瓷、雕漆、织金锦、刻（缂）丝等其他工艺生产方面去了。青铜工艺在若干部门还有不同程度的进展，例如按照宋代官制，盛行金银加工的马鞍装具。最低品级官吏，都使用铁錾银鞍镫。铁兵器杂件也常错镂金银。宋宣和仿古铜器，在当时极受重视，制作精美的商周赝品[7]，直到现代还能蒙蔽专家眼目。新创造的铜器也别有风格，不落俗套。南宋绍兴时姜娘子铸细锦地纹方炉，在青铜工艺品中还别具一格。不过制镜工艺事实上到南宋时已明显在衰落中，特别是在南方，已不再是工艺生产的重点。这时扬州等大都市的手工业多被战争破坏，原有旧镜多熔化改铸铜钱或供其他需要。一般家常镜子，重实用而不尚花纹。闻名全国的“张家”“马家”“石家念二叔”等店铺所做青铜照子，通常多素背无花，只在镜背部分留下一个出售店铺图记。一般情况且就铜原料生产地区，由政府设“铸鉴局”监督，和铸钱局情形相似，用斤两计算成本，三百一十文一斤。镜工艺术水平低落是必然的。私人铸造虽然还不断创造新样子，却受当时道学思想影响，形态别扭，纹样失调，越来越枯燥无味。如有些用钟或鼎炉式样，铸上八卦和“明心见性”语句的，在造型艺术处理上不免越来越庸俗。女真族在北方建立的金政权和南宋政权对峙，对生产破坏极大，官私铸镜，虽还采用北宋串枝花草镜规模，此外也创造了些新式样，但就总的趋势来说，工艺上还是在日益下落中，少发展，少进步。

1956 年写

（原为《唐宋铜镜》一书题记，中国古典艺术出版社，1958 年出版）

【互联网+注释】

1. 掌握下列字词：

[1] 蟠虺（pán huǐ）：青铜器纹饰的一种。以盘曲的小蛇的形象，构成几何图形。盛行于春秋战国时期。

[2] 黼绣（fǔ xiù）：古代绣有斧形花纹的衣服。

[3] 方士：古代自称能访仙炼丹以求长生不老的人。

[4] 鼍（tuó）：爬行动物，吻短，体长二米多，背部、尾部均有鳞甲。穴居江河岸边，皮可以蒙鼓。

[5] 狻猊（suān ní）：中国古代神话传说中龙生九子之一（一说是第五子，另一说是第八子）。形如狮，喜烟好坐，所以形象一般出现在香炉上，随之吞烟吐雾。

[6] 染缬（xié）：古代丝绸印染工艺的总称。

[7] 赝品：伪造的东西。多指书画文物。

2. 理解下列语句的意思：

[1] 有的又在镜中画圆框或方框，加铸四字或十二字铭文：“大富贵，宜酒食，乐无事，日有”是常见格式，或用“安乐未央”四字铭文，必横列一旁。

[2] 最常用的是“尚方作镜真大巧，上有仙人不知老，渴饮玉泉饥食枣……”和“新有善铜出丹阳，和以银锡清且明，巧工作之成文章，左龙右虎辟不祥”等语句。

【互联网+知人论世】

1. 作者简介：沈从文（1902—1988），男，原名沈岳焕，笔名休芸芸、甲辰、上官碧、璇若等，乳名茂林，字崇文，湖南凤凰人。文学家、历史文物研究专家。《边城》《长河》等小说是其代表作。1931—1933 年在青岛大学任教，抗战爆发后到西南联大任教，1946 年回到北京大学任教，新中国成立后在中国历史博物馆和中国社会科学院历史研究所工作，著有《中国古代服饰研究》。

2. 沈从文由文学家转为历史文物专家，请搜集历史资料，总结沈先生所取得的成果，并谈谈对你有何启发。

【文本解读+鉴赏力】

《镜子的艺术》用非常专业的笔触介绍了我国古代镜子发展的轨迹。作者沈从文没有太多学校教育经历，但是凭着勤奋好学获得知识，足以应付生活与工作的种种需要。接受过一定教育的当代中国人都知道，这位学历不高的乡下人，拥有常人所没有的天分，能够把生活的情感体验转换成精致美妙的语言文字，现代中国就有了特别接近诺贝尔文学奖的享誉国内外的代表性作家。通过这篇文章，又能让读者获得另一种惊喜，原来文学家写科技艺术的文章照样别有特色，里面种种专业词汇，又告诉人们，学习的确可以让人变得广博富有。

镜子是用来观看自身容貌的生活用品，爱美的中国人在两千多年前就发明了镜子，主要通过工匠精心制作而成，属于科技应用的产物。这小小的镜子就能让人明白，生活离不开美，生活不能过于平庸，哪怕家庭处在贫困之中，也无法束缚爱美的心灵和身体，对着水缸或者河水照影梳妆不只是小家碧玉常有的姿态。富贵人家更有讲究，可以花大价钱购买青铜镜子，不但照看方便，而且设计装饰用心，图案纹饰精美，铭字含义丰富，镜子本身就是美的艺术品。

古代的镜子同时又是科学技术发展推动、自觉应用的结果。今天在博物馆可以看到出土或收藏的铜镜，完全可以领略到我国古代科技自觉探索的精神，而精美绝伦的青铜镜没有确切的发明人，是无数的工匠通过代代相传或各自努力逐渐完善而成的。工匠无名，并不代表科技没有成色。一枚镜子需要装饰图案、冶炼工艺、技术更新等，应该说是跨界制作，需要分工合作，可以说呕心沥血方能铸造而成。精美无比的铜镜寄托了爱美之人的美好愿景，既能照看自己的容貌、净面、戴帽、装扮等，给世界一个干净整洁的面孔，又可以通过镜子表达对生活和未来的祝愿。这是爱美生活的需要，更是自觉应用科技打造美好生活的成果。

古代镜子是工匠跨界完成的，这篇文章也可以说是跨界精心著述的，当然也可以说这是作者专业水平的体现。结合沈从文的经历看，这位后天热爱学习、天赋极高的作家，后来是以服饰服装专家身份工作的，由文人作家转为专家学者非常成功，留给后人的著作可以证明这一点。由此可以说明，不断学习是不可或缺的。阅读此文，不只是可以理解我国古代制作铜镜的高超科学技术和工艺手段，还可以明白孜孜不倦、刻苦学习的重要性。

【阅读思考+创造力】

1. 古代镜子的制作有什么变化？体现了什么用意？
2. 古今镜子有什么不同？联系时代背景谈谈中国科技的发展与变迁。

【互联网+拓展链接】

1. 将阅读和实地游览结合，谈谈沈从文湘西文学意象。
2. 了解沈从文与诺贝尔文学奖的关系，总结其文学成就。

哥本哈根精神

杨福家

一

什么是哥本哈根精神？正像玻尔的互补原理一样，似乎很难找到一个确切的定义。

玻尔的挚友、著名物理学家罗森菲耳德对哥本哈根精神的定义是：完全自由的判断与讨论的美德。

英国科学记者克劳瑟认为："哥本哈根精神是玻尔思想的一种表达，它既具有不可超越的想象力，又具有极大的灵活性和完整的智慧鉴赏能力，它能无比迅速地领悟任何新思想的关键和价值。"

澳大利亚物理杂志的编辑罗伯逊的看法是："哥本哈根精神或许可以很好地被表征[1]为玻尔给人的一种鼓舞和指导，它与聚集在周围的青年物理学家的才华相结合，体现了领袖与群众的互补关系。""玻尔依靠他的洞察[2]力和鼓舞力量，把他周围的人的聪明才智充分发挥出来。"

传记作家穆尔则认为，哥本哈根精神是"高度的智力活动、大胆的涉险精神、深奥的研究内容与快活的乐天主义的混合物"。

可以认为，哥本哈根精神的核心，是在玻尔倡导下形成的"平等、自由地讨论和相互紧密地合作的浓厚的学术气氛"。

二

抽象的定义与具体的例子总是互为补充的。下面让我们来看几个具体的例子。

1922 年 6 月，玻尔应邀赴德国哥廷根讲学，德国一些著名的学者都前来听讲，盛况空前（后被称为"玻尔节"）。当时年仅 20 岁的大学生海森堡①，也随其导师索末菲从慕尼黑专程赶来聆听玻尔的演说。在玻尔的每次演讲未了，照例总有一段时间供大家讨论、提问。有一次，那位在大学里只读了 4 个学期的海森堡，对玻尔的一些看法提出了强烈的异议。玻尔一眼就看出，这些异议是经过仔细研究后提出来的，于是，这位在当时已享盛名的教授，在当天下午就邀请海森堡到附近山区散步，以便能对问

① 海森堡，德国物理学家，诺贝尔物理学奖获得者。

题做深入讨论。在讨论中，玻尔既肯定海森堡的很多想法，又十分坦率地谈了自己的认识过程，还承认“我今天上午说得不够小心”，既讨论科学，又谈家常，使人感到十分亲切。最后，玻尔邀请海森堡到哥本哈根工作一段时间。

海森堡后来回忆说：“这是我记得起的、对近代原子理论的物理内容和哲学问题所进行的第一次最为透彻的讨论，它显然对我今后的科学生涯产生了决定性的影响。”“我真正的科学生涯是从这次散步开始的。”

玻尔则认为，他到哥廷根讲学的最大收获是第一次遇到了两位有才华的青年人——海森堡和泡利①。

海森堡接受邀请于 1924 年来到丹麦。不久，玻尔就陪他到哥本哈根北部小城旅行，欣赏丹麦西兰岛的优美风景。这位诺贝尔物理学奖的获得者，与刚从大学毕业的海森堡一起，背着小包，睡在小客栈里，从政治、地理讨论到哲学、物理。这就是玻尔研究所内师生关系的生动写照、“哥本哈根精神”的具体体现。

玻尔靠着非凡的直觉能力，在 1921 年量子力学建立之前，甚至更为惊人的是，在泡利提出不相容原理（1925 年）之前，就用原子的量子论解释了元素周期表，预告了第 72 号元素的存在。玻尔曾自信地说过：“我们必须期望第 11 个电子（钠）跑到第三个轨道上去。”可是，索末菲的学生、比海森堡大一岁的泡利，一点也不喜欢这种牵强的解释。他用了有两个惊叹号的句子加以批注：“你从光谱得出的结论一点也没有道理啊!!”泡利对玻尔的批评不讲情面，但是，玻尔却能“认真地对待这种含蓄的批评，绝没有因为受到挖苦而气馁”（罗森菲耳德语）。

泡利的可贵之处就是敢于提出非常尖锐的批评，他后来成了近代物理学中最著名的评论家。他不管你有没有名望，都毫不客气地进行批评，有时甚至挖苦、讽刺，态度粗暴。海森堡曾说：“不知多少次，他（泡利）骂我‘你这个笨蛋’或者类似的话，这对我很有帮助。可是，我们总是好朋友，我们相互批评，从不见怪。”这个泡利，就是海森堡终身的朋友和科学上的批评者。

在玻尔的邀请下，泡利在玻尔访问哥廷根后就来到哥本哈根。玻尔让他评论研究所的各项工作，并高度评价泡利的作用，不管大事小事，总要去找泡利聊一聊。虽然研究所里很多人都怕泡利，但是，逐渐地，大家都开始珍视泡利的批评。甚至在泡利离开哥本哈根之后，他的每次来信都被看成是一件大事，在所内广为传阅。

无疑地，玻尔、海森堡、泡利之间的合作对量子力学的发展起了不可估量的作用。正是他们，形成了哥本哈根学派的核心。

1939 年，哈恩发现裂变现象不久，玻尔就到美国去了。在那里，他与惠勒合作研究裂变理论。他们的研究结果表明，只有占天然铀 0.7%的铀 235 能在热中子作用下引起裂变。这是一个十分重要的结论。为了从实验上加以证实，玻尔跑到纽约哥伦比亚大学去找费米，恰巧费米不在，但遇到了一位名叫赫·安德森的研究生。对于这样一位“纤细而恬静，还像孩子刚要成年时那么纤弱”（费米夫人语）的青年人，玻尔却能耐心地、不厌其烦地向他解释裂变现象的理论。玻尔的崇高威望和慈祥的态度对这位青年产生了巨大的影响：不仅激起了他对原子核的极大兴趣，而且通过他，使费米在终止了 5 年之后又开始了实验学家的生涯，并第一次在回旋加速器上进行实验。

---

① 泡利，奥地利物理学家，诺贝尔物理学奖获得者。

费米开始并不相信铀235在裂变中占主导作用，而倾向于铀238。玻尔首先看到铀235的重要性，但又认为在天然铀中要实现连锁反应是不可能的。费米的实验很快证明了玻尔的理论是正确的，铀235确实是天然铀中能由热中子引起裂变的成分。但是，费米并不到此为止，他进而想出了巧妙的办法使天然铀的连锁反应得以实现。两位科学巨人互相取长补短，为原子能的人工释放迈出了决定性的一步，原子反应堆诞生了！可是，谁也没有想到，在这个重大问题上，在他们之间搭桥的却是一位青年学生，他是在哥本哈根精神的感召下跨入原子核王国的，后来成为发明原子反应堆的第二号人物。

这些例子，还有许许多多例子，算是老生常谈了。甚至到了（20世纪）60年代初，笔者在玻尔研究所内还从不同人那里至少听了好几遍，却总是百听不厌！它们是哥本哈根精神最生动的体现。

三

哥本哈根精神是怎样产生的呢？为了回答这一问题，有必要回顾一下尼耳斯·玻尔是怎样创建玻尔研究所的。

在1913年玻尔发表划时代的三部曲《原子和分子结构》之后，邀请书纷纷飞到了玻尔的手中：1916年，美国加州大学邀请玻尔去工作，英国曼彻斯特大学校长聘请玻尔去任职；1918年，卢瑟福写出“私人信件，本人亲启”的邀请信，以“把曼彻斯特办成现代物理研究中心”“年薪200英镑（相当于玻尔在丹麦收入的两倍）”为前提，再次邀请玻尔去英国任职。导师和挚友卢瑟福的邀请，对于玻尔当然具有很大的吸引力，但是玻尔回信道：“我非常喜欢再次到曼彻斯特去。我知道，这对我的科学研究会有极大的帮助。但是我觉得不能接受您提到的这一职务，因为哥本哈根大学已经尽全力来支持我的工作，虽则它在财力上、在人员能力上和在实验室的管理上，都达不到英国的水平。……我立志尽力帮助丹麦发展自己的物理学研究工作……我的职责是在这里尽我的全部力量。”

1920年，玻尔又婉拒了来自柏林的邀请，那里的普朗克①愿意为他提供一个与爱因斯坦相当的职位。

玻尔一心一意致力于在自己的国土上建立一个物理研究所。1921年3月3日，在近代物理史上有重大影响的玻尔研究所终于宣告成立。在成立大会上，35岁的所长玻尔说道：“……极端重要的是，不仅仅要依靠少数科学家的才能，而且要不断吸收相当数量的年轻人，让他们熟悉科学研究的结果与方法。只有这样，才能在最大程度上不断地提出新的问题；更重要的是，通过青年人自己的贡献，新的血液和新的思想就不断涌入科研工作。”

正如澳大利亚学者罗伯逊所指出的：“这些话，在很大程度上指出了研究所在今后岁月中应起的主要作用。年轻的丹麦和外国物理学家所带来的新思想和新朝气，在玻尔及其周围有经验的一批合作者的指导下，不久就转化为丰硕的成果。”在人口不到500万的一个小国里，出现了与英、德齐名的国际物理中心，并一直被许多物理学家誉为“物理学界的朝拜圣地”。

---

① 普朗克，德国物理学家，诺贝尔物理学奖获得者。

这个圣地的中心人物，当然是尼耳斯·玻尔。他事业心极强，夜以继日地工作，但又幽默好客，不摆架子。他爱才如命，到处物色有希望的青年人来所工作。他积极提倡国际合作，以致被人誉为“科学国际化之父”。

在他的研究所里，既有22岁当讲师、27岁当教授的海森堡和作为“上帝的鞭子”的泡利，又有开玩笑不讲分寸的朗道①，以及“几乎把画漫画、做打油诗作为主要职业，而把物理倒变成副业”的伽莫夫。

哥本哈根的气氛使人感到繁忙、激动、活泼、欢快、无拘无束、和蔼可亲。哥本哈根精神随着量子力学的诞生而诞生，并成了物理学界最宝贵的精神财富。

【互联网+注释】

1. 掌握下列字词：

［1］表征：揭示，表明；显露于外的征象。

［2］洞察：看穿，观察得很透彻；发现内在的内容或意义。

2. 理解下列语句的意思：

［1］对于这样一位“纤细而恬静，还像孩子刚要成年时那么纤弱”（费米夫人语）的青年人，玻尔却能耐心地、不厌其烦地向他解释裂变现象的理论。

［2］在他的研究所里，既有22岁当讲师、27岁当教授的海森堡和作为“上帝的鞭子”的泡利，又有开玩笑不讲分寸的朗道，以及“几乎把画漫画、做打油诗作为主要职业，而把物理倒变成副业”的伽莫夫。

【互联网+知人论世】

1. 作者简介：杨福家，1936年生，核物理学家，中国科学院院士，中国科协副主席，中央文史研究馆馆员。曾任丹麦哥本哈根尼尔斯·玻尔研究所博士后研究员，中国科学院上海原子核研究所所长，复旦大学教授、校长，中国大学校长联谊会创会会长。2000—2012年担任英国诺丁汉大学校长兼宁波诺丁汉大学校长，成为第一位出任英国著名院校校长的在籍中国人。

2. 根据搜集的资料，联系杨福家担任复旦大学校长的经历，谈谈其受益于哥本哈根精神的表现。

【文本解读+鉴赏力】

世界上真有这样的人，继承前人的研究成果，利用专业所学全身心投入到科学研究中，凭借夜以继日的实干和敏锐的探索精神，所贡献的科学成果成为拉动社会发展的重要推手，所到之处常常被鲜花和掌声包围。可是这样的享有世界声誉的科学家，却一直虚怀若谷、积极乐观，乐于接受尖锐的批评，并对可能成长为科技巨子的后起之秀给予种种机遇，并以先行者的导师身份和同事朋友关系，竭尽全力为年轻的科技工作者搭建施展才能甚至能够挖掘其潜能的舞台，这样的人不仅推动了科技快速发展，其聚集青年人才、实践科学研究、为人处世方面都是值得学习的。

文章主要分三部分，首先讨论了什么是哥本哈根精神，通过大量引用代表性的看

① 朗道，苏联物理学家，诺贝尔物理学奖获得者。

法，概括为平等、自由、合作的学术氛围；其次具体陈述了玻尔与海森堡、泡利、费米互动经过，把哥本哈根精神极其生动地展现给读者；最后追述玻尔创建研究所，拒绝来自世界一流研究机构的盛情邀请，一心一意吸引各方人才，成就哥本哈根精神，用所取得的科学成就为全世界做出了表率。文章主题鲜明，肯定哥本哈根精神，并坚信正是该精神推动了玻尔研究所处在物理学研究的前沿。为了展示哥本哈根精神的可贵，作者开始通过第三方的权威论述，定义了哥本哈根精神；再具体描述海森堡、泡利、安德森、费米为代表的年轻学人不同寻常的表现，生动地诠释了平等、自由、合作、向前的哥本哈根精神；最后追述了玻尔研究所创建时抵制各种诱惑，并在玻尔全力展现哥本哈根精神的感召下，取得了令世界瞩目的成就。由此证明哥本哈根精神值得珍视、值得学习、值得发扬光大。

一个人口不到500万的小国，诞生了世界一流的物理学研究机构，为实际推动物理学发展做出了巨大贡献，并以获得的世界级的荣誉证明了所取得的前沿成果分量极重。文中列举了初生牛犊不怕虎的海森堡的质疑、泡利的非常尖锐的批评（甚至挖苦、讽刺）、费米的学生安德森起到的作用等，生动传神地回答了什么是哥本哈根精神。它对于科学探索极其宝贵，由此可以看出，科技层面的每次进步不但需要专业水准极高的科学领军人物，还需要包容、平等、自由、合作、向前的学术氛围，以及不断吸收致力于贡献科学一辈子的年轻后生。一个人无论多么有才学，面对浩瀚无垠的宇宙都显得微不足道。只有形成合作奋斗、积极进取、互相学习、新旧接替的学术团队，才能厚积薄发，为社会贡献丰硕的成果。这给我们很好的启发：做人做事都应该学习哥本哈根精神，平等待人，虚心好学，真诚听取各种建议，乐于接受各种批评，善于发现和培养青年人才。

【阅读思考+创造力】

1. 精读文章，归纳结构设计的技巧。
2. 我国“两弹一星”精神和哥本哈根精神有什么异同？

【互联网+拓展链接】

1. 选读李约瑟的《中国科技史》，梳理我国古代科技的伟大成就，并进一步讨论近代我国科技落伍的原因。
2. 学习本文的写作手法，结合所参加的科技活动写一篇论说文。

医林改错·半身不遂论叙（节选）

王清任

医家立言着书[1]，心存济世者，乃良善之心也，必须亲治其症，屡验方法，万无一失，方可传与后人。若一症不明，留与后人再补，断不可徒取虚名，恃才立论。病未经见，揣度立方，倘病不知源，方不对症，是以活人之心，遗作杀人之事，可不畏欤？如伤寒、瘟疫、杂症、妇科，古人各有所长，对症用方，多半应手取效，其中稍有偏见，不过白玉微瑕。唯半身不遂一症，古之着书者，虽有四百余家，于半身不遂立论者，仅止数人，数人中并无一人说明病之本源。病不知源，立方安得无惜？余少时遇此症，始遵《灵枢》《素问》、仲景之论，治之无功；继遵河间、东垣、丹溪之论，投药罔效。辗转踌躇，几至束手。伏思张仲景论伤寒，吴又可著瘟疫，皆独出心裁，并未引古经一语。余空有活人之心，而无济世之手。凡辽[2]是症，必细心研究，审气血之荣枯，辨经络之通滞，四十年来，颇有所得。欲公之天下，以济后人。奈不敢以管见之学，驳前人之论，另立方法，自取其罪。友人曰：真胸有确见，屡验良方，补前人之缺，救后人之难，不但有功于后世，正是前代之勋臣，又何罪之有？余闻斯议，不揣鄙陋，将男妇小儿半身不遂、瘫腿痿症、抽搐痉挛，得病之源、外现之症、屡验良法、难治易治之形状及前人所论脉理脏腑经络之错误，一一绘图申明其说，详述前后，以俟高明，再加补助，于医道不无小补云尔。

【互联网+注释】

1. 掌握下列字词：

[1] 立言着（zhù）书：着，写作；立，成就；言，学说。写书或写文章，创立自己的学说。

[2] 辽：同“疗”。

2. 理解下列语句的意思：

[1] 若一症不明，留与后人再补。断不可徒取虚名，恃才立论。病未经见，揣度立方，倘病不知源，方不对症，是以活人之心，遗作杀人之事，可不畏欤？

[2] 友人曰：真胸有确见，屡验良方，补前人之缺，救后人之难，不但有功于后世，正是前代之勋臣，又何罪之有？

【互联网+知人论世】

1. 作者简介：王清任（1768—1831），字勋臣，直隶玉田（今河北省唐山市玉田县）人，自幼习武好医道。后来家人耗费巨资为其捐过千总的官职，也没有改变其对中医的兴趣。20 岁时弃武从医，30 岁后，在北京开医馆“知一堂”行医。他在临床医治过程中，发现大量的医书对人体构造的描述存在问题，“著书不明脏腑，岂非痴人说梦；治病不明脏腑，何异盲子夜行”。经过多次用心观察因疫病暴死的孩童和被判处剐刑的犯人的内脏结构，同时结合动物解剖实验，他于 1830 年完成《医林改错》一书，并附详图 25 幅。

2. 阅读《医林改错》，了解王清任的从医经历和学术思想，理解什么是科学精神。

【文本解读+鉴赏力】

与“继往开来”关系密切的一个词是“革新”，“革新”又与“勇气”“智慧”“能力”密不可分。一个人要想有所成就，就要敢于在继承学习的基础上出新。世界有无数的迷思、无穷的奥妙，先民们流汗流血流泪、动手动脚动脑，才越来越了解人生的规律。人类的每一次进步都是踩着前人脚印向前走的结果，经过多次的碰壁、失败、摸索，才终于找到了相对正确的前进方向。这里包括本人的发现、创新，也包括对他人不足的弥补。

中医是我国先民经过无数次尝试逐渐摸索出来的，其中的指导性医书被奉为绝对权威，在部分人看来追随可能都没有资格，更不用说敢于改进或更新了。先贤之所以被后人钦佩或赞颂，就在于他们身上体现了一种较真的精神，表现出了一种难能可贵的品质，就是要想方设法找到真正的规律。《医林改错》的作者本身就是一个传奇，冒着各种风险探讨人体内脏结构，竭尽所能为我国医学发展付出心血，给后人留下了无法估量的财富。

从文中朴实真诚的文字就能看出，作者始终非常冷静，不为虚名不畏艰险，就是为了探讨遵循规律的医学真理。虽然随着医学的发展，后人也包括《医林改错》的作者王清任，知道了前人的种种不足，但是探索者用实际行动呈现出来的革新精神一直激励着后人，值得后人学习并在自身工作中发扬光大。

【阅读思考+创造力】

1. 本文语言有什么特点？请结合例句进行说明。
2. 联系作者的经历，谈谈一名合格的医生要具备的基本素质有哪些。

【互联网+拓展链接】

1. 阅读完整的《医林改错》，此外还要阅读不少于三本其他医学著作，理解什么是科学精神。
2. 结合附近医院病例或者新闻报道，给出个人行医的建议书，不少于800字。

第三章 故土亲情

先妣[1]事略

归有光

先妣周孺[2]人，弘治元年二月二十一日生。年十六来归[3]。逾年生女淑静，淑静者大姊也；期而生有光；又期而生女、子[4]，殇一人，期而不育者[5]一人；又逾年生有尚，妊十二月；逾年，生淑顺；一岁，又生有功。有功之生也，孺人比乳[6]他子加健。然数颦蹙[7]顾诸婢曰："吾为多子苦!"老妪以杯水盛二螺进，曰："饮此，后妊不数[8]矣。"孺人举之尽，喑[9]不能言。

正德八年五月二十三日，孺人卒。诸儿见家人泣，则随之泣。然犹以为母寝也，伤哉！于是家人延画工画[10]，出二子，命之曰：鼻以上画有光，鼻以下画大姊。以二子肖母也。

孺人讳[11]桂。外曾祖讳明。外祖讳行，太学生。母何氏。世居吴家桥，去县城东南三十里；由千墩浦而南，直桥[12]并小港以东，居人环聚，尽周氏也。外祖与其三兄皆以资雄，敦尚简实；与人姁姁[13]说村中语，见子弟甥侄无不爱。

孺人之[14]吴家桥则治木棉[15]；入城则缉纑[16]，灯火荧荧，每至夜分[17]。外祖不二日使人问遗[18]。孺人不忧米盐，乃劳苦若不谋夕[19]。冬月炉火炭屑，使婢子为团，累累暴[20]阶下。室靡[21]弃物，家无闲人。儿女大者攀衣，小者乳抱，手中纫缀不辍[22]。户内洒然[23]。遇僮[24]奴有恩，虽至棰[25]楚，皆不忍有后言[26]。吴家桥岁致鱼蟹饼饵，率人人得食。家中人闻吴家桥人至，皆喜。有光七岁，与从兄有嘉入学，每阴风细雨，从兄辄留[27]，有光意恋恋，不得留也。孺人中夜觉寝，促有光暗诵《孝经》，及熟读，无一字龃龉[28]，乃喜。

孺人卒，母何孺人亦卒。周氏家有羊狗之痾[29]。舅母卒，四姨归顾氏，又卒，死三十人而定。惟外祖与二舅存。

孺人死十一年，大姊归王三接，孺人所许聘者也。十二年，有光补学官弟子[30]，十六年而有妇，孺人所聘者也。期而抱女，抚爱之，益念孺人。中夜与其妇泣，追惟[31]一二，仿佛如昨，馀则茫然矣。世乃有无母之人，天乎？痛哉！

【互联网+注释】

1. 掌握下列字词：

[1] 先妣（bǐ）：先母。

[2] 孺（rú）人：古时称大夫的妻子，明清时为七品官的母亲或妻子的封号。也用于对妇人的尊称。

[3] 来归：嫁过来。

[4] 生女、子：生一男一女双胞胎。

[5] 期而不育者：这里指满一岁时夭亡。

[6] 乳：喂养、养育。

[7] 颦（pín）蹙（cù）：皱眉头。

[8] 妊不数（shuò）矣：不会经常怀孕。

[9] 喑（yīn）：哑。

[10] 延画工画：请来画工（为死去的母亲）画像。

[11] 讳：古时称死去的尊长的名字。

[12] 直桥：对着桥头。

[13] 姁（xǔ）姁：安乐或温和的样子。

[14] 之：去、到。

[15] 木棉：棉花。

[16] 缉纑（lú）：把麻搓成线，准备织布。

[17] 夜分：半夜。

[18] 问遗（wèi）：慰劳馈赠。

[19] 不谋夕：本意指贫家吃了早饭没晚饭。这里是形容作者母亲的勤俭节约。

[20] 暴（pù）：同“曝”，晒。

[21] 靡（mǐ）：无；没有。

[22] 纫（rèn）缀不辍：缝缝补补。

[23] 洒然：整洁的样子。

[24] 遇僮（tóng）奴有恩：对待奴仆很讲情义。

[25] 棰（chuí）楚：棰，木棍；楚，荆杖。古代打人用具，引申为杖刑的通称。

[26] 不忍有后言：不肯在背后说埋怨的话。

[27] 辄（zhé）留：请假不去上学。

[28] 龃（jǔ）龉（yǔ）：牙齿上下不整齐，这里指不顺畅。

[29] 羊狗之痾（kē）：疾病，羊癫疯。

[30] 学官弟子：即秀才，经过本省各级考试取入府、州、县学的生员。学官，又称教官，是指主管学务的官员和官学教师。

[31] 追惟：追忆；回想。

2. 理解下列语句的意思：

[1] 有光七岁，与从兄有嘉入学，每阴风细雨，从兄辄留，有光意恋恋，不得留也。

[2] 中夜与其妇泣，追惟一二，仿佛如昨，馀则茫然矣。

【互联网+知人论世】

1. 作者简介：归有光（1507—1571），字熙甫，又字开甫，别号震川，又号项脊生，世称“震川先生”，苏州府太仓州昆山县（今江苏昆山市）宣化里人。明代散文家。明嘉靖年间中进士，官至南京太仆寺丞。归有光崇尚唐宋古文，其散文善于叙事，风格朴实，感情真挚，是明代唐宋派代表作家，被称为“今之欧阳修”，后人称赞其散文为“明文第一”。与唐顺之、王慎中并称为“嘉靖三大家”。著有《震川先生集》《三吴水利录》等。

2. 阅读归有光《项脊轩志》《思子亭记》《女二二圹志》《寒花葬志》等篇，总结其散文艺术特色。

【文本解读+鉴赏力】

本文是归有光追忆亡母而写下的一篇散文，发自肺腑，感人至深，清代国学家王文濡称其“纯是至情至性语，无一饰笔”。全文可分为三个部分。

从文首至“以二子肖母也”为第一部分，详尽叙述了母亲生卒年月以及生育情况。她生于明朝弘治元年，殁于正德八年，仅仅只有26岁的短暂人生，让人不禁唏嘘。嫁入归家后，七年间生产七胎，其中两婴孩不幸夭折。因而到她去世时，所有的孩子均未成年，不谙世事，甚至还以为母亲只是睡着了。慈母早逝，嗷嗷待哺的孩童从此失去了最亲密无私的守护者，“伤哉”一叹，沉重地道出了作者悲苦万分的内心感受。此间作者还提及母亲为了免除过多的生育之苦，听信老妪偏方而弄坏了嗓子一事，可知母亲的人生多经磨难，并不顺遂，为文章再添一层伤感。及至家里请人来为母亲画遗像，“出二子，命之曰：鼻以上画有光，鼻以下画大姊。以二子肖母也”。这既是对当时情况的实录，更是作者从血缘至亲的关系表达自己对母亲那永不磨灭的深情眷恋。

从“孺人讳桂”到“无一字龃龉，乃喜”为第二部分，也是“事略”的主体部分。通过母亲在娘家和夫家两处的为人处世回忆了她的生活过往，表彰她高贵的品性与德行。先叙母亲娘家——周家的基本境况：家族人口较多，聚居在昆山县东南三十里的吴家桥，外祖是国子监监生，家境殷实而为人俭朴，与宗族本家关系和睦。纯良家风是母亲具备勤劳、俭朴、宽厚、聪慧、识理等优秀品质的基础。接着便陈述具体事实：回娘家就忙着纺棉，在婆家则勤于搓麻线，似乎一刻也不愿意闲散下来；即使衣食温饱无忧，她也依然保持了勤俭的作风，她会吩咐婢女把冬天生炉火剩下的炭屑团起来晾晒好；在照顾子女的同时，还“手中纫缀不辍”，把家里收拾得干净整洁；对待家中僮仆宽厚有恩；把娘家每年送来尝鲜的“鱼蟹饼饵”与家人共享……最后追忆母亲对自己的教育。中国家庭通常是“严父慈母”，而母亲对作者却是严格要求，不肯让自己的孩子在学业上有丝毫的懈怠，如下雨天仍然要求孩子上学，夜半还敦促孩子诵读经典，等等。凡此种种，都是日常琐事，却能让读者于细小处如见母亲音容举止，读来真实感人。

从“孺人卒，母何孺人亦卒”以下为第三部分，首先记叙了母亲过世后外祖家遭受的可怕疫病，它足足夺去30人性命，只幸存了外祖父和二舅。归有光对这件事只作实录，并没有过多评论，但其中隐隐暗示“人不长久，祸不单行”的神秘关联，让人更加觉得字字泣血，悲恸万千。文章最后叙述母亲故后家中人事变迁：大姐出嫁，自己入学、娶亲、育女。同时还特别指出，两桩婚事都经母亲生前安排，可见作者始终念念不忘母亲生养之恩。

这篇文章中的记事以直叙和实录为主，摈弃雕琢，也没有太多的议论和抒情，但因为所叙事件都是作者亲身经历，印象最为深刻，所以表面看来不动声色，实则蕴含深厚，更见作者为文功底。难怪清代教育家唐文治赞叹说："纯用白描法，令无母人读之，自然泪涔涔下，真血性文字也。"

【阅读思考+创造力】

1. 本文作者通过对哪些事情的回忆来表达自己对母亲的怀念？
2. 试总结作者笔下的母亲有哪些可贵的品质。

【互联网+拓展链接】

1. 课外阅读：张洁《世界上最疼我的那个人去了》。
2. 课外观影：《九香》。
2. 与大家分享一件你和父亲或母亲之间发生的难忘的事情。

祭妹文
袁枚

乾隆丁亥冬，葬三妹素文于上元之羊山，而奠以文曰：

呜呼！汝生于浙，而葬于斯，离吾乡七百里矣；当时虽觭梦[1]幻想，宁知此为归骨所耶？

汝以一念之贞，遇人仳离[2]，致孤危[3]托落，虽命之所存，天实为之；然而累汝至此者，未尝非予之过也。予幼从先生授经，汝差肩而坐[4]，爱听古人节义事；一旦长成，遽躬蹈之。呜呼！使汝不识《诗》《书》，或未必艰贞若是。

余捉蟋蟀，汝奋臂出其间；岁寒虫僵，同临其穴[5]。今予殓汝葬汝，而当日之情形，憬然赴目。予九岁，憩书斋，汝梳双髻，披单缣[6]来，温[7]《缁衣》一章；适[8]先生奓户入，闻两童子音琅琅然，不觉莞尔，连呼"则则"[9]，此七月望日[10]事也。汝在九原[11]，当分明记之。予弱冠粤行，汝掎[12]裳悲恸。逾三年，予披宫锦[13]还家，汝从东厢扶案出，一家瞠视而笑，不记语从何起，大概说长安登科、函使报信迟早云尔。凡此琐琐，虽为陈迹，然我一日未死，则一日不能忘。旧事填膺，思之凄梗，如影历历，逼取便逝[14]。悔当时不将嫛婗[15]情状，罗缕记存[16]；然而汝已不在人间，则虽年光倒流，儿时可再，而亦无与为证印者矣。

汝之义绝高氏而归也，堂上阿奶，仗汝扶持；家中文墨，眣[17]汝办治。尝谓女流中最少明经义、谙[18]雅故者。汝嫂非不婉嫕[19]，而于此微缺然。故自汝归后，虽为汝悲，实为予喜。予又长汝四岁，或人间长者先亡，可将身后托汝；而不谓汝之先予以去也！

前年予病，汝终宵刺探，减一分则喜，增一分则忧。后虽小差[20]，犹尚殗殜[21]，无所娱遣；汝来床前，为说稗官野史[22]可喜可愕之事，聊资一欢。呜呼！今而后，吾将再病，教从何处呼汝耶？

汝之疾也，予信医言无害，远吊[23]扬州；汝又虑戚吾心[24]，阻人走报；及至绵惙[25]已极，阿奶问："望兄归否？"强应曰："诺。"予已先一日梦汝来诀，心知不祥，飞舟渡江，果予以未时[26]还家，而汝以辰时[27]气绝；四支[28]犹温，一目未瞑，盖犹忍死待予也。呜呼痛哉！早知诀汝，则予岂肯远游？即游，亦尚有几许心中言要汝知闻、共汝筹画也。而今已矣！除吾死外，当无见期。吾又不知何日死，可以见汝；而死后之有知无知，与得见不得见，又卒难明也。然则抱此无涯之憾，天乎人乎！而竟已乎！

汝之诗，吾已付梓[29]；汝之女，吾已代嫁；汝之生平，吾已作传；惟汝之窀穸[30]，尚未谋耳。先茔[31]在杭，江广河深，势难归葬，故请母命而宁汝于斯，便祭扫也。其傍，葬汝女阿印；其下两冢：一为阿爷侍者朱氏，一为阿兄侍者陶氏。羊山旷渺，南望原隰[32]，西望栖霞，风雨晨昏，羁魂有伴，当不孤寂。所怜者，吾自戊寅年读汝哭侄诗后，至今无男；两女牙牙，生汝死后，才周晬[33]耳。予虽亲在未敢言老，而齿危发秃，暗里自知；知在人间，尚复几日？阿品远宦河南，亦无子女，九族[34]无可继者。汝死我葬，我死谁埋？汝倘有灵，可能告我？

呜呼！生前既不可想，身后又不可知；哭汝既不闻汝言，奠汝又不见汝食。纸灰飞扬，朔风野大，阿兄归矣，犹屡屡回头望汝也。呜呼哀哉！呜呼哀哉！

【互联网+注释】

1. 掌握下列字词：

[1] 觭（jī）梦：这里是做梦的意思。觭，得。语出《周礼·春官太卜》："太卜滨三梦之法，二曰觭梦。"

[2] 遇人仳（pǐ）离：意指遇到了不好的男人而终被离弃。遇人，是"遇人不淑"的略文。淑，善。仳离，分离，特指妇女被丈夫遗弃。

[3] 孤危：孤单困苦。托落：即落拓（tuò），失意无聊。

[4] 差（cī）肩而坐：谓兄妹并肩坐在一起。二人年龄有大小，所以肩膀高低不一。语出《管子·轻重甲》："管子差肩而问。"

[5] 虫：指前文中的蟋蟀。僵：死亡。同临其穴（xué）：一同来到掩埋死蟋蟀的土坑边。

[6] 单缣（jiān）：这里指用缣制成的单层衣衫。缣，双丝织成的细绢。

[7] 温：温习。《缁衣》：《诗经·郑风》篇名。缁，黑色。一章：《诗经》中诗凡一段为一章。

[8] 适：刚好。奓（炸，zhà）户：开门。

[9] 则则：犹"啧啧"，赞叹声。

[10] 望日：阴历每月十五，日月相对，月亮圆满，所以称为"望日"。

[11] 九原：春秋时晋国卿大夫的墓地。语出《礼记·檀弓下》："赵文子与叔誉观乎九原。"后泛指墓地。

[12] 掎（jǐ）：拉住。

[13] 披宫锦：指袁枚于1738年（乾隆三年）考中进士，选授翰林院庶吉士，请假南归省亲的事。宫锦，宫廷作坊特制的丝织品。这里指用这种锦制成的宫袍。因唐代李白曾待诏翰林，着宫锦袍，后世遂以此代称翰林的朝服。

[14] 逼取便逝：真要接近它丨把握它，它就消失了。

[15] 婴媞（yīní）：婴儿。这里引申为儿时。

[16] 罗缕（lǚ）纪存：排成一条一条，记录下来保存着。

[17] 眣：这个字的正确写法是“眹”（shùn），即用眼色示意。这里作“期望”解。

[18] 谙（ān）雅故：了解古书古事，知道前言往行的意思。语出《汉书·叙传》：“函雅故，通古今。”谙，熟闻熟知。

[19] 婉嫕（yì）：温柔和顺。

[20] 小差：病情稍有好转。差（chài），同“瘥”。

[21] 殗殜（yè dié）：病得不太厉害，但还没有痊愈。

[22] 稗（bài）官野史：指私人编定的笔记、小说之类的历史记载，与官方编号的“正史”相对而言。《汉书·艺文志》：“小说家者流，盖出于稗官。”据说，西周有掌管收录街谈巷议的官职，称为稗官。稗是碎米，稗官，取琐碎之义，即小官。

[23] 吊：凭吊，游览。

[24] 虑戚吾心：顾虑着怕我心里难过。戚，忧愁。

[25] 绵惙（chuò）：病势危险。

[26] 未时：相当下午一至三时。

[27] 辰时：相当于上午七时至九时。

[28] 支：同“肢”。

[29] 付梓（zǐ）：付印。梓，树名。这里指印刷书籍用的雕版。素文的遗稿，附印在袁枚的《小仓山房全集》中，题为《素文女子遗稿》。袁枚为它写了跋文。

[30] 窀穸（zhūn xī）：墓穴。

[31] 先茔（yíng）：祖先的墓地。

[32] 原隰（xí）：高而平的地叫原，低下而潮湿的地为隰。

[33] 周晬（zuì）：周岁。

[34] 九族：指高祖、曾祖、祖父、父亲、本身、儿子、孙子、曾孙和玄孙。这里指血缘关系较近的许多宗属。无可继者——没有可以传宗接代的人。按：专指男性。

2. 理解下列语句的意思：

[1] 汝以一念之贞，遇人仳离，致孤危托落，虽命之所存，天实为之；然而累汝至此者，未尝非予之过也。

[2] 予九岁，憩书斋，汝梳双髻，披单缣来，温《缁衣》一章；适先生奓户入，闻两童子音琅琅然，不觉莞尔，连呼“则则”，此七月望日事也。

[3] 旧事填膺，思之凄梗，如影历历，逼取便逝。

[4] 羊山旷渺，南望原隰，西望栖霞，风雨晨昏，羁魂有伴，当不孤寂。

【互联网+知人论世】

1. 作者简介：袁枚（1716年3月25日—1798年1月3日），钱塘（今浙江杭州）

人，祖籍浙江慈溪。清朝乾嘉时期代表性诗人、散文家、文学评论家和美食家。

2. 文章憎命达，但袁枚却是文人中最会经商之人。

3. 一生无意做官，致力于诗、文、食、游。

【文本解读+鉴赏力】

祭文通常有固定的格式，其内容和形式都容易公式化，为后人传诵的不多。但袁枚的《祭妹文》却不拘格式，写得情真意切，生动感人，为后人传诵。

袁素文名机，素文是她的字，1720 年（清康熙五十九年）生。她容貌出众，“最是风华质，还兼窈窕姿”，“端丽为女兄弟冠”，是袁家姐妹中长得最漂亮端庄的。袁素文又“幼好读书”，针线旁边常放着书卷，因此很会作诗。在她尚未满一周岁时，其父曾仗义救助亡友衡阳县令高清的妻儿，为高清平反了其生前一起因库亏而入狱的冤案。高清的胞弟高八为此感激涕零，表示自己即将出生的孩子若系男儿，就与袁素文婚配，以示报答袁家大恩。不久高八生了个儿子，于是送来金锁作为聘礼，这场指腹婚事就这样正式确定下来。可是当双方成年后，男方却只字不提嫁娶之事，直到 1742 年（乾隆七年）袁素文 23 岁时，高八突然捎来书信说，因为儿子有病不宜结婚，希望解除婚约。由于袁素文自幼深受封建礼教毒害，“一闻婚早定，万死誓相随”，所以听到男方要解除婚约，就手持金锁哭泣不止，终日绝食。不久高八病死，高清的儿子高继祖特来说明真相，原来高八之子高绎祖并非有病，而是“有禽兽行”，并且屡教不改，其父怕以怨报德，才托言儿子有病解约。可是袁素文为了固守旧礼教的“一念之贞”，竟不顾日后痛苦，仍坚持嫁给高八之子，一时被誉为所谓“贞妇”。

袁家家境虽然一般，但因为家学渊源，注重读书，请了教师在家指导袁枚，对待女儿也一样，所以素文自幼随哥哥上课。她很喜爱读书，很会作诗，琴、棋、书、画也样样精通。她容貌出众，是袁家姐妹中长得最漂亮端庄的；尤其是她的脾性温柔，待人贤淑有礼，是出名的淑女。

25 岁时，才貌双全的素文嫁到了如皋高家。婚后，素文孝敬婆婆，深得婆婆喜爱。可是高八之子绎祖，不仅个头矮小，驼背斜眼，长相十分丑陋，而且品行极为恶劣。他性情暴戾，行为轻佻，整天吃喝嫖赌，无所不为。他看到书卷就发怒，把她的诗稿烧毁，不准妻子读书和做针线，袁素文从此不再敢作诗，也不敢缝纫。他为了外出嫖妓，卖尽家产后又向袁素文逼索嫁妆，不答应就拳打脚踢，有时还用火烧灼袁素文，婆婆前来救护，他连母亲一起殴打，甚至把他母亲的牙齿都打落了。就这样的虐待，素文还是一一忍受下来，在高家委曲求全，恪守妇道。后来，高绎祖聚赌输了很多钱，竟要卖掉袁素文抵债。她被逼无奈，逃到尼姑庵，眼看无路可走了，才请人通知了娘家。袁父接到书信，心痛欲裂，当即赶到如皋告到官府。判决离婚后，袁父把女儿和外孙女阿印领回了杭州老家。那年素文 29 岁，结婚才不过 4 年。

袁素文回到娘家以后，一方面悉心侍奉父母、兄长，另一方面还惦念着婆婆，经常寄赠衣食问安。三年后袁枚定居南京随园，素文也随着全家一起迁徙。由于婚姻极不美满，心灵上受到深重创伤，她除了读书作诗自我安慰外，终日闷闷不乐，生了病也不愿求医，终于在 1759 年（乾隆二十四年）病死，年仅 39 岁。

【阅读思考+创造力】

1. 你如何看待婚姻?

2. 联系袁枚三妹的遭遇，谈谈古今女性地位的对比。

3. 古代离婚案你知道多少?

【互联网+拓展链接】

1. 韩愈《祭十二郎文》

https://baike.baidu.com/item/%E7%A5%AD%E5%8D%81%E4%BA%8C%E9%83%8E%E6%96%87/704563?fr=aladdin.

2. 欧阳修《泷冈阡表》

https://baike.baidu.com/item/%E6%B3%B7%E5%86%88%E9%98%A1%E8%A1%A8.

万里寻兄记

黄宗羲

宗羲六世祖小雷府君，讳玺，字廷玺。兄弟六人。长伯震，商于外，逾十年不归。府君魂祈梦请卜之，茫然不得影响[1]。作[2]而曰："吾兄不过在域内，吾兄可至，吾何不可至乎?"蹑屦[3]出门。乡党阻之，曰："汝不知兄之所在，将何之?"府君曰："吾兄，商也。商之所在，必通都大邑[4]。吾尽历通都大邑，必得兄矣!"

于是裂[5]纸数千，缮写其兄里、系、年、貌为零丁。所过之处，辄榜之宫观、街市间，冀兄或见之。即兄不见，而知兄者或见之也。经行万里，獠洞[6]、蛮陬，踪迹殆遍，卒无所遇。

府君祷之衡山，梦有人诵"沉绵盗贼际，狼狈江汉行"者，觉[7]而以为不祥。遇士人，占之，问："君何所求?"府君曰："吾为寻兄至此。"士人曰："此杜少陵《春陵行》中句也。春陵，今之道州。君入道州，定知消息。"府君遂至道州，彷徨[8]访问，音尘不接。

一日，奏厕[9]，置伞路旁。伯震过之，见伞而心动，曰："此吾乡之伞也。"循其柄而视之，有字一行云："姚江黄廷玺记。"伯震方惊骇未决，府君出而相视，若梦寐，哭失声。道路观者，亦叹息泣下。时伯震已有田园妻子于道州，府君卒挽之而归。

尝观史传，人子所遭不幸，间关踣顿[10]，求父求母者不绝书，为人弟而求兄者无闻焉。岂世无其事欤?抑有其事而记载者忽之欤?

方府君越险阻，犯霜雪，跋涉山川，饥体冻肤而不顾，钳口槁肠而不恤，穷天地之所覆载，际日月之所照临，汲汲遑遑，惟此一事，视天下无有可以易吾兄者。而其时当景泰、天顺之际，英宗、景皇，独非兄弟耶?景皇惟恐其兄之入，英宗惟恐其弟之生。富贵利害，伐性伤恩，以视府君，爱恶顿殊。可不谓天地纲常之寄，反在草野乎?

【互联网+注释】

1. 掌握下列字词：

［1］影响：消息、音信。

［2］作：站起来。

［3］蹑屩：穿上草鞋。

［4］大邑：大城市。

［5］裂：裁剪。

［6］猿洞：兽洞；蛮陬：蛮荒。

［7］觉：醒来。

［8］彷徨：来回。

［9］奏厕：上厕所。

［10］踣顿：历经艰辛。

2. 理解下列语句的意思：

［1］缮写其兄里、系、年、貌为零丁。

［2］钳口槁肠而不恤。

【互联网+知人论世】

1. 作者简介：黄宗羲（1610—1695），今浙江余姚人。其父黄尊素是明末东林党人，被阉党之首魏忠贤杀害。宗羲继承父志，继续与阉党进行斗争，是复社的领导人之一。明亡之后，集合众多志同道合之士高举抗清义旗，与清朝进行激烈的斗争。晚年隐居，著书讲学。清廷久闻宗羲大名，多次征聘，均为宗羲严拒。他的文章在政治、军事、经济等方面均有较新的见解，如他曾在《原君》中极力斥责“为人君者”“离散天下之子女，以奉我一人之淫乐”的做法“为天下之大害者”，角度新颖，一针见血。他的文章质朴无华，说理通透，具有强烈的批判性和人文主义色彩。著有《南雷文定》《宋元学案》等。

2. 夺门之变：明朝代宗朱祁钰景泰时期，将领石亨、政客徐有贞、太监曹吉祥等于景泰八年拥戴被朱祁钰软禁在南宫的明英宗朱祁镇复位的政变。

【文本解读+鉴赏力】

黄宗羲是一位善于总结历史经验和教训的历史学家，也是目光犀利敏锐的文学家和批评家。借助小故事来阐发道理、评判历史，是他的文章里较为常用的手法。《万里寻兄记》可谓其代表作之一。

文章可分为两部分，第一部分讲述祖先的故事，第二部分由祖先的故事引出明英宗、代宗兄弟相残的历史事件，并有感而发。

在第一部分中，第一段以作者的六世祖先寻兄之事为开端，通过对话和细节突出六世祖先与其兄感情的深厚。第二三段则叙写了六世祖先寻兄的办法和寻兄的经过，在最绝望之际他甚至寄希望于神灵占卜，可谓无所不用其极，突出了寻兄之困难和寻兄决心之坚定。第四段叙写兄弟相认的情状，以围观者的反映而反衬兄弟情深，令人动容。

第二部分是最后两段，正式引出作者讲述六世祖万里寻兄事件的真正目的。明代曾有“土木堡之变”，源于明英宗宠信掌权太监王振等阉党。当时瓦剌企图入侵，面对这一危局，英宗偏听王振之言，贸然出征，至有国君被囚之难。幸有能臣于谦当机立断，从国家大局出发，拥立英宗之弟即位，使得国家免于内乱。但此后英宗归国，一时之间“天有二日，国有二君”，为争夺皇帝位，兄弟阋墙，忠臣屈死，国家一度陷入混乱。

黄宗羲针对这一历史事件，提出了尖锐批评，并将此事与自己祖先寻兄之事进行比较，毫不留情地讽刺了封建统治者的冷酷寡恩、追权逐利、道德缺失，并指出寻常百姓远比虚伪的天皇贵胄更有道德感、更有仁爱之心，显示出黄宗羲的大胆独特见解和初步的民本思想。

【阅读思考+创造力】

1. 从本文可以看出黄宗羲作品的哪些特点？
2. 你了解明代的“夺门之变”吗？怎样评价明英宗和明代宗？

【互联网+拓展链接】

1. 你还读过哪些描写兄弟情深的作品？
2. 搜集资料，看看黄宗羲对于历史的评判还有哪些独到的观点。

先父对余之幼年教诲

钱穆

先父爱子女甚挚，尝语人：“我得一子，如人增田二百亩。”余之生，哭三日夜不休。先父抱之绕室，噢咻[1]连声。语先母曰：“此儿当是命贵，误生吾家耳。”自余有知，先父自鸿声里夜归，必携食物一品，如蛋糕酥糖之类，置床前案上，覆以帽或碗。余晨起揭视，必得食。及余七岁入塾，晨起遂不见食品。先母告余曰：“汝已入塾，为小学生，当渐知学大人样，与兄姊为伍。晨起点心，可勿望矣。”余下一弟，先父所最钟爱，不幸早夭。先父抱之呼曰：“必重来我家。”次弟生，眉上有一大黑痣。先父喜曰：“我儿果重来矣。”

先父为先兄与放大风筝某伯父家一堂兄，聘一塾师，华姓，自七房桥东五里许荡口镇来，寓某伯父家。携一子，三人同塾。翌年秋，先父挈[2]余往，先瞻拜至圣先师像，遂四人同塾。师患心痛疾，午睡起，必捧胸蹙额，绕室急步。余童騃[3]无知。一日，二兄逗余，笑声纵。翌日上学，日读生字二十，忽增为三十，余幸能强记不忘。又增为四十。如是递增，日读生字至七八十，皆强勉记之。因离室小便，归座，塾师唤至其座前，曰：“汝何离座？”重击手心十掌。自是不敢离室小便，溺裤中尽湿。归为先母知，问余，不敢答。问先兄，以实告。先母默然。一日傍晚，先父来塾，立余后，适余诵《大学》章句序至及《孟子》没，时师尚未为余开讲。先父指“没”字问余，曰：“知此字义否？”余答：“如人落水，没头颠倒。”先父问：“汝何知此‘没’字乃‘落水’？”余答：“因字旁称三点水，猜测之。”先父抚余头，语塾师曰：“此儿或前生曾读书来。”塾师因赞余聪慧。先父归，以告先母，先母遂告先父余溺裤中事。年终，先父因谢师歇塾。为余兄弟学业，移家至荡口，访得一名师，亦华姓，住大场上克复堂东偏，余家因赁居克复堂西偏，俾[4]便往返。时余年八岁，师为余讲《史概节要》及《地球韵言》两书。余对《地球韵言》所讲如瑞典、挪威日夜长短等事更感兴趣。讲两书毕，不幸师忽病，不能坐塾，诸生集庭中凿池养鱼，学业全废。余家遂又迁居。在大场上之北另一街，一大楼，已旧，北向，余一家居之。余兄弟遂不上塾。余竟日阅读小说，常藏身院中一大石堆后，背墙而坐。天色暗，又每爬上屋顶读之。余目近视，自此始。

先父母对子女，从无疾言厉色。子女偶有过失，转益温婉，冀自悔悟。先伯父家从兄来住吾家，一日傍晚，邀余同往七房桥，谓：“汝当告婶母。”余往告先母。先母以余戏言，未理会。待晚饭，两人不至，乃知果往。先父偕侍从杨四宝，掌灯夜至七房桥。余已睡，披衣急起，随先父归。途中，先父绝不提此事。至镇上，先父挈余进一家汤团铺吃汤团，始回家。先母先姊先兄，一灯相候。先母先姊谓余：“汝反吃得一碗汤团。”促速先睡。

先父每晚必到街口一鸦片馆，镇中有事，多在鸦片馆解决。一夕，杨四宝挈余同去，先父亦不禁。馆中鸦片铺三面环设，约可十许铺。一客忽言：“闻汝能背诵《三国演义》，信否？”余点首。又一客言：“今夕可一试否？”余又点首。又一客言：“当由我命题。”因令背诵《诸葛亮舌战群儒》。是夕，余以背诵兼表演，为诸葛亮，立一处；为张昭诸人，另立他处。背诵既毕，诸客竞向先父赞余，先父唯唯不答一辞。翌日之夕，杨四宝又挈余去，先父亦不禁。路过一桥，先父问：“识‘桥’字否？”余点头曰：“识。”问：“‘桥’字何旁？”答曰：“木字旁。”问：“以木字易马字为旁，识否？”余答曰：“识，乃‘骄’字。”先父又问：“‘骄’字何义，知否？”余又点首曰：“知。”先父因挽余臂，轻声问曰：“汝昨夜有近此骄字否？”余闻言如闻震雷，俯首默不语。至馆中，诸客见余，言今夜当易新题。一客言：“今夕由我命题，试背诵《诸葛亮骂死王朗》。”诸客见余态忸怩不安，大异前夕，遂不相强。此后杨四宝遂亦不再邀余去鸦片馆，盖先父已预诫之矣。时余年方九岁。

先父每晚去鸦片馆，先母先姊皆先睡，由先兄候门。余见先兄一人独守，恒相伴不睡。先父必嘱先兄今夜读何书，归当考问。听楼下叩门声，先兄即促余速上床，一人下楼开门。某一时期，先父令先兄读《国朝先正事略》诸书，讲湘军平洪杨事。某夜，值曾国荃军队攻破金陵，李成典、萧孚泗等先入城有功。先父因言，此处语中有隐讳。既为先兄讲述，因曰：“读书当知言外意。写一字，或有三字未写。写一句，或有二句未写。遇此等处，当运用自己聪明，始解读书。”余枕上窃听，喜而不寐。此后乃以枕上窃听为常。先兄常逾十一时始得上床。先父犹披灯夜读，必过十二时始睡。

先父或自知体弱多病，教督先兄极严。先兄犹及赴晚清最末一期之科举，然不第。时镇上新有果育小学校，为清末乡间新教育开始。先父命先兄及余往读。先兄入高等一年级，余入初等一年级。先父对余课程，似较放任，不加督促。某夕，有两客来闲谈，余卧隔室，闻先父告两客：“此儿亦能粗通文字。”举余在学校中作文，及在家私效先兄作散篇论文，专据《三国演义》写《关羽论》《张飞论》等数十篇，私藏不予先兄知之，乃先父此夜亦提及，余惊愧不已。此后遇先父教导先兄时，亦许余旁听。谓若有知，不妨羼[5]言。

先父体益衰，不再夜出赴鸦片馆，独一人在家据榻吸食。先母先姊灯下纺纱缝衣，先兄伴读一旁。先父每召余至鸦片榻前闲话，历一时两时不休。先母先姊先兄私笑余："汝在兄弟中貌最丑，陪侍父亲，却能多话。聒聒竟何语。"余恧（nǜ）然不能对。及后思之，亦不记当时先父对余何言。要之，先父似从不作正面教诲语，多作侧面启发语。何意愚昧，竟不能仰副[6]先父当时之苦心灌输培植于万一！滋足愧也。

【互联网+注释】

1. 掌握下列字词：

［1］噢咻：亦作"噢休"，谓抚慰病痛；安抚、笼络。

［2］挈：带，领。

［3］騃：愚，无知。

［4］俾：使。

［5］羼：掺杂。

［6］副：相符、相称。

2. 理解下列语句的意思：

［1］语先母曰："此儿当是命贵，误生吾家耳。"

［2］年秋，先父挈余往，先瞻拜至圣先师像，遂四人同塾。

［3］为余兄弟学业，移家至荡口，访得一名师，亦华姓，住大场上克复堂东偏，余家因赁居克复堂西偏，俾便往返。

［4］既为先兄讲述，因曰："读书当知言外意。写一字，或有三字未写。写一句，或有二句未写。遇此等处，当运用自己聪明，始解读书。"

［5］何意愚昧，竟不能仰副先父当时之苦心灌输培植于万一！

【互联网+知人论世】

1. 作者简介：钱穆（1895—1990），男，字宾四，笔名公沙、梁隐、与忘、孤云，晚号素书老人、七房桥人，斋号素书堂、素书楼。江苏无锡人。因为时代背景及家庭等缘故，钱穆在校读书时间不多，其学业主要是依靠自身修习积累完成。自15岁起从事教育工作，由小学至中学再至大学担任教师，依靠坚实的传统文化功底执教于北京大学等名校。同时以文化自觉的高度从事研究著述，专著多达80余种，成为新儒家的领军人物。更难得的是，钱穆无论是在中国内地，还是在中国香港、中国台湾，都以弘扬传统文化为己任。值得一提的还有，钱穆立足学贯中西的初衷，四处奔走，创立了香港新亚书院。

2. 钱穆享有哪些荣誉？请搜集资料并整理出他获得这些荣誉的理由。

3. 搜集钱穆著述代表作，选一种列出学习的阅读要点。

【文本解读+鉴赏力】

学习是人类进步的重要手段。读书是学习的一种。可以这样说，读书学习成就了江南乡下普通书生钱穆，他没有太高的学历，完全凭借乐读博学成为享誉国内外的新儒学大家。读者可以从这篇文章中得到很多东西，甚至远远超过阅读前的预期，该文朴实无华的语言将给予读者心灵太多的震撼。

本文通过真实的叙述，展示了深沉的亲情，更多的则是敬畏。

敬畏一：对父母亲情的感激。文首有：七岁前放置蛋糕酥糖之类点心的记录；文中有对于过失子女采取引导悔悟的语句；文末有先父体衰招来榻前闲话等。父母长辈种种行为，都浸透着对子女成长的关爱和呵护。

该篇文章是《八十忆双亲》的一部分。希望本文能激发同学的阅读兴趣，找到相关文献认真阅读，感受父母对于子女的疼爱和期盼，明白家庭中的每个新生命都是父母心头肉、手中宝！成长中的子女也要理解父母长辈的难处和奉献。尤其是青春期，父母还要抱着最大的耐心伴随孩子的叛逆、争吵和胡闹，甚至还有持续数年的冷战。如果说孩子年少可以原谅，一旦到了懂事的时候就要想着孝敬父母，请记住一句话：子欲养而亲不待。

敬畏二：对读书上进文化的推崇。熟读《三国演义》是那个时代大多数书生能够做到的，但是熟练到能背诵者还是不太多。就文章先父考问“没”之意来看，钱穆居然在没有学习的情况下做出了推理式的正确解答，可见他天生聪颖，这一点确凿无疑。即使这样，要达到背诵的程度还是要经过反复的阅读！

今天能这样做的很少了。不是说那时背书就容易，但是文章并没有说明读书背诵的艰辛，只是交代了因读书近视的缘故，由此可知其为读书所下的功夫之深。只不过钱穆是喜欢诵读，而不是把读书当作任务，这就是真正的乐知学习。

由此我们可以得到让人喜悦的信息：珍惜少年青春读书时光，要相信自己的潜力。读书学习，就是要把远大的理想和务实的行动结合起来，坚持下去就一定会有丰厚的回报。现在社会为人成才提供了大量的机会，请不要放弃理想，更不要放弃行动，需要做到知行合一。坚持不懈就会成为充实自信的人，让看似平凡的生命焕发出特别的光彩，让看似平淡的人生充满特别的魅力。

我们要正确理解学历和能力的关系。确实，学历不一定等于能力，但是学历在很多时候是证明能力的重要标志。因此，对于适合读书年龄的同学来说，还是要通过扎实读书拿到证明自己能力的学历证书。当然，世界上确实有一些人在校读书时间不多，但凭借特殊的悟性和出众的能力成为各行业的翘楚。

【阅读思考+创造力】

1. 作者的先父教育子女有什么值得学习的地方？请找到相关语句，谈谈你的理解。
2. 文中多次提到作者的先父夜去鸦片馆，联系时代背景谈谈当时中国人的认知。
3. 通过查找图书、电子文献列举能够背诵古典名著的名家，你从中受到什么启发？

【互联网+拓展链接】

1. 课外阅读《三国演义》第六十回描述张松过目不忘的精彩情节。
2. 课外阅读曼弗雷德·库恩所著《康德传》，上海：世纪文景/上海人民出版社，2008 年版。
3. 学习文章写作手法，写一篇描述父母教导自己的经过的短文，500 字左右。

父亲和我（节选）

杨振宁

1922 年我在安徽合肥出生的时候，父亲是安庆一所中学的教员。安庆当时也叫怀宁。父亲给我取名“振宁”，其中的“振”字是杨家的辈分排名，“宁”字就是“怀宁”的意思。我不满周岁的时候父亲考取了安徽留美公费生，出国前我们一家三口在合肥老宅院子的一角照了一张相片。父亲穿着长袍马褂，站得笔挺。我想那以前他恐怕还从来没有穿过西服。两年以后他自美国寄给母亲的一张照片是在芝加哥大学照的，衣着、神情都已进入了 20 世纪。父亲相貌十分英俊，年轻时意气风发的神态，在这张相片中清楚地显示出来。

1928 年夏父亲得了芝加哥大学的博士学位后乘船回国，母亲和我到上海去接他。我这次看见他，事实上等于看见了一个完全陌生的人。几天以后我们三人和一位自合肥来的佣人王姐乘船去厦门，因为父亲将就任为厦门大学数学系教授。

厦门那一年的生活我记得是很幸福的。也是我自父亲那里学到很多东西的一年。那一年以前，在合肥时母亲曾教我认识了大约三千个汉字，我又曾在私塾里学过《龙文鞭影》，可是没有机会接触新式教育。在厦门，父亲用大球、小球讲解太阳、地球与月球的运行情形；教了我英文字母“a、b、c、d、e……”；当然也教了我一些算术和鸡兔同笼一类的问题。不过他并没有忽略中国文化知识，也教我读了不少唐诗，恐怕有三四十首；教我中国历史朝代的顺序：“唐虞夏商周……”；干支顺序：“甲乙丙丁……”，“子鼠丑牛寅虎……”；八卦：“乾三连，坤六断，震仰盂，艮[1]覆碗，离中虚，坎中满，兑上缺，巽[2]下断”等等。

我九到十岁的时候，父亲已经知道我的数学能力很强。到了十一岁入初中的时候，我在这方面的能力更充分地显示出来。回想起来，他当时如果教我解析几何和微积分，我一定学得很快，会使他十分高兴。可是他没有这样做：我初中一二年级之间的暑假，父亲请雷海宗教授介绍一位历史系的学生教我《孟子》。雷先生介绍他的得意学生丁则良来。丁先生学识丰富，不只教我《孟子》，还给我讲了许多上古历史知识，是我在学校的教科书上从来没有学到的。下一年暑假，他又教我另一半的《孟子》，所以在中学的年代我可以背诵《孟子》全文。

1937 年抗战开始，我们一家先搬回合肥老家，后来在日军进入南京以后，我们经汉口、香港、海防、河内，于 1938 年 3 月到达昆明。我在昆明昆华中学读了半年高中二年级，没有念高三，于 1938 年秋以“同等学力”的资格考入了西南联合大学。我报名考大学时很喜欢化学，就报了化学系。后来为准备入学考试，自修了高三物理，发现物理更合我的口味，这样我就进了西南联大物理系。

抗战 8 年是艰苦困难的日子，也是我一生学习新知识最快的一段日子。最近三弟杨振汉曾这样描述 1945 年夏抗战结束时我家的情形：1945 年夏，大哥获取了留美公费，将离家赴美国读博士。父亲高兴地告诉我们，艰苦和漫长的抗日战争看来即将过去，反德国法西斯战争也将结束。我家经受了战乱的洗礼，虽有精神和物质损失，但是我们家七口人都身体健康，学业有进，更可喜的是儿女们都孝顺父母，兄弟姐妹之间和睦相处，亲情常在。我们一家人相互之间的关系，的确非比寻常，这是我们每个人都十分珍视的。

抗战胜利至今已 51 年了，父亲、母亲和振复（振宁注：振复是我们的五弟，1937 年生，1985 年卒）均已长眠于苏州东山。回忆抗战以来的难苦岁月，我们家真可称得上美好、和睦和亲情永驻的家。我还记得 1945 年 8 月 28 日那天我离家即将飞往印度转去美国的细节：清早父亲只身陪我自昆明西北角乘黄包车到东南郊拓东路等候去巫家坝飞机场的公共汽车。离家的时候，四个弟妹都依依不舍，母亲却很镇定，记得她没有流泪。到了拓东路，父亲讲了些勉励的话，两人都很镇定。话别后，我坐进很拥挤的公共汽车，起先还能从车窗往外看见父亲向我招手，几分钟后他即被拥挤的人群挤到远处去了。车中同去美国的同学很多，谈起话来，我的注意力即转移到飞行路线与气候变化等问题上去。等了一个多钟头，车始终没有发动。突然我旁边的一位美国人向我做手势，要我向窗外看：骤然间发现父亲原来还在那里等！他瘦削的身材，穿着长袍，额前头发已显斑白。看见他满面焦虑的样子，我忍了一早晨的热泪，一时迸发，不能自已。

1928 年到 1945 年这 17 年时间，是父亲和我常在一起的年代，是我童年到成人的阶段。古人说父母对子女有养育之恩。现在不讲这些了，但其哲理我认为是有永存的价值的。

1957 年我和杜致礼及我们当时唯一的孩子光诺（那时六岁）去日内瓦。我写信请父亲也去日内瓦和我们见面。他得到统战部的允许，以带病之身，经北京、莫斯科、布拉格，一路住医院，于 7 月初飞抵日内瓦，到达以后又立刻住入医院。医生检查数日，认为他可以出院，但每日要自己检查血糖与注射胰岛素。我们那年夏天在 Rue de Vermont 租了一套公寓，每天清早光诺总是非常有兴趣地看着祖父用酒精灯检查血糖。我醒了以后他会跑来说："It is not good today，it is brown."（今天不好，棕色。）或"It is very good today，it is blue."（今天很好，蓝色。）过了几星期，父亲身体渐恢复健康，能和小孙子去公园散步了。他们非常高兴在公园一角的树丛中找到了一个"secret path"（秘密通道）。每次看他们一老一少准备出门，父亲对着镜子梳头发，光诺雀跃地开门，我感到无限的满足。

父亲三次来日内瓦，尤其后两次，都带有使命感，觉得他应当劝我回国。这当然是统战部或明或暗的建议，不过一方面也是父亲自己灵魂深处的愿望。可是他又十分矛盾：一方面他有此愿望，另一方面他又觉得我应该留在美国，力求在学术上更上一层楼。

和父亲、母亲在日内瓦三次见面，对我影响极大。那些年代我在美国，对中国的实际情形很少知道。三次见面使我体会到了父亲和母亲对新中国的看法。记得 1962 年我们住在 Route de Florissant，有一个晚上，父亲说新中国使中国人真正站起来了：从前不会做一根针，今天可以制造汽车和飞机（那时还没有制成原子弹，父亲也不知道中国已在研制原子弹）。从前常常有水灾旱灾，动辄死去几百万人，今天完全没有了。从前文盲遍野，今天至少城市里面所有小孩都能上学。从前……，今天……。正说得高兴，母亲打断了他的话说："你不要专讲这些。我摸黑起来去买豆腐，排队站了三个钟头，还只能买到两块不整齐的，有什么好？"父亲很生气，说她专门扯他的后腿，给儿子错误的印象，气得走进卧室，"砰"地一声关上了门。

1971年夏天我回到了阔别26年的祖国。那天乘法航自缅甸东飞，进入云南上空时，驾驶员说："我们已进入中国领空！"当时我的激动的心情是无法描述的。

傍晚时分，到达上海。母亲和弟妹们在机场接我。我们一同去华山医院看望父亲。父亲住院已有半年。上一次我们见面是1964年年底在香港，那时他68岁，还很健康。六年半中间，受了一些隔离审查的苦，老了、瘦了许多，已不能自己站立行走。见到我当然十分激动。

父亲于1973年5月12日长辞人世。在他一生77年的时间里，历史有了惊天动地的演变。昨天收到他一位老同学，又是老同事的信，上面说"在青年时代，我们都向往一个繁荣昌盛的新中国。20多年来，在毛主席和中国共产党的英明领导下，当时我们青年梦寐以求的这个新中国实现了。"我想新中国的实现这个伟大的历史事实以及它对于世界前途的意义正是父亲要求我们清楚地掌握的。六岁以前我生活在老家安徽合肥，在一个大家庭里面，每年旧历新年正厅门口都要换上新的春联。上联是"忠厚传家"，下联是"诗书继世"。父亲一生确实贯彻了"忠"与"厚"两个字。另外他喜欢他的名字"杨克纯"中的"纯"字，也极喜欢朋友间的"信"与"义"。父亲去世以后，我的小学同班同学、挚友熊秉明写信来安慰我，说父亲虽已过去，我的身体里还循环着他的血液。是的，我的身体里循环着的是父亲的血液，是中华文化的血液。

我于1964年春天入美国籍。我父亲在1973年故去之前一直在北京和上海当数学教授。他曾在芝加哥大学获得博士学位。他游历甚广。但我知道，直到临终前，对于我的放弃故国，他在心底里的一角始终没有宽恕过我。

1997年7月1日零时，我有幸在香港会议展览中心参加了回归盛典。看着中华人民共和国国旗在"起来，不愿做奴隶的人们"的音乐声中冉冉上升，想到父亲如果能目睹这历史性的象征中华民族复兴的仪式，一定比我还要激动。他出生于1896年——101年前，《马关条约》、庚子赔款的年代，在残破贫穷，被列强欺侮，实质上已被瓜分了的祖国。他们那一辈的中国知识分子，目睹洋人在租界中的专横，忍受了二十一条款、五卅惨案、九一八事变、南京大屠杀等说不完的外人欺凌，出国后尝了种族歧视的滋味，他们是多么盼望有一天能看到站起来了的富强的祖国，能看到大英帝国落旗退兵，能看到中国国旗骄傲地向世界宣称：这是中国的土地。这一天，1997年7月1日，正是他们一生梦寐以求的一天。

父亲对这一天的终会到来始终是乐观的。可是直到1973年去世的时候，他也完全没有想到他的儿子会躬逢这一天的历史性的盛典。否则，他恐怕会改吟陆放翁的名句吧：国耻尽雪欢庆日，家祭毋忘告乃翁。

【互联网+注释】

1. 掌握下列字词：

[1] 艮（gèn）：八卦之一，代表山；另读gěn，指食物韧而不脆。

[2] 巽（xùn）：八卦之一，代表风；古又同"逊"，谦让、恭顺。

2. 理解下列语句的意思：

[1] 乾三连，坤六断，震仰盂，艮覆碗，离中虚，坎中满，兑上缺，巽下断。

[2] 可是他又十分矛盾：一方面他有此愿望，另一方面他又觉得我应该留在美国，力求在学术上更上一层楼。

【互联网+知人论世】

1. 作者简介：杨振宁，1922 年 10 月 1 日生于安徽合肥三河镇，清华大学高等研究院教授，香港中文大学博文讲座教授，是中国科学院院士、美国科学院院士、中央研究院院士、俄罗斯科学院院士、教廷宗座科学院院士、巴西科学院院士、委内瑞拉科学院院士、西班牙皇家科学院院士、英国皇家学会会员等。

2017 年 2 月，已放弃外国国籍成为中国公民的中国科学院原外籍院士杨振宁正式转为中国科学院院士。

2. 网民对重新加入中国国籍的杨振宁褒贬不一，你如何看待部分人对老一代科学家的苛责？

【文本解读+鉴赏力】

“父亲”，一个厚重而又温暖的称呼。或许每个人眼中都有一位沉默的父亲，他不善言辞，但简单的几句话就可能影响孩子一生。他也许不像母亲那样细腻、温和，却默默地为我们撑起一片天地，让我们可以在其间自由翱翔。也许正是因为这份静默，让我们面对父亲时总是欲言又止。难以说清彼此之间的沉默到底是因为默契，还是疏离。听听这些名人回忆自己父亲的故事，相信你能看到自己父亲的影子。

（1）朱自清：《背影》。

我说道：“爸爸，你走吧。”他往车外看了看说：“我买几个橘子去。你就在此地，不要走动。”我看那边月台的栅栏外有几个卖东西的等着顾客，走到那边月台，须穿过铁道，须跳下去又爬上去。父亲是一个胖子，走过去自然要费事些。我本来要去的，他不肯，只好让他去。我看见他戴着黑布小帽，穿着黑布大马褂，深青布棉袍，蹒跚地走到铁道边，慢慢探身下去，尚不大难。可是他穿过铁道，要爬上那边月台，就不容易了。他用两手攀着上面，两脚再向上缩，他肥胖的身子向左微倾，显出努力的样子。这时我看见他的背影，我的泪很快地流下来了

（2）梅葆玖：父亲梅兰芳的教育方式非常开放，从来不跟我们急。

我的父亲虽然是一位艺术家，一位演员，但他的认知是全方位的，我在与他朝夕相处中，从他的所作所为中知道，他心里充满着的是爱心，是艺术，是国家。如果排序的话，第一是国家，第二是同仁，第三才是他自己。这是我对我父亲的认知。

我一直跟着我父亲，跟了一辈子。我看到父亲的修养、父亲对世界的考察、父亲对京剧界同仁的看法，都令我难忘。那时父亲弃演，在家里作画、写字，日本人三次到家里来，让他在电台里说‘大东亚共荣圈’‘中日友好万岁万岁万万岁’‘中日亲善’，父亲说‘我年龄大了，唱不动也说不动了’，坚决不去。我小时候的认知里他是那么谦虚，关键时刻他又是那么强硬。他不是一位简单的父亲。

我的性格随我父亲，不容易紧张，反正我从小看我父亲什么事儿也不着急，他这一辈子也没跟家里人红过脸，跟我们小孩也没发过脾气。我父亲的教育方式是非常开放的，他也从来不跟我们急，多是开导式的。

（3）柳传志：父亲是我的榜样，教会我算清“大小账”。

在香港，我当时为了给公司员工买宿舍，到处寻看。我们到那儿去了，要调一些工程师过来，当时因为钱少，所以买一间房子就要到处看，看哪便宜。后来我父亲跟

我说，你买的是员工宿舍，你更多的要重视的是让他们住在一起，离你们更近，更便于工作，所以差的那点钱是不重要的，你要把大小账算清楚。

父亲是我的榜样。下雨天父亲也要徒步上班，就是为了省下 6 毛钱的电车费。父亲的守时守信也给我留下了极深的印象。

(4) 里根：父亲要求我通过劳动来承担过失，使我懂得什么叫责任。

11 岁的一天，我和小朋友在院子里踢足球时，不小心将邻居家的玻璃打碎了。邻居很生气，非要我赔偿 12.5 美元。当时的美国，12.5 美元是笔不小的数目，我吓得赶紧回家，恳求父亲帮忙。

父亲却说：我不会替你还钱的！你现在首先要做的就是先到邻居家赔礼道歉，而后自己还钱。

我不解：我赔？我哪有那么多钱啊？

父亲说：你必须对自己的过失负责！我可以借钱给你！但一年后你必须还给我。

按照父亲的要求，我到邻居家还了钱，而后，便开始了艰苦的打工生活。虽说我那时才 11 岁，父亲却对我充满了期待，相信我一定能成功！

半年后，我终于挣够 12.5 美元，靠自己的双手，弥补了自己的过错。通过自己的劳动来承担过失，使我懂得了什么叫责任。

(5) 陈凯歌：他教我 4 个字，就是“个人奋斗”。

小时候，我对父亲有敬畏之心，是畏多于敬。我爸太忙了，所以，说是畏敬更合适。

我父亲的家庭在福建是非常贫苦的。抗日战争时，父亲 19 岁，他到了重庆，多少年都没有再回家乡。我父亲是个非常了不起的人，他教我的东西其实非常简单，就是 4 个字：个人奋斗。

父亲 1994 年癌症复发时，曾经让妹妹给我捎一句话，说作为父亲，他需要的是一个儿子，而不是英雄。

这是我父亲对我的批评。在电影《无极》中，大将军光明像世界上绝大多数男人一样，无法抗拒“功名”这两个字的诱惑。对我来说，其实也一样。所谓英雄，无非是要建功立业，不甘做一个普通人。其实在电影中并没有对此做出明确的是非判断，而是要大家去想，生命的意义何在。我的理解是我父亲在批评我，换句话说，就是他认为我把电影看得太重了。但我至今还没改。

(6) 杨澜：父亲告诉我，要想生存，得靠自己的双手打拼。

北外毕业后，很长一段时间里我没有找到工作，犹豫了很久后我还是向父亲说出了自己的想法：“爸爸，你有那么多朋友，能不能帮我托托关系找份工作？”可是，让我没想到的是，父亲一口拒绝了我。看到父亲这么干脆的拒绝，再想起这些日子奔波的委屈，我突然鼻子一酸，眼泪差点掉了下来。

然而父亲却没有安慰我，反而很严肃地问我：“你是不是大学毕业了？是不是接受了很好的教育？是不是已经成年了？”这一连串的质问把我问住了。沉默半晌，我才轻轻点了点头。“孩子，我和你母亲的责任已经尽到了，剩下的就靠你自己了。”父亲说完就转身离开了。

望着父亲的背影，我的心几乎要碎了。那天晚上，我彻夜未眠，我无法理解父亲的决定。但我清楚地知道，父亲一旦做了决定，就绝不会有丝毫的改变。我越想越委屈，躲在被子里大哭了一场。哭完后，我坚定地告诉自己：从今以后，再没有人给自己任何帮助了，要想生存，就必须靠自己的双手打拼！

如果当年父亲帮我找了工作，那么现在的我很可能一辈子都只是个小职员而已。多亏了爸爸没帮我，我才能咬紧牙关硬着头皮闯了过来，从而打拼出了一片自己的天地。

(7) 莫言：《父亲的严厉》。

我父亲今年已经 80 岁，是村子里最慈祥和善的老人，与我们记忆中的他判若两人。其实，自从有了孙子辈后，他的威风就没有了。用我母亲的话说就是：虎老了，不威人了。

后来，母亲私下里对我们兄弟说：你爹早就后悔了，说那些年搞阶级斗争，咱家是中农，是人家贫农的团结对象，他在外边混事，忍气吞声，夹着尾巴做人，生怕孩子在外边闯了祸，所以对你们没个好脸。母亲当然没说父亲要我们原谅的话，但我们听出了这个意思。

但高密东北乡的许多人说，我们“老管”家之所以出了一群大学生、研究生，全仗着我父亲的严厉。如果没有父亲的严厉，我会成为一个什么样子的人，还真是不好说。

(8) 白先勇：他看起来比较严肃，可对我们来说很亲。

在我记忆里他有两种形象，第一是个英雄，小时候看到他的时候，他总是穿着军服骑马回来，很威武。他看起来比较严肃，可是对我们来讲是另外一个形象，很亲。

他个性耿直，军人性格，讲求国家利益，常常犯颜直谏。他是蒋面前很少数几个敢讲话的人之一。父亲在军事上的确有一点恃才傲物，他没有虚伪和敷衍，会得罪人。

(9) 吴冠中：《父爱之舟》。

读初小的时候，遇上大雨大雪天，路滑难走，父亲便背着我上学。我背着书包伏在他背上，双手撑起一把结结实实的大黄油布雨伞。

第一学期结束，根据总分，我名列全班第一。这对父亲确是意外的喜讯，他接着问：“那朱自道呢？”父亲很注意入学时全县会考第一名的朱自道，他知道我同朱自道同班。我得意地迅速地回答：“第 10 名。”

送我去入学的时候，依旧是那只小船，依旧是姑爹和父亲轮换摇船，不过父亲不摇橹的时候，便抓紧时间为我缝补棉被，因我那长期卧床的母亲未能给我备齐行装。我从舱里往外看，父亲那弯腰低头缝补的背影挡住了我的视线。后来我读到朱自清先生的《背影》时，这个船舱里的背影便也就分外明显，永难磨灭了。

【阅读思考+创造力】

1. 朱自清《背影》火车站送别时对父亲的白描成为文学典型，试找出课文中类似的一段描写，谈谈理解。

2. 课文中父亲和母亲在日内瓦提到祖国时有不同的感受，你是如何看待的？

【互联网+拓展链接】

1. 课外阅读朱自清《背影》；莫言《父亲的严厉》。

https://baike.baidu.com/item/%E8%83%8C%E5%BD%B1/2663983? fr=aladdin http://www.sohu.com/a/198863234_523098

2. 课外阅读杨建邺所著《杨振宁传》，北京，生活·读书·新知三联书店，2011年版。

3. 用白描手法写一段对父母的回忆，100字左右。

我的四个假想敌

余光中

二女幼珊在港参加侨生联考，以第一志愿分发台大外文系。听到这消息，我松了一口气，从此不必担心四个女儿通通嫁给广东男孩了。

我对广东男孩当然并无偏见，在港六年，我班上也有好些可爱的广东少年，颇讨老师的欢心，但是要我把四个女儿全都让那些“靓仔”[1]“叻仔”[2]掳掠了去，却舍不得。不过，女儿要嫁谁，说得洒脱些，是她们的自由意志，说得玄妙些呢，是因缘，做父亲的又何必患得患失呢？何况在这件事上，做母亲的往往位居要冲，自然而然成了女儿的亲密顾问，甚至亲密战友，作战的对象不是男友，却是父亲。等到做父亲的惊醒过来，早已腹背受敌，难挽大势了。

在父亲的眼里，女儿最可爱的时候是在十岁以前，因为那时她完全属于自己。在男友的眼里，她最可爱的时候却在十七岁以后，因为这时她正像毕业班的学生，已经一心向外了。父亲和男友，先天上就有矛盾。对父亲来说，世界上没有东西比稚龄的女儿更完美的了，唯一的缺点就是会长大，除非你用急冻术把她久藏，不过这恐怕是违法的，而且她的男友迟早会骑了骏马或摩托车来，把她吻醒。我未用太空舱的冻眠术，一任时光催迫，日月轮转，再揉眼时，怎么四个女儿都已依次长大，昔日的童话之门“砰”地一关，再也回不去了。四个女儿，依次是珊珊、幼珊、佩珊、季珊，简直可以排成一条珊瑚礁。珊珊十二岁的那年，有一次，未满九岁的佩珊忽然对来访的客人说：“喂，告诉你，我姐姐是一个少女了！”在座的大人全笑了起来。

曾几何时，惹笑的佩珊自己，甚至最幼稚的季珊，也都在时光的魔杖下，点化成“少女”了。冥冥之中，有四个“少男”正偷偷袭来，虽然蹑手蹑脚，屏声止息，我却感到背后有四双眼睛，像所有的坏男孩那样，目光灼灼，心存不轨，只等时机一到，便会站到亮处，装出伪善的笑容，叫我岳父。

我当然不会应他。哪有这么容易的事！我像一棵果树，天长地久在这里立了多年，风霜雨露，样样有份，换来果实累累，不胜负荷。而你，偶尔过路的小子，竟然一伸手就来摘果子，活该蟠地的树根绊你一跤！

而最可恼的，却是树上的果子，竟有自动落入行人手中的样子。树怪行人不该擅自来摘果子，行人却说是果子刚好掉下来，给他接着罢了。这种事，总是里应外合才成功的。当初我自己结婚，不也是有一位少女“开门揖盗”吗？“堡垒最容易被从内部攻破”，说得真是不错。不过彼一时也，此一时也。同一个人，过街时讨厌汽车，开车时却讨厌行人。现在是轮到我来开车。

好多年来，我已经习于和五个女人为伍，浴室里弥漫着香皂和香水气味，沙发上散置皮包和发卷，餐桌上没有人和我争酒，都是天经地义的事。戏称吾庐为“女生宿舍”，也已经很久了。做了“女生宿舍”的舍监，自然不欢迎陌生的男客，尤其是别有用心的一类。但自己辖下的女生，尤其是前面的三位，已有“不稳”的迹象，却令我想起叶慈的一句诗：一切已崩溃，失去重心。

我的四个假想敌，不论是高是矮，是胖是瘦，是学医还是学文，迟早会从我疑惧的迷雾里显出原形，一一走上前来，或迂回曲折，嗫嚅[3]其词，或开门见山，大言不惭，总之要把他的情人，也就是我的女儿，对不起，从此领去。无形的敌人最可怕，何况我在亮处，他在暗里，又有我家的“内奸”接应，真是防不胜防。只怪当初没有把四个女儿及时冷藏，使时间不能拐骗，社会也无由污染。现在她们都已大了，回不了头。我那四个假想敌，那四个鬼鬼祟祟的地下工作者，也都已羽毛丰满，什么力量都阻止不了他们了。先下手为强，这件事，该乘那四个假想敌还在襁褓的时候，就予以解决的。至少美国诗人纳许（Ogden Nash，1902—1971）劝我们如此。他在一首妙诗《由女婴之父来唱的歌》（*Song to Be Sung by the Father of Infant Female Children*）之中，说他生了女儿吉儿之后，惴惴不安，感到不知什么地方正有个男婴也在长大，现在虽然还浑浑噩噩，口吐白沫，却注定将来会抢走他的吉儿。于是做父亲的每次在公园里看见婴儿车中的男婴，都不由神色一变，暗暗想：“会不会是这家伙?”想着想着，他“杀机陡萌”，便要解开那男婴身上的别针，朝他的爽身粉里撒胡椒粉，把盐撒进他的奶瓶，把沙撒进他的菠菜汁，再扔头优游的鳄鱼到他的婴儿车里陪他游戏，逼他在水深火热之中挣扎而去，去娶别人的女儿。足见诗人以未来的女婿为假想敌，早已有了前例。

不过一切都太迟了。当初没有当机立断，采取非常措施，像纳许诗中所说的那样，真是一大失策。如今的局面，套一句史书上常见的话，已经是“寇入深矣!”女儿的墙上和书桌的玻璃垫下，以前的海报和剪报之类，还是披头，拜丝，大卫·凯西弟的形象，现在纷纷都换上男友了。至少，滩头阵地已经被入侵的军队占领了去，这一仗是必败的了。记得我们小时，这一类的照片仍被列为机密要件，不是藏在枕头套里，贴着梦境，便是夹在书堆深处，偶尔翻出来神往一番，哪有这么24小时眼前供奉的?

这一批形迹可疑的假想敌，究竟是哪年哪月开始入侵厦门街余宅的，已经不可考了。只记得六年前迁港之后，攻城的军事便换了一批口操粤语少年来接手。至于交战的细节，就得问名义上守城的那几个女将，我这位“昏君”是再也搞不清的了。只知道敌方的炮火，起先是瞄准我家的信箱，那些歪歪斜斜的笔迹，久了也能猜个七分；继而是集中在我家的电话，“落弹点”就在我书桌的背后，我的文苑就是他们的沙场，一夜之间，总有十几次脑震荡。那些粤音平上去入，有九声之多，也令我难以研判敌情。现在我带幼珊回了厦门街，那头的广东部队轮到我太太去抵挡。我在这头，只需要留意台湾健儿，任务就轻松多了。

信箱被袭，只如战争的默片，还不打紧。其实我宁可多情的少年勤写情书，那样至少可以练习作文，不致在视听教育的时代荒废了中文。可怕的还是电话中弹，那一串串警告的铃声，把战场从门外的信箱扩至书房的腹地，默片变成了身历声，假想敌在实弹射击了。更可怕的，却是假想敌真的闯进了城来，成了有血有肉的真敌人，不再是假想了好玩的了，就像军事演习到中途，忽然真的打起来了一样。真敌人是看得出来的。在某一女儿的接应之下，他占领了沙发的一角，从此两人呢喃细语，嗫嚅密谈，即使脉脉相对的时候，那气氛也浓得化不开，窒得全家人都透不过气来。这时儿个姐妹早已回避得远远的了，任谁都看得出情况有异。万一敌人留下来吃饭，那空气就更为紧张，好像摆好姿势，面对照相机一般。平时鸭塘一般的餐桌，四姐妹这时像在演哑剧，连筷子和调羹都似乎得到了消息，忽然小心翼翼起来。明知这僭越的小子未必就是真命女婿（谁晓得宝贝女儿现在是十八变中的第几变呢?），心里却不由自主升起一股淡淡的敌意。也明知女儿正如将熟之瓜，终有一天会蒂落而去，却希望不是随眼前这自负的小子。

当然，四个女儿也自有不乖的时候，在恼怒的心情下，我就恨不得四个假想敌赶快出现，把她们统统带走。但是那一天真要来到时，我一定又会懊悔不已。我能够想象，人生的两大寂寞，一是退休之日，一是最小的孩子终于也结婚之后。宋淇有一天对我说："真羡慕你的女儿全在身边!"真的吗？至少目前我并不觉得，自己有什么可羡之处。也许真要等到最小的季珊也跟着假想敌度蜜月去了，才会和我并坐在空空的长沙发上，翻阅她们小时相簿，追忆从前，六人一车长途壮游的盛况，或是晚餐桌上，热气蒸腾，大家共享的灿烂灯光。人生有许多事情，正如船后的波纹，总要过后才觉得美的。这么一想，又希望那四个假想敌，那四个生手笨脚的小伙子，还是多吃几口闭门羹，慢一点出现吧。

袁枚写诗，把生女儿说成"情疑中副车"[4]，这书袋掉得很有意思，却也流露了重男轻女的封建意识。照袁枚的说法，我是连中了四次副车，命中率够高的了。余宅的四个小女孩现在变成了四个小妇人，在假想敌环伺之下，若问我择婿有何条件，一时倒恐怕答不上来。沉吟半晌，我也许会说："这件事情，上有月下老人的婚姻谱，谁也不能篡改，包括韦固，下有两个海誓山盟的情人，'二人同心，其利断金'，我凭什么要逆天拂人，梗在中间？何况终身大事，神秘莫测，事先无法推理，事后不能悔棋，就算交给21世纪的电脑，恐怕也算不出什么或然率来。倒不如故示慷慨，伪作轻松，博一个开明父亲的美名，到时候带颗私章，去做主婚人就是了。"

问的人笑了起来，指着我说："什么叫做'伪作轻松'？可见你心里并不轻松。"

我当然不很轻松，否则就不是她们的父亲了。例如人种的问题，就很令人烦恼。万一女儿发痴，爱上一个耸肩摊手口香糖嚼个不停的小怪人，该怎么办呢？在理性上，我愿意"有婿无类"，做一个大大方方的世界公民。但是在感情上，还没有大方到让一个臂毛如猿的小伙子把我的女儿抱过门槛。

现在当然不再是"严夷夏之防"的时代，但是一任单纯的家庭扩充成一个小型的联合国，也大可不必。问的人又笑了，问我可曾听说混血儿的聪明超乎常人。我说："听过，但是我不稀罕抱一个天才的'混血孙'。我不要一个天才儿童叫我Grandpa，我要他叫我外公。"

问的人不肯罢休："那么省籍呢？""省籍无所谓，"我说，"我就是苏闽联姻的结果，还不坏吧？当初我母亲从福建写信回武进，说当地有人向她求婚。娘家大惊小怪，说'那么远！怎么就嫁给南蛮！'后来娘家发现，除了言语不通之外，这位闽南姑爷并无可疑之处。这几年，广东男孩锲而不舍，对我家的压力很大，有一天闽粤结成了秦晋，我也不会感到意外。如果有个台湾少年特别巴结我，其志又不在跟我谈文论诗，我也不会怎么为难他的。至于其他各省，从黑龙江直到云南，口操各种方言的少年，只要我女儿不嫌他，我自然也欢迎。"

"那么学识呢？"

“学什么都可以。也不一定要是学者，学者往往不是好女婿，更不是好丈夫。只有一点：中文必须精通。中文不通，将祸延吾孙!”

客又笑了。“相貌重不重要?”他再问。

“你真是迂阔之至!”这次轮到我发笑了。“这种事，我女儿自己会注意，怎么会要我来操心?”

笨客还想问下去，忽然门铃响起。我起身去开大门，发现长发乱处，又一个假想敌来掠余宅。

【互联网+注释】

1. 掌握下列字词：

[1] 靓仔：广东方言，年轻貌美的小伙子。

[2] 叻仔（lè zǎi）：广东方言，聪明的男孩。

[3] 嗫嚅（niè rú）：想说而又吞吞吐吐不敢说出来。

[4] 情疑中副车：清代袁枚在诗中一再抱怨：“情疑中副车!”引申为对只生女儿不生儿子的一种调侃。

2. 理解下列语句的意思：

[1] 何况在这件事上，做母亲的往往位居要冲，自然而然成了女儿的亲密顾问，甚至亲密战友，作战的对象不是男友，却是父亲。等到做父亲的惊醒过来，早已腹背受敌，难挽大势了。

[2] 笨客还想问下去，忽然门铃响起。我起身去开大门，发现长发乱处，又一个假想敌来掠余宅。

【互联网+知人论世】

1. 作者简介：余光中（1928—2017），福建永春人。1947 年考入金陵大学外文系，后转入厦门大学。同年随父前往香港，1949 年到台湾定居。1956 年在台湾东吴大学、台湾师范大学任教。1958 年赴美国爱荷华大学进修。1974 年到香港中文大学任教。1985 年返台，任台湾中山大学文学院院长、外国文学研究所所长。余光中于 1954 年与覃子豪、钟鼎文等诗人创办“蓝星诗社”，长期活跃于台湾诗坛。其诗歌取材广泛，视野开阔，早期作品多表达家国之思，晚近作品则对人类生存处境多有关注。余光中的诗歌创作经历过从传统出发走向现代，后又深入传统的嬗变轨迹，对当代新诗的创作颇具启示意义。余光中的诗歌语言质朴、清新、典雅，意象优美、精当，风格含蓄而明朗，熔现代意识与古典情趣于一炉，具有雅俗共赏的审美艺术特征。20 世纪 80 年代以来，余光中的诗歌在台湾与大陆诗坛以及整个华语地区都有较为广泛的影响，被公认为“台湾诗坛三巨擘”之一（另外两位是洛夫与罗门）。余光中的诗集主要有《白玉苦瓜》《莲的联想》《天狼星》《守夜人》《梦与地理》等，其诗歌代表作主要有《乡愁》《白玉苦瓜》《民歌》《寻李白》等。

2. 汇总余光中的诗歌代表作。

【文本解读+鉴赏力】

本文是一篇亲情题材的散文。

作品的绝妙之处在于用一种形象的、高级的幽默将父亲对女儿的喜爱，舍不得女儿离己而去，嫁作人妇的人之常情和盘托出。在文章中，作者常常使用一些比喻来一语双关，另外还运用一些夸张语来增强艺术效果。

细腻的心理描写让人叹为观止。文章围绕“敌”展开，描写“敌”之情状与“我”之心态。巧用比喻的修辞手法将父亲害怕失去女儿的那种焦虑心情跃然纸上。除状写“我”的矛盾心态之外，还观照了其他父亲们的共同心态，使文章摆脱了“我”的单一层面而是剖析一种人生现象。另外，作者还关注和叙写了他人的举止言笑，如女儿们的、假想敌们的。这些均是对人情心态的生动再现，笔调幽默轻松，却是真实写照，使文章层次更显丰富。

作者善用典故。古今中外名典、诗歌都在其中，均恰到好处，无一点唐突，可见作者学养之深厚。余光中是比较典型的“学者型散文”的代表，他的散文融智慧、情趣和情思于一体，使人读罢，在快意之间窥探到一个有趣又深厚的灵魂，意犹未尽。

【阅读思考+创造力】

1. 概括与分析本文中“我”的矛盾心理。
2. 举例说明本文中作者对人生况味的细致体察。
3. 本文作者的幽默风趣表现在哪些地方？

【互联网+拓展链接】

1. 拓展阅读龙应台《孩子你慢慢来》《亲爱的安德烈》中“孩子，我为什么要求你读书”一段。
2. 余光中以诗人享誉海峡两岸，请汇总其代表作，并加以诵读。

少小离家老大回（节选）

白先勇

我的乡音也没有改，还能说得一口桂林话。在外面说普通话、说英文，见了上海人说上海话，见了广东人说广东话，因为从小逃难，到处跑，学得南腔北调。在美国住了30多年，又得常常说外国话。但奇怪的是，我写文章，心中默诵，用的竟都是乡音，看书也如此。语言的力量不可思议，而且先入为主，最先学会的语言，一旦占据了脑中的记忆之库，后学的其他语言真还不容易完全替代呢。我回到山尾村，村里儿童将我团团围住，指指点点，大概很少有外客到那里去。当我一开腔，却是满口乡音，那些孩子先是面面相觑，不敢置信，随即爆笑起来，原来是个桂林老乡！因为没有料到，所以觉得好笑，而且笑得很开心。

村里通到祖母旧居的那条石板路，我依稀记得，迎面扑来呛鼻的牛粪味，还是五十多年前那般浓烈，而且熟悉。那时父亲带我们下乡探望祖母，一进村子，首先闻到的，就是这股气味。村里的宗亲知道我要回乡，都过来打招呼，有几位，还是“先”字辈的，看来是一群老人，探问之下，原来跟我年纪不相上下，我心中不禁暗吃一惊。从前踏过这条石径，自己还是“少小”，再回头重走这一条路，竟已“老大”。如此匆匆岁月，心理上还来不及准备，56年，惊风飘过。

我明明记得最后那次下乡，是为了庆祝祖母寿辰。父亲领着我们走到这条石径上，村里许多乡亲也出来迎接。老一辈的叫父亲的小名“桂五”，与父亲同辈的就叫他“桂五哥”。那次替祖母做寿，搭台唱戏，唱桂戏的几位名角都上了台。那天唱的是《打金枝》，是出郭子仪上寿的应景戏。桂剧皇后小金凤饰公主金枝女，露凝香反串驸马郭暖。戏台搭在露天，那天风很大，吹得戏台上的布幔都飘了起来，金枝女身上粉红色的戏装颤抖抖的。驸马郭暖举起拳头气呼呼地要打金枝女，金枝女一撒娇便嘤嘤地哭了起来，于是台下村里的观众都乐得笑了。晚上大伯妈给我们讲戏，她说金枝女自恃是公主拿架子，不肯去向公公郭子仪拜寿，所以她老公要打她。我们大伯妈是个大戏迷，小金凤、露凝香，还有好几个桂戏的角儿都拜她做干妈。大伯妈是典型的桂林人，出口成章，妙语如珠。她是个彻头彻尾的享乐主义者，她有几句口头禅：

酒是糯米汤，不吃心里慌。

烟枪当拐杖，拄起上天堂。

她既不喝酒当然也不抽大烟，那只是她一个潇洒的姿势罢了。后来去了台湾，环境大不如前，她仍乐观，自嘲是“戏子流落赶小场”。她坐在院中，会突然无缘无故拍起大腿哺出几句桂戏来，大概她又想起她从前在桂林的风光日子以及她的那些干女儿们来了。大伯妈痛痛快快地一直活到95岁。

祖母的老屋还在那里，只剩下前屋，后屋不见了。六叔的房子、二姑妈的都还在。当然，都破旧得摇摇欲坠了。祖母一直住在山尾村老家，到湘桂大撤退前夕才搬进城跟我们住。祖母那时已有90高龄，不习惯城里生活，父亲便在山尾村特别为她建了一幢楼房，四周是骑楼，围着中间一个天井。房子墙皮剥落了，可是骑楼的雕栏仍在，隐约可以印证当年的风貌。父亲侍奉祖母特别孝顺，是为了报答祖母当年持家的艰辛。而且祖母对父亲又分外器重，排除万难，供他念书。有时父亲深夜苦读，祖母就在一旁针线相伴，慰勉他。冬天，父亲脚上生冻疮，祖母就从灶里掏出热草灰来替父亲渥脚取暖，让父亲安心把四书五经背熟。这些事父亲到了老年提起来，脸上还有孺慕[1]之情。祖母必定智慧过人，她的四个媳妇竟没说过她半句坏话，这是项了不起的成就。老太太深明大义，以德服人，颇有点贾母的派头。后来她搬到我们桂林家中，就住在我的隔壁房。每日她另外开伙，我到她房间，她便招我过去，分半碗鸡汤给我喝。她对小孩子这分善意，却产生了没有料到的后果。原来祖母患有肺病，一直没有发觉。我就是那样被染上了，一病五年，病掉了我大半个童年。

我临离开山尾村，到一位“先”字辈的宗亲家去小坐了片刻。“先”字辈的老人从米缸里掏出两只瓷碗来，双手颤巍巍地捧给我看。那是景德镇制造的釉里红，碗底印着“白母马太夫人九秩荣寿”。那是祖母的寿碗！半个多世纪，历过多少劫，这一对寿碗居然幸存无恙，在幽幽地发着温润的光彩。老人激动地向我倾诉，他们家如何冒了风险收藏这两只碗。她记得，她全都记得，祖母那次做寿的盛况。我跟她两人抢着讲当年往事，我们讲了许多其他人听不懂的老话，老人笑得满面灿然。她跟我一样，都是从一棵榕树的根生长出来的树苗。我们有着共同的记忆，那是整族人的集体记忆。那种原型的家族记忆，一代一代往上延伸，一直延伸到我们的始祖伯笃鲁丁公的基因里去。

香港电视台另一个拍摄重点是桂林市东七星公园小东江上的花桥，原因是我写过

《花桥荣记》那篇小说，讲从前花桥桥头一家米粉店的故事。其实花桥来头不小，宋朝时候就建于此，因为江两岸山花遍野，这座桥簇拥在花丛中，故名花桥。现在这座青石桥是明、清两朝几度重修过的，一共11孔，水桥有4孔，桥面盖有长廊，绿瓦红柱，颇具气势。花桥四周有几座名山，月牙山、七星山，从月牙山麓的伴月亭望过去，花桥桥孔倒映在澄清的江面上，通圆明亮，好像四轮浸水的明月，煞是好看，是桂林一景。

花桥桥头，从前有好几家米粉店，我小时候在那里吃过花桥米粉，一辈子也没有忘记过。吃的东西，桂林别的倒也罢了，米粉可是一绝。因为桂林水质好，榨洗出来的米粉，又细滑又柔韧，很有嚼头。桂林米粉花样多：原汤米粉、冒热米粉，还有独家的马肉米粉，各有风味，一把炸黄豆撒在热腾腾莹白的粉条上，色香味俱全。我回到桂林，三餐都到处去找米粉吃，一吃三四碗，那是乡愁引起的原始性饥渴，填不饱的。我在《花桥荣记》里写了不少有关桂林米粉的掌故，大概也是画饼充饥吧。外面的人都称赞云南的“过桥米线”，那是说外行话，大概他们都没尝过正宗桂林米粉。

“桂林山水甲天下”这句自古以来赞美桂林的名言，到现在恐怕还是难以驳倒的，因为桂林山水太过奇特，有山清、水秀、洞奇、石美之称，是人间仙境，别的地方都找不到。这只有叹服造化的鬼斧神工，在人间世竟开辟出这样一片奇妙景观来。桂林环城皆山，环城皆水，到处山水纵横，三步五步，一座高峰迎面拔地而起，千姿百态，每座殊异，光看看这些山名：鹦鹉山、斗鸡山、雉山、骆驼山、马鞍山，就知道山的形状有多么戏剧性了。城南的象鼻山就真像一只庞然大象临江伸鼻饮水。小时候，母亲率领我们全家夏天坐了船，在象鼻山下的漓江中徜徉游泳，从象鼻口中穿来穿去。母亲鼓励我们游泳，而且带头游。母亲勇敢，北伐时候她便跟随父亲北上，经过枪林弹雨的，在当时，她也算是一位摩登女性了。漓江上来来往往有许多小艇子卖各种小吃，我记得唐小义那只艇子上的田鸡粥最是鲜美。

自唐宋以来，吟咏桂林山水的诗文不知凡几，很多留传下来都刻在各处名山的石壁上，这便是桂林著名的摩崖石刻，仅宋人留下的就有480多件，是一笔丰富的文化遗产。在象鼻山水月洞里，我看到南宋诗人范成大的名篇《复水月洞铭》。范成大曾经到广西做过安抚使，桂林到处都刻有他的墨迹。洞里还有张孝祥的《朝阳亭诗并序》。来过桂林的宋朝大诗人真不少：黄庭坚、秦少游，他们是被贬到岭南来的。其实唐朝时就有一大批逐臣迁客被下放到广西，鼎鼎有名的当然是柳宗元，还有宋之问、张九龄，以及书法家褚遂良。这些唐宋谪吏到了桂林，大概都被这里的一片奇景慑住了，一时间倒也忘却了宦海浮沉的凶险悲苦，都兴高采烈地为文作诗歌颂起桂林山水的绝顶秀丽。贬谪到桂林，到底要比流放到辽东、塞北幸运多了。白居易说“吴山点点愁”，桂林的山看了只会叫人惊喜，绝不会引发愁思。从桂林坐船到阳朔，那四个钟头的漓江舟行，就如同观赏南宋大画家夏珪的山水手卷一般，横幅缓缓展开，人的精神面便跟着逐步提升，两个多钟头下来，人的心灵也就被两岸的山光水色洗涤得干干净净。香港电视台的摄影师在船上擎着摄影机随便晃两下，照出来的风景，一幅幅“画中有诗”。漓江风光，无论从哪个角度来拍，都是美的。

晚上我们下榻市中心的榕湖宾馆，榕湖宾馆建于20世纪60年代，是当时桂林最高档的宾馆，现在前面又盖了一座新楼。榕湖宾馆是我指定要住的，住进去有回家的感觉，因为这座宾馆就建在我们西湖庄故居的花园里。抗战时我们在桂林有两处居所，一处在风洞山下，另一处就在榕湖，那时候也叫西湖庄。因为榕湖附近没有天然防空洞，日机常来轰炸，我们住在风洞山的时候居多。但偶尔母亲也会带我们到西湖庄来，每次大家都欢天喜地的，因为西湖庄的花园大，种满了果树花树，橘柑桃李，还有多株累累的金橘。我们小孩子一进花园便七手八脚到处去采摘果子。橘柑吃多了，手掌会发黄，大人都这么说。1944 年，湘桂大撤退，整座桂林城烧成了一片灰，我们西湖庄这个家，也同时毁于一炬。战后我们在西湖庄旧址重建了一幢房子，这所房子现在还在，就在榕湖宾馆的旁边。

那天晚上，睡在榕湖宾馆里，半醒半睡间，朦朦胧胧我好像又看到了西湖庄花园里，那一丛丛绿油油的橘子树，一只只金球垂挂在树枝上，迎风招摇，还有那几棵老玉兰，吐出成千上万夜来香的花朵，遍地的栀子花，遍地的映山红，满园馥郁浓香引来成群结队的蜜蜂蝴蝶翩跹起舞——那是另一个世纪、另一个世界里的一番承平景象，那是一幅永远印在我儿时记忆中的欢乐童画。

【互联网+注释】

1. 掌握下列字词：

［1］孺慕：对父母的孝敬、爱戴、怀念。

2. 理解下列语句的意思：

［1］白母马太夫人九秩荣寿。

【互联网+知人论世】

1. 作者简介：白先勇，回族，台湾当代著名作家，生于广西桂林。中国国民党高级将领白崇禧之子，毕业于台湾大学、美国爱荷华大学。

著有短篇小说集《台北人》《寂寞的十七岁》《纽约客》等，长篇小说《孽子》，散文集《蓦然回首》《第六只手指》《树犹如此》等，以及舞台剧《游园惊梦》。其中《台北人》入选 20 世纪中文小说 100 强（第七位，是仍在世作家作品的最高排名）。

现任香港中文大学博文讲座教授、香港中文大学“昆曲研究推广计划”荣誉主任。

2. 搜集白先勇的代表作，选一种列出阅读要点。

【文本解读+鉴赏力】

白先勇先生是国民党将军白崇禧的第五个儿子，1937 年 7 月 11 日出生于桂林。那是“七七事变”之后，抗日烽火燃遍大江南北，中华民族苦难深重的岁月。白先勇的童年便是在这样的大时代背景下度过的。

了解中国当代文学概况的人，一定知道白先勇在中国当代文学特别是台湾当代文学中的地位。而白先勇的文学作品，白先勇的兴趣爱好，甚至白先勇的语言和思维，都离不开桂林这块生他养他的山水宝地，离不开勤劳智慧的桂林人。白先勇的一生，有一个永远也解不开的情结，那便是对桂林故土的眷恋。

其实，他在桂林只生活了 7 年，12 岁时去了台湾，25 岁远赴美国，但一口桂林话仍说得十分正宗。白先勇在他的小说中，运用了许多桂林方言，例如“蚂捞车”“鸡猫鬼叫”等。桂林方言在他的怀旧小说中得到了灵活而恰到好处的运用，使作品增添了一层独特的色彩。老桂林也许会有一个感觉，“金大奶奶”这个题目，本身就极富桂林味。当然,《金大奶奶》中不乏白先勇童年听来的故事,那些人物生活的背景,有桂林的影子。

白先勇不仅能说一口正宗流利的桂林话,还酷爱桂林米粉。据白先勇说,他父亲白崇禧以前打仗回来,第一件事就是喊隔壁婶娘过来熬卤水做冒热米粉吃。白家20世纪40年代末在南京、上海生活,还常常请人做桂林米粉吃。后来到了台北,很少能吃到桂林米粉,白先勇很是怀念这种特殊的地方风味。在他的名篇《花桥荣记》中,就津津有味地讲起桂林米粉的故事。1993年9月,白先勇回桂林时住在榕湖饭店,见餐厅服务员就问"有没有桂林冒热米粉?"当服务员回答"有"时,他便"啧啧"嘴,大喊"先来两碗"。白先勇说,桂林米粉可谓"天下第一味",好吃得不得了。

白先勇每次回桂林一进饭店便问"有没有桂林米粉",得到肯定回答后又连来两碗,还直说,多来些芫荽、酥豆,好吃好吃!白先勇吃米粉,那动作也是"训练有素"的。尽管米粉堆得高,那双筷子却可以上下自如地在碗里翻转而不让佐料掉出来,这大概是桂林人的饮食本事,就像他自己说的"再多我也吃不饱,我一肚子的乡愁"。除了桂林话、桂林米粉,白先勇还十分喜欢桂林的传统艺术桂剧。在7岁离开桂林前的日子里,白先勇常在母亲的怀抱里看桂剧,所以即使是80岁再回桂林时,白先勇仍然对桂剧钟情不已。

【阅读思考+创造力】

1. 详细阅读中国古代文人与桂林的不了情结,并查阅还有哪些文化名人到过桂林。
2. 你怎么看待白先勇的桂林米粉和桂剧情结?
3. 说说你理解的"桂林山水甲天下"。

【互联网+拓展链接】

1. 课外阅读了解《孽子》。

https://baike.baidu.com/tashuo/browse/content?id=2d016776b075beb9e9267e3b&lemmaId=&fromLemmaModule=pcBottom

2. 思乡佳句

http://www.1juzi.com/new/44047.html

将军族

陈映真

在十二月里,这真是个好天气。特别在出殡的日子,太阳那么绚烂地普照着,使丧家的人们也蒙上一层隐秘的喜气了。有一支中音的萨克斯风在轻轻地吹奏着很东洋风的《荒城之月》。它听来伤感,但也和这天气一样地,有一种浪漫的悦乐之感。他为高个子修好了伸缩管,别起嘴将喇叭朝着地下试吹了三个音,于是抬起来对着大街很富于温情地和着《荒城之月》。然后他忽然地停住了,他只吹了三个音。他睁大了本来细眯着的眼。他便这样地在伸缩的方向看见了伊。

高个子伸着手,将伸缩喇叭接了去。高个子说:"行了,行了。谢谢,谢谢。"

这样地说着，高个子若有所思地将喇叭夹在腋下，一手掏出一支皱得像蚯蚓一般的烟伸到他的眼前，差一点碰到他的鼻子。他后退了一步，猛力地摇着头，别着嘴做出一个笑容。不过这样的笑容，和他要预备吹奏时的表情，是颇难区别的。高个子便咬住那烟，用手扶直了它，划了一根洋火烧红了一端，“哔叽哔叽”地抽了起来。他坐在一条长木凳上，心在很异样地悸动着。没有看见伊，已经有五年了吧。但他却能一眼便认出伊来。伊站在阳光里，将身子的重量放在左腿上，让臀部向左边画着十分优美的曼陀铃琴的弧。还是那样的站法啊。然而如今伊变得很婷婷了。很多年前，伊也曾这样地站在他的面前。那时他们都在康乐队里，几乎每天都在大卡车的颠簸中到处表演。

“三角脸，唱个歌好吗！”伊说。声音沙哑，仿佛鸭子。

他猛然地回过头来，看见伊便是那样地站着，抱着一支吉他琴。伊那时又瘦又小，在月光中，尤其显得好笑。

“很晚了，唱什么歌！”

然而伊只顾站着，那样地站着。他拍了拍沙滩，伊便很和顺地坐在他的旁边。月亮在海水中碎成许多闪闪的鱼鳞。

“那么就说故事吧。”

“啰唆！”

“说一个就好。”伊说着，脱掉拖鞋，裸着的脚丫子便像蟋蟀似的钉进沙里去。

“十五六岁了，听什么故事！”

“说个你们家里的故事。你们大陆那边的故事。”

伊仰着头。月光很柔和地敷在伊干枯的小脸上，使伊的发育得很不好的身体，看来又笨又拙。他摸了摸他的已经开始有些发秃的头。他编扯过许多马贼内战、私刑的故事。不过那并不是用来迷住像伊这样的貌寝的女子的啊。他看着那些梳着长长的头发的女队员们张着小嘴，听得入神，真是赏心乐事。然而，除了听故事，伊们总是跟年轻的乐师泡着。这使他寂寞得很。乐师们常常这样地说：“我们的三角脸，才真是柳下惠[1]哩！”

而他便总是笑笑，红着那张确乎有些三角形的脸。

他接过吉他琴，撩拨了一组和弦。琴声在夜空中铮琮着。渔火在极远的地方又明又灭。他正苦于怀乡，说什么“家里的”故事呢？

“讲一个故事。讲一个猴子的故事。”他说，叹息着。

他于是想起了一个故事。那是写在一本日本的小画册上的故事。在沦陷给日本的东北，他的姐姐曾说给他听过。他只看着五彩的小插画。一个猴子被卖给马戏团，备尝辛酸，历经苦楚。在一个月圆的夜，猴子想起了森林里的老家，想起了爸爸、妈妈、哥哥、姐姐……

伊坐在那里，抱着屈着的腿，很安静地哭着。他慌了起来，嗫嚅地说：

“开玩笑，怎么的了！”

伊站了起来，瘦楞楞的，仿佛一具着衣的骷髅。伊站了一会儿，逐渐地把重心放在左腿上，就是那样。

就是那样的。然而，于今伊却穿着一套稍嫌小了一些的制服。深蓝的底子，到处镶滚着金黄的花纹。十二月的阳光浴着伊，使那怵目得很的蓝色，看来柔和了些。伊的戴着太阳眼镜的脸，比起往时要丰腴了许多。伊正专心地注视着在天空中画着椭圆的鸽子们。一面红旗在向它们招摇。他原也走进阳光里，叫伊："小瘦丫头儿!"

而伊也会用伊的有些沙哑的嗓门叫起来的吧。但他只是坐在那儿，望着伊。伊再也不是个"小瘦丫头儿"了。他觉得自己果然已在苍老着，像旧了的鼓，缀缀补补了的铜号那样，又丑陋、又凄凉。在康乐队里的那么些年，他才逐渐接近40。然而一年一年地过着，倒也尚不识老去的滋味。不知道那些女孩儿们和乐师们，都早已把他当做叔伯之辈了。然而他还只是笑笑。不是不服老，却是因着心身两面，一直都是放浪如素的缘故。他真正的开始觉着老，还正是那个晚上呢。

记得很清楚：那时对于那样地站着的，并且那样轻轻地淌泪的伊，始而惶惑，继而怜惜，终而油然地生了一种老迈的心情。想起来，他是从未有过这样的感觉的。从那个霎时起，他的心才改变成为一个有了年纪的男人的心了。这样的心情，便立刻使他稳重自在。他接着说：

"开玩笑，这是怎么的了，小瘦丫头儿!"

伊没有回答。伊努力地压抑着，也终于没有了哭声。月亮真是美丽。那样静悄悄地照着长长的沙滩、碉堡和几栋营房，叫人实在弄不明白：何以造物要将这么美好的时刻，秘密地在阒无一人的夜更里展露呢？他捡起吉他琴，任意地拨了几个和弦。他小心地、讨好地、轻轻地唱着：

——王老七，养小鸡，

叽咯叽咯叽咯叽……

伊便止不住地笑了起来。伊转过身来，用一只无肉的腿，向他轻轻地踢起一片细沙。伊忽然地又一个转身，擤了很多的鼻涕。他的心因着伊的活泼，像午后的花朵儿那样灿然地盛开起来。他唱着：

王老七，……

伊揩好了鼻涕，盘腿坐在他的面前。伊说：

"有烟么?"

他赶忙搜了搜口袋，递过一支雪白的纸烟，为伊点上火，打火机发着殷红的火光，照着伊的鼻端。头一次他发现伊有一个很好的鼻子，瘦削、结实。且因流着一些鼻水，仿佛有些凉意。伊深深地吸一口，低下头，用夹住烟的右手支着颐，左手在沙地上歪歪斜斜地画着许多小圆圈。伊说："三角脸，我讲个事情你听。"

说着，白白的烟从伊的低着的头袅袅地飘了上来。他说："好呀，好呀。"

"哭一哭，好多了。"

"我讲的是猴子，又不是你。"

"差不多——"

"哦，你是猴子啦，小瘦丫头儿!"

"差不多。月亮也差不多。"

"嗯!"

"唉，唉！这月亮。我一吃饱饭就不对。原来月亮大了，我又想家了。"

"像我吧，连家都没有呢。"

"有家。有家是有家啦，有什么用呢。"

伊说着，以臀部为轴，转了一个半圆。伊对着那黄得发红的大的月亮慢慢地抽起纸烟，烟草便烧得“丝丝”作响。伊掠了掠头发，忽然说：“三角脸。”

“呵。”他说：“很晚了，少胡思乱想。我何尝不想家？”

他于是站了起来，用衣袖擦了擦吉他琴上的夜露，一根根放松了琴弦。伊依旧坐着，很小心地抽着一截烟屁股。然后一弹，一条火红的细弧在沙地上碎成万点星火。

“我想家，也恨家里。”伊说，“你会这样吗？——你不会。”

“小瘦丫头儿，”他说，将琴扛在肩上，仿佛扛着一杆枪。他说：“小瘦丫头，过去的事，想它做什么，我要像你：想、想！那我一天也不要活了！”

伊霍然地站起来，拍着身上的沙粒。伊张着嘴巴打起呵欠来。眨了眨眼，伊看着他，低声地说：“三角脸，你事情见得多。”伊停了一下，说，“可是你是断断不知道，一个人被卖出去，是什么滋味。”

“我知道。”他猛然地说，睁大了眼睛。伊看着他的微秃的、果然有些儿三角形的脸，不禁笑了起来。

“就好像我们乡下的猪、牛那样地被卖掉了。两万五，卖给他两年。”伊说。

伊手插进口袋里，耸起板板的小肩膀，背向着他，又逐渐地把重心移到左腿上。伊的右腿便在那里轻轻地踢着沙子，仿佛一只小马儿。

“带走的那一天，我一滴眼泪也没有。我娘躲在房里哭，哭得好响，故意让我听到。我就是一滴眼泪也没有。哼！”

“小瘦丫头！”他低声说。

伊转身望着他，看见他的脸很忧戚地歪扭着，伊便笑了起来：

“三角脸。你知道！你知道个屁呢！”

说着，伊又弓着身子，擤了一把鼻涕。伊说：

“晚了，睡觉了。”

他们于是向招待所走去。月光照着很滑稽的人影，也照着两行孤独的脚印。伊将手伸进他的臂弯里，瞌睡地张大了嘴打着呵欠。他的臂弯感觉到伊的很瘦小的胸，但他的心却充满另外一种温暖。临分手的时候，他说：

“要是那时我走了之后，老婆有了女儿，大约也就是你这个年纪吧。”

伊扮了一个鬼脸，蹒跚地走向女队员的房间去。月在东方斜着，分外的圆了。

锣鼓队开始作业了。密密的脆皮鼓伴着撼人的铜锣，逐渐使这静谧的午后骚扰了起来。他拉低了帽子。站立了起来。他看见伊的左手一晃，在右腋里夹住一根银光闪烁的指挥棒。指挥棒的小铜球也随着那样地一晃，有如马嘶一般地轻响起来。伊还是个指挥的呢。

许多也是穿着蓝制服的少女乐手们都集合拢了。伊们开始吹奏着把节拍拉慢了一倍的《马撒永眠黄泉下》的曲子。曲子在震耳欲聋的锣鼓声的夹缝里，悠然地飞扬着，混合着时歇时起的孝子贤孙们的哭声，和这么绚烂的阳光交织起来，便构成了人生、人死的喜剧了。他们的乐队也合拢了。于是像凑热闹似的，也随着吹奏起来了。高个子很神气地伸缩着他的管乐器，很富于情感地吹着《游子吟》。也是将节拍拉长了一倍，仿佛什么曲子都能当安魂曲似的——只要拉慢节拍，全行的。他把小喇叭凑到嘴上，然而他并不在真吹。他只是做着样子罢了。他看着伊颇为神气地指挥着，金黄的流苏随着棒子飞舞着。不一会他便发觉了伊的指挥和乐声相差约有半拍。他这才记得伊是个轻度的音盲。

是的，伊是个音盲。所以伊在康乐队里，并不曾是个歌手。可是伊能跳很好的舞，而且也是个很好的女小丑。用一个红漆的破乒乓球，盖住伊唯一美丽的地方——鼻子，瘦板板地站在台上，于是台下卷起一片笑声。伊于是又眨了眨木然的眼，台下便又是一阵笑。伊在台上固然不唱歌，在台下也难得开口唱唱的。然而一旦不幸伊一下子高兴起来，便要咿咿呀呀地唱上好几小时，把一只好好的歌，唱得支离破碎，喑哑不成曲调。

有一个早晨，伊忽然轻轻地唱起一支歌来。继而一支接着一支，唱得十分起劲。他在隔壁的房间修着乐器，无可奈何地听着那么折磨人的歌声。伊唱着说：

——这绿岛像一只船，

在月夜里飘呀飘……

唱过一遍，停了一会儿，便又从头唱起。一次比一次温柔，充满情感。忽然间伊说："三角脸！"

他没有回答。伊轻轻地敲了敲三夹板的墙壁，说："喂，三角脸！"

"哎！"

"我家离绿岛很近。"

"神经病。"

"我家在台东。"

"……"

"他妈的，好几年没回去了！"

"什么？"

"我好几年没回去了！"

"你还说一句什么？"

伊停了一会，忽然吃吃地笑了起来。伊轻轻地叹了一口气，说："三角脸。"

"啰唆！"

"有没有香烟？"

他站起来，从夹克口袋摸了一根纸烟，抛过三夹板给伊。他听见划火柴的声音。一缕青烟从伊的房间飘越过来，从他的小窗子飞逸而去。

"买了我的人把我带到花莲，"伊说，吐着嘴唇上的烟丝。伊接着说："我说：我卖笑不卖身。他说不行。我便逃了。"

他停住手里的工作，躺在床上。天花板因漏雨而有些发霉了。他轻声说：

"原来你还是个逃犯哩！"

"怎么样？"伊大叫着说，"怎么样？报警去吗？呵？"

他笑了起来。

"早上收到家里的信，"伊说，"说为了我的逃走，家里要卖掉那么几小块田赔偿。"

"啊，啊啊。"

"活该，"伊说，"活该，活该！"

他们于是都沉默起来。他坐起身来，搓着手上的铜锈。刚修好的小喇叭躺在桌子上，在窗口的光线里静悄悄地闪耀着白色的光。不知道怎样的，他觉得沉重起来。隔了一会，伊低声说："三角脸。"

他咽了一口气，忙说："哎。"

"三角脸，过两天我回家去。"

他细眯着眼望着窗外，忽然睁开眼睛，站立起来，嗫嚅地说：

“小瘦丫头儿!”

他听见伊有些自暴自弃地呻吟了一声，似乎在伸懒腰的样子。

伊说：“田不卖，已经活不好了，田卖了，更活不好。卖不到我，妹妹就完了。”

他走到桌旁，拿起小喇叭，用衣角擦拭着它。铜管子逐渐发亮了，生着红的、紫的圈圈。他想了想，木然地说：“小瘦丫头儿。”

“嗯。”

“小瘦丫头儿，听我说：如果有人借钱给你还债，行吗?”

伊沉吟了一会，忽然笑了起来。

“谁借钱给我?”伊说：“两万五咧！谁借给我？你吗?”

他等待伊笑完了，说：“行吗?”

“行，行。”伊说，敲着三夹板的壁，“行啊！你借给我，我就做你的老婆。”

他的脸红了起来，仿佛伊就在他的面前那样。伊笑得喘不过气来，按着肚子，扶着床板。伊说：“别不好意思，三角脸。我知道你在壁板上挖了个小洞，看我睡觉。”

伊于是又爆笑起来。他在隔房里低下头，耳朵涨着猪肝那样的赭色。他无声地说：

“小瘦丫头儿……你不懂得我。”

那一晚，他始终不能成眠。第二天的深夜，他潜入伊的房间，在伊的枕头边留下三万元的存折，悄悄地离队出走了。一路上，他明明知道绝不是心疼着那些退伍金的，却不知道为什么止不住地流着眼泪。

几支曲子吹过去了。现在伊又站到阳光里。伊轻轻地脱下制帽，从袖卷中拉出手绢揩着脸，然后扶了扶太阳镜，有些许傲然地环视着几个围观的人。高个子挨近他，用痒痒的声说：“看看那指挥的，很挺的一个女的呀!”

说着，便歪着嘴，挖着鼻子。他没有作声，而终于很轻地笑了笑。但即便是这样轻的笑脸，都皱起满脸的皱纹来。伊留着一头乌油油的头发，高高地梳着一个小髻。脸上多长了肉，把伊的本来便很好的鼻子，衬托得尤其的精神了。他想着：一个生长，一个枯萎，才不过是五年先后的事！空气逐渐有些温热起来。鸽子们停在相对峙的三个屋顶上，任那个养鸽的怎么样摇着红旗，都不起飞了。它们只是斜着头，愣愣地看着旗子，又拍了拍翅膀，而依旧只是依偎着停在那里。纸钱的灰在离地不高的地方打着卷飞扬着。他站在那儿，忽然看见伊面向着他。从那张戴着太阳眼镜的脸，他很难确定伊是否看见了他。他有些青苍起来，手也有些抖索（哆嗦）了。他看着伊也木然地站在那里，张着嘴。然后他看见伊向这边走来。他低下头，紧紧地抱着喇叭。他感觉到一个蓝色的影子挨近他，迟疑了一会，便同他并立着靠在墙上。他的眼睛有些发热了，然而他只是低弯着头。

“请问——”伊说。

“是你吗?”伊说，“是你吗？三角脸，是……”伊哽咽起来：“是你，是你。”

他听着伊哽咽的声音，便忽然沉着起来，就像海滩上的那夜一般。他低声说：

“小瘦丫头儿，你这小瘦丫头!”

他抬起头来，看见伊用绢子捂着鼻子、嘴。他看见伊那样地抑住自己，便知道伊果然的成长了。伊望着他，笑着。他没有看见这样的笑，怕不有十数年了。那年打完仗回到家，他的母亲便曾类似这样笑过。忽然一阵子振翼之声响起，鸽子们又飞翔起来了，斜斜地画着圈子。他们都望着那些鸽子，沉默起来。过了一会，他说：

“一直在看着你当指挥，神气得很呢！”

伊笑了笑。他看着伊的脸，太阳眼镜下面沾着一小滴泪珠儿，很精细地闪耀着。他笑着说：“还是那样好哭吗？”

“好多了。”伊说着，低下了头。

他们又沉默了一会，都望着越划越远的鸽子们的圆圈儿。他夹着喇叭，说：“我们走，谈谈话。”

他们并着肩走过愕然着的高个子。他说：“我去了马上来。”

“啊呵。”高个子说。

伊走得很婷婷然，然而他却有些伛偻了。他们走完一栋走廊，走过一家小戏院，一排宿舍，又过了一座小石桥。一片田野迎着他们。很多的麻雀聚栖在高压线上。离开了充满香火和纸钱的气味，他们觉得空气是格外的清新舒畅了。不同的作物将田野涂成不同深浅的绿色的小方块。他们站住了好一会，都沉默着。一种从不曾有过的幸福的感觉涨满了他的胸膈。伊忽然地把手伸到他的臂弯里，他们便慢慢地走上一条小坡堤。伊低声地说：

“三角脸。”

“嗯。”

“你老了。”

他摸了摸秃了大半的、尖尖的头，抓着，便笑了起来。他说：

“老了，老了。”

“才不过四五年。”

“才不过四五年。可是一个日出，一个日落呀！”

“三角脸——”

“在康乐队里的时候，日子还蛮好呢，”他紧紧地夹着伊的手，另一只手一晃一晃地玩着小喇叭。他接着说：“走了以后，在外头儿混，我才真正懂得一个卖给人的人的滋味。”

他们忽然噤声。他为自己的失言恼怒地别着松弛的脸。然而伊依然抱着他的手。伊低下头，看着两只跛着的脚。过了一会儿，伊说：

“三角脸——”

他垂头丧气，沉默不语。

“三角脸，给我一根烟。”伊说。

他为伊点上烟，双双坐了下来。伊吸了一阵，说：

“我终于是找到你了。”

他坐在那儿，搓着双手，想着些什么。他抬起头来，看着伊，轻轻地说：

“找我？找我做什么！”他激动起来了，“还我钱是不是？……我可曾说错了话么？”

伊从太阳眼镜里望着他的苦恼的脸，便忽而将自己的制帽盖在他的秃头上。伊端详了一番，便自得其乐地笑了起来。

“不要弄成那样的脸吧！否则你这样子倒真像个将军呢！”伊说着，扶了扶眼镜。

“我不该说那句话。我老了，我该死。”

“瞎说，我找你，要来赔罪的。”伊又说：

"那天我看到你的银行存折，哭了一整天。他们说我吃了你的亏，你跑掉了。"伊笑了起来。他也笑了。

"我真没料到你是真好的人。"

伊说："那时你老了，找不上别人。我又小又丑，好欺负。三角脸，你不要生气，我当时老防着你呢！"

他的脸很吃力地红了起来。他不是对伊没有过情欲的。他和别的队员一样，一向是个狂嫖滥赌的独身汉。对于这样的人，情欲与美貌之间，并没有必然的关系的。伊接着说："我拿了你的钱回家，不料并不能息事。他们又带我到花莲。他们带我去见一个大胖子。大胖子用很尖细的嗓子问我的话。我一听他的口音同你一样，就很高兴。我对他说：'我卖笑，不卖身。'"

"大胖子吃吃地笑了。不久他们就弄瞎了我的左眼。"

他抢去伊的太阳眼镜，看见伊的左眼睑收缩地闭着。伊伸手要回眼镜，四平八稳地又戴了上去。伊说：

"然而我一点也没有怨恨，我早已决定这一生不论怎样也要活下来再见你一面。还钱是其次，我要告诉你我终于领会了。"

"我挣够给他们的数目，又积了三万元。两个月前才加入乐社里。不料就在这儿找到你了。"

"小瘦丫头！"他说。

"我说过我要做你的老婆，"伊说，笑了一阵，"可惜我的身子已经不干净，不行了。"

"下一辈子吧！"他说，"此生此世，仿佛有一股力量把我们推向悲惨、羞耻和破败……"

远远地响起了一片喧天的乐声。他看了看表，正是丧家出殡的时候。伊说：

"正对，下一辈子吧。那时我们都像婴儿那么干净。"

他们于是站了起来，沿着坡堤向深处走去。过了一会，他吹起《王者进行曲》，吹得兴起，便在堤上踏着正步，左右摇晃。伊大声地笑着，取回制帽戴上，挥舞着银色的指挥棒，走在他的面前，也走着正步。年轻的农夫和村童们在田野里向他们招手，向他们欢呼着。两三只的狗，也在四处吠了起来。太阳斜了的时候，他们的欢乐影子在长长的坡堤那边消失了。

第二天早晨，人们在蔗田里发现一对尸首。男女都穿着乐队的制服，双手都交握于胸前。指挥棒和小喇叭很整齐地放置在脚前，闪闪发光。他们看来安详、滑稽，却另有一种滑稽中的威严。

一个骑着单车的高大的农夫，于围睹的人群里看过了死尸后，在路上对另一个挑着水肥的矮小的农夫说：

"两个人躺得直挺挺的，规规矩矩，就像两位大将军呢！"

于是高大的和矮小的农夫都笑起来了。

【互联网+注释】

1. 掌握下列字词：

［1］柳下惠：柳下惠（公元前720—公元前621），本名展获，字子禽（一字季），

谥号惠，因其封地在柳下，后人尊称其为“柳下惠”。出生于周朝诸侯国鲁国柳下邑，今属山东平阴孝直镇一带。中国古代思想家、政治家、教育家。柳下惠是遵守中国传统道德的典范，他“坐怀不乱”的故事广为传颂。孔子评价他是“被遗落的贤人”，孟子尊称其为“和圣”。

2. 理解下列语句的意思：

[1] 男女都穿着乐队的制服，双手都交握于胸前。指挥棒和小喇叭很整齐地放置在脚前，闪闪发光。他们看来安详、滑稽，却另有一种滑稽中的威严。

[2]“两个人躺得直挺挺的，规规矩矩，就像两位大将军呢！”

【互联网+知人论世】

1. 作者简介：陈映真（1937 年 11 月 8 日— 2016 年 11 月 22 日），原名陈映善，台湾竹南人。1957 年考入台湾淡江文理学院外文系，大学二年级开始写作。1964 年在《现代文学》上发表短篇小说《将军族》，为台湾文坛所瞩目。1968 年被台湾当局以“阅读毛泽东、鲁迅著作”与“涉嫌叛乱”的罪名逮捕，饱受 7 年铁窗之若。1977 年参加台湾“乡土文学”大论战，其文学评论有力地推动了台湾乡土文学的创作。主要作品有短篇小说集《将军族》《第一件差事》《山路》，中短篇小说集《夜行货车》《华盛顿大楼》，评论集《知识人的偏执》《孤儿的历史，历史的孤儿》等。短篇小说《将军族》和《行货车》是其代表作。陈映真的创作以小说为主，作品多取材于台湾小资产阶级的生活，以写实为主，兼具象征主义和浪漫主义意味。前期作品专注于刻画人物内心世界，后期作品则侧重通过人物言行表现人物的性格。

2. 结合台湾文学作品，谈谈其乡愁情结。

【文本解读+鉴赏力】

在 20 世纪下半叶的台湾文学中出现了许多以讲述“外省人”流落台湾为题材的小说，而陈映真的这部《将军族》就是其中非常具有代表性的作品。小说以悲悯的笔调通过一对生活在底层的本省和外省男女的悲剧式爱情故事，揭示了生活在社会最底层的小人物的命运。

作品的精妙之处在于：

其一，人物的符号化。受现代主义表现手法的影响，《将军族》摒弃了传统小说的典型环境中的典型性格的人物塑造方式，模糊了人物的背景、具体遭遇、外貌细节，用“三角脸”和“小瘦丫头”这种符号化的特征凸显人物的命运多舛，生活不易。

其二，作品构思新奇，悲剧色彩浓厚。作品将两个主人公的再次相遇刻意放在一个阳光灿烂的而又出殡的日子。虽说再次相逢令两人内心无限喜悦却也掺杂着对生活的无奈和无解。这样一个开篇将生活的美好和死亡的荫翳、相逢的喜悦和现实的无奈形成强烈的反差，为作品营造出悲喜交加的氛围。作品结尾“殉情”部分更是达到了一种不见其悲更显其悲的艺术效果。

其三，作品寓意深远。文章结尾两人殉情，直挺挺的像两个大将军直接点题。两个生活在下层的小人物在生命的最后带着自己的尊严和对这个世界无声的控诉而去。

【阅读思考+创造力】

1. 分析《将军族》“三角脸”“小瘦丫头”的形象。
2. 思考本文的艺术特点。

【互联网+拓展链接】

1. 平行阅读台湾作家白先勇《游园惊梦》。
2. 欣赏赖声川的戏剧，感受作品中的台湾外省人形象。

第四章 两姓之好

周南·桃夭

桃之夭夭[1]，灼灼[2]其华。之子[3]于归，宜[4]其室家。
桃之夭夭，有蕡[5]其实。之子于归，宜其家室。
桃之夭夭，其叶蓁蓁[6]。之子于归，宜其家人。

卫风·硕人[7]

硕人其颀，衣锦褧[8]衣。齐侯之子，卫侯之妻。东宫之妹，邢侯之姨，谭公维私[9]。

手如柔荑[10]，肤如凝脂，领如蝤蛴[11]，齿如瓠犀[12]。螓[13]首蛾眉，巧笑倩[14]兮，美目盼[15]兮。

硕人敖敖[16]，说[17]于农郊。四牡有骄[18]，朱幩镳镳[19]，翟茀[20]以朝。大夫夙退，无使君劳。

河水洋洋，北流活活。施罛濊濊[21]，鳣鲔[22]发发，葭[23]菼揭揭。庶姜孽孽[24]，庶士有朅[25]。

【互联网+注释】

[1] 夭夭：花朵怒放，茂盛美丽，生机勃勃的样子。

[2] 灼灼：花朵色彩鲜艳如火，明亮鲜艳的样子。华：同“花”。

[3] 之子：这位姑娘。于归：姑娘出嫁。古代把丈夫家看作女子的归宿，故称“归”。于：去，往。

[4] 宜：和顺、亲善。室家：家庭。此指夫家，下文的“家室”“家人”均指夫家。

[5] 蕡（fén）：草木果实很大。

［6］蓁（zhēn）蓁：树叶繁密的样子。这里形容桃叶茂盛。

［7］硕人：《邶风·简兮》："硕人俣俣，公庭万舞。"这里指身材高大的人。

［8］褧（jiǒng）：古代用细麻布做的套在外面的罩衣。

［9］私：中国古时女子称姊妹的丈夫为私。

［10］荑（tí）：《邶风·静女》："自牧归荑。"这里用作草名。

［11］蝤蛴（qiú qí）：天牛的幼虫。此处借以比喻妇女脖颈洁白丰润之美。

［12］瓠（hù）犀：形容牙齿整齐洁白，锋利坚固。

［13］螓（qín）首蛾眉：额广而眉弯。用以形容妇人容貌的美丽。

［14］倩：《广韵·霰韵》："倩，巧笑貌。"这里形容美人含笑的样子。

［15］盼：这里为美目流转之意。

［16］敖：《邶风·柏舟》："微我无酒，以敖以游。"本意为闲游、漫游，这里为散漫之意。

［17］说（yuè）：喜悦。

［18］牡：这里指雄性的马匹。骄：形容马壮健。

［19］幩（fén）：缠在马口两旁上的绸子，做装饰用。镳（biāo）：盛多。

［20］翟（dí）：长尾的野鸡，这里指野鸡的羽毛。茀（fú）：车蔽。古代妇女乘车不暴露面目，故车之周围设障以隐蔽身形。

［21］罛（gū）：大的渔网。濊（huò）：撒网入水或水流受阻发出的声音。

［22］鳣（zhān）：鲟鳇鱼的古称。鲔（wěi）：古书上指鲟鱼。发：鱼尾击水之声。

［23］葭：初生的芦苇。菼（tǎn）：初生的荻草。揭揭：长，高。

［24］庶：众。庶姜指姜姓众女，即齐国陪嫁和送嫁的那些姜姓女子。孽（niè）：装饰华丽。

［25］朅（qiè）：勇武，壮健。

2. 理解下列语句的意思：

［1］桃之夭夭，有蕡其实。

［2］手如柔荑，肤如凝脂，领如蝤蛴，齿如瓠犀。

［3］螓首蛾眉，巧笑倩兮，美目盼兮。

［4］河水洋洋，北流活活。施罛濊濊，鳣鲔发发，葭菼揭揭。

【互联网+知人论世】

1.《诗经》原名《诗》，或称《诗三百》。战国时，它被列为儒家所谓"六经"（《诗》《书》《礼》《乐》《易》《春秋》）之一，但并未获得后世那样受尊崇的地位。汉武帝时，设置五经博士，它才被官方尊奉为垂教万世的经典之一，从此便罩上了一层神圣的光环，被称为《诗经》。《诗经》共存目 311 篇，但实际存诗是 305 篇，另有六篇有目无辞（《南陔》《白华》《华黍》《由庚》《崇丘》《由仪》），被称为"笙诗"，一般不计在内。《诗三百》是取其约数。《诗经》是按风、雅、颂分类编排的。风即国风，指当时各诸侯国所辖地区的乐曲，犹如今天的地方小调，包括十五国风，分别是周南、召南、邶、鄘、卫、王、郑、齐、魏、唐、秦、陈、桧、曹、豳。共收诗作 160 篇。本课所选两首诗歌即分别出于周南和卫风。

2.《诗经》按风、雅、颂分类编排，除了我们熟悉的风诗，你对雅、颂两类诗歌有什么了解？请对《诗经》中的每类诗歌各选读一首，试比较它们在风格上的差异。

【文本解读+鉴赏力】

《周南·桃夭》和《卫风·硕人》都来自中国古代第一部诗歌总集《诗经》。两首诗都写到了年轻女子出嫁，却各具特色，摇曳生姿。

清代学者方玉润《〈诗经〉原始》称《周南·桃夭》："此亦咏新婚诗，与《关雎》同为房中乐，如后世催妆坐筵等词，特《关雎》从男求女一面说，此从女归男一面说，互为掩映，同为美俗。"这首诗共三章，每章四句，兼用比兴，歌咏了新嫁娘的美好，也是对其新婚及今后生活的祝福。首章以桃树盛开娇艳的花朵比喻女子的年轻貌美，次章用桃树结出硕大的果实比喻女子孕育，末章则用桃树枝叶繁茂比喻家族兴旺，逐层推进，不吝溢美之词，让诗歌充满了欢乐喜悦之情。清代姚际恒《〈诗经〉通论》说："桃花色最艳，故以取喻女子，开千古词赋咏美人之祖。"诗之末句是祝福语，从"之子于归，宜其室家"到"宜其家室""宜其家人"，在意思上区别不大，却是诗旨所在。"妇人之贤，莫大于宜家。使一家之人，相与和顺，而无一毫乖戾之心，始可为之宜矣。"因此，一个"宜"字，恰当地点出了女子对于家庭和睦的重要作用。此篇语近意远，格调明快，让人读罢也不觉感染那扑面而来的洋洋喜气，堪称赞美佳偶良缘的名篇。

关于《卫风·硕人》一诗，《左传·隐公三年》载："初，卫庄公娶于齐公东宫得臣之妹，曰庄姜。美而无子，卫人所为赋《硕人》也。"从诗歌传达的意思考察，应是赞美庄姜之辞。全诗四章，每章七句，描写了庄姜嫁与卫庄公时的美貌和盛况，着力刻画了庄姜高贵而美丽的形象。首章写庄姜高贵显赫的出身，第二章写她美丽无比的容貌，第三章写婚礼车服的豪华，末章写陪嫁媵从的众多。诗歌以比喻的手法对人物进行了细致的刻画，最为人称道的是第二章："手如柔荑，肤如凝脂，领如蝤蛴，齿如瓠犀，螓首蛾眉"，描写了主人公的手、肤、颈、齿、额、眉，或明喻，或暗喻，庄姜的明艳容貌便浮现于读者眼前。本章末二句"巧笑倩兮，眉目盼兮"则用赋的手法，直接写庄姜笑意盈盈，目光流转，灵动鲜活的情态，"传神写照，直把个绝世美人，活活地请出来，在书本上恍漾。千载而下，犹如亲见其美貌"（孙联奎《诗品臆说》）。对一个女子的外貌作如此细腻的描写，这是中国文学史上的第一次。清人姚际恒极为欣赏此诗，称"千古颂美人者，无出其右，是为绝唱"（《〈诗经〉通论》）。

【阅读思考+创造力】

1.《周南·桃夭》《卫风·硕人》两首诗都表现了女性的美好，试比较它们在写作手法上有什么不同。

2.《卫风·硕人》："手如柔荑，肤如凝脂，领如蝤蛴，齿如瓠犀。螓首蛾眉，巧笑倩兮，美目盼兮。"这几句连续用了比喻的修辞手法，而喻体则多为植物和昆虫，想一想这是为什么。

【互联网+拓展链接】

1. 阅读《诗经》中同样写女子出嫁的诗歌《邶风·燕燕》。

2. 阅读曹植《洛神赋》、白居易《长恨歌》。

古诗十九首（选二）

迢迢牵牛星

迢迢牵牛星[1]，皎皎河汉女[2]。
纤纤擢[3]素手，札札弄机杼[4]。
终日不成章，泣涕零如雨。
河汉清且浅，相去[5]复几许？
盈盈一水间[6]，脉脉不得语。

行行重行行

行行重[7]行行，与君生别离。相去万余里，各在天一涯。
道路阻[8]且长，会面安可知？胡马依[9]北风，越鸟[10]巢南枝。
相去日已远，衣带日已缓。浮云蔽白日[11]，游子不顾反。
思君令人老[12]，岁月忽已晚。弃捐勿复道[13]，努力加餐饭。

【互联网+注释】

1. 掌握下列字词：

[1] 牵牛星：隔银河和织女星相对，俗称“牛郎星”，在银河东。

[2] 河汉女：指织女星，与牵牛星隔河相对。河汉，即银河。

[3] 擢（zhuó）：引，抽，接近“伸出”的意思。

[4] 札（zhá）札：象声词，机织声。弄：摆弄。杼（zhù）：织布机上的梭子。

[5] 相去：相离，相隔。

[6] 盈盈：水清澈、晶莹的样子。一说形容织女。《文选》六臣注：“盈盈，端丽貌。”一水：指银河。间（jiàn）：间隔。

[7] 重：又。这句是说行而不止。

[8] 阻：道路上的障碍。长：道路间的距离很远。

[9] 胡马：北方所产的马。依：依恋的意思。一作“嘶”。

[10] 越鸟：南方所产的鸟。

[11] 白日：原是隐喻君王的，这里喻指未归的丈夫。

[12] 老：这里指形体的消瘦、仪容的憔悴。

[13] 弃捐：抛弃，丢开。复：再。道：说。

2. 理解下列语句的意思：

[1] 衣带日已缓。

[2] 努力加餐饭。

【互联网+知人论世】

1. 作者简介：《古诗十九首》是汉代无名氏作品，并非一时一人所作，南朝梁昭明太子萧统因其各篇风格相近，将其合在一起收入他所编的《文选》，题为《古诗十九首》，后世遂沿用这一名称。

2.《古诗十九首》：习惯上以句首为标题，内容大多写夫妇朋友间的离愁别绪和士子彷徨失意的消极情绪，抒情真实感人，语言朴素自然，表达委婉曲折，是早期文人五言诗的重要作品。

【文本解读+鉴赏力】

中国古代诗歌，在先秦两汉以民歌为主，到魏晋以后则以诗人的个人创作为主，《古诗十九首》恰好是两者之间的过渡。对于生命短促、人生无常的感伤，乃是《古诗十九首》的中心主题。从这个主题出发，以悲哀的基调，《古诗十九首》展开了闺怨、友情、相思、怀乡、游宦、行役、劝慰等各种内容。

刘勰《文心雕龙》谈到《古诗十九首》时，曾赞其"结体散文，直而不野，婉转附物，怊怅切情，实五言之冠冕也"。长于抒情是《古诗十九首》的最大特点，其抒情方法往往是用事物来烘托，融情入景、寓景于情，达到天衣无缝的境界，并善于通过生活细节描写人物的内心活动，抒情中带有叙事意味，使诗中主人公的形象更加鲜明、突出。

《迢迢牵牛星》一篇中，作者借助了牛郎织女被银河隔开不得相见的传说，含蓄地抒发了女子对丈夫的思念和相见无期的悲伤之情。诗中对织女纤手弄机杼、泣涕如雨下的细节描写便是思妇真实生活的融入，抒情与叙事很好地结合起来，加强了对女子相思之苦的表达力度。

《行行重行行》则叙写了女子送别丈夫、别后相思、相思无果、强颜宽慰等一系列行为发展，并通过相思日久、衣带日缓的生活细节表达出女子与丈夫感情之深：虽相见无期，却有怨而无悔，温柔平易地表达出深刻坚毅的感情。

【阅读思考+创造力】

1. 你最喜欢两首诗中哪些句子？请谈谈你的看法。
2. "胡马依北风，越鸟巢南枝"用了什么手法？对情感的抒发有何帮助？

【互联网+拓展链接】

1. 课外阅读《古诗十九首》的其他篇章。
2. 选择其中一首诗，将它写成一篇散文，500字左右。

蝶恋花[1]

晏殊

槛[2]菊愁烟兰泣露，罗幕[3]轻寒，燕子双飞去。明月不谙[4]离恨苦，斜光到晓穿朱户[5]。

昨夜西风凋[6]碧树，独上高楼，望尽天涯路。欲寄彩笺[7]兼尺素，山长水阔知何处？

【互联网+注释】

1. 掌握下列字词：

［1］蝶恋花：又名“凤栖梧”“鹊踏枝”等。唐教坊曲，后成为词牌。

［2］槛（jiàn）：栏杆。

［3］罗幕：丝绸的帷幕，富贵人家所用。

［4］不谙（ān）：不了解，没有经验。谙：熟悉，精通。

［5］朱户：犹言朱门，指大户人家。

［6］凋：衰败、衰落。碧树：绿色的树木。

［7］彩笺：彩色的精美笺纸，可供题诗和写信之用。尺素：小幅的丝织物，如绢、帛等。古人写信用素绢，通常长约一尺，故称尺素，这里用作书信的代称。《古诗》有云：“客从远方来，遗我双鲤鱼。呼儿烹鲤鱼，中有尺素书。”

2. 理解下列语句的意思：

［1］槛菊愁烟兰泣露，罗幕轻寒，燕子双飞去。

［2］欲寄彩笺兼尺素，山长水阔知何处？

【互联网+知人论世】

1. 作者简介：晏殊（991—1055），字同叔，临川（今江西省抚州市）人。北宋著名文学家、政治家。少年时以神童入试，赐同进士出身，宋仁宗时官至同中书门下平章事兼枢密使。后病逝于京中，封临淄公，谥号元献。晏殊以词驰名于文坛，尤擅小令，词风承袭五代，受冯延巳的影响较深。刘攽《中山诗话》谓“晏元献尤喜江南冯延巳歌词，其所自作，亦不减延巳”。有《珠玉集》传世。

2. 晏殊有“宰相词人”“太平宰相”之称。请搜集相关材料，整理出他获得这些称谓的理由。

3. 了解晏殊少年成名的故事。

【文本解读+鉴赏力】

这首《蝶恋花》主题写离别相思，向来颇负盛名。它既有同类词作情致凄婉的共性，又能超越简单的伤情悲怀，从大家司空见惯的情境中发掘深长的人生意味，具备了某种理性的哲思。

词的上阕以景物描写为主，实则融情于景，传达出特别丰富细腻的内心感受。首句“槛菊愁烟兰泣露”，一菊一兰，皆是孤高幽洁之物，而一愁一泣，则奠定了全词忧伤清丽的基调。次句“罗幕轻寒，燕子双飞去”近乎白描，写低垂的罗幕在轻轻摇荡间透着微凉的秋意，而一双燕子正翩然飞离。抒情主人公在这里并没有直接出现，但她的目光显然敏感地追逐着眼前物事的变化。观菊赏兰已让她陷入愁情别绪，双燕飞离本是自然寻常之事，却更让她扎了眼，刺了心。小小生灵，尚能比翼双栖，反衬出自己茕茕孑立，形影相吊，在孤独中品味着清秋寒意，怎能不让人悲戚伤感，哀愁满腹？接下来的两句：“明月不谙离恨苦，斜光到晓穿朱户”很有意思，月光流照，斜穿窗棂而来的情景在这里被人格化了。明月如同一个从未经历过人世间悲欢离合的懵懂顽童，只钟情于追逐戏耍，哪里能领会个中煎熬，没来由地又平添几分惆怅，终于引来了主人公无声的埋怨。"斜光到晓"也暗示了主人公相思绵绵，彻夜未休。

"昨夜西风凋碧树"。秋夜西风凛冽，一树绿叶已尽数凋零，传达出自然界的显著变化带给主人公的强烈感受，环境萧索凄寒，助长了自己内心的孤独。"独上高楼，望尽天涯路"，经过一夜相思之苦，主人公清晨登楼，极目远眺，眼前一片辽远空旷。既然思而不见，那就音书寄远以慰相思吧，可是问题又出现了：山长路远，欲寄音书也不知寄往何处啊！这份怅惘依然无法找到着落之处。

"昨夜西风凋碧树，独上高楼，望尽天涯路"一句，境界高远开阔，故王国维借以形容"古今成大事业、大学问者"的"第一境"。这首词的可贵之处，就在于能把这种境界和抒情主人公孤独寂寞的哀愁融成一片，在圆融澄澈的光照之中，别有一种凄婉动人的艺术效果。

晏殊词多为小令，短小精致，大体延续了南唐婉约纤美的词风，加上词人生于太平时代，仕途显达，生活格调雍容典雅，词风温润平和，很符合高级士大夫的欣赏品味。这首《蝶恋花》虽写相思凄苦，然用语清丽疏淡，风格精致柔婉，自有一种令人神往的境界。

【阅读思考+创造力】

1. 在这首深秋怀人的词作中，作者用了哪些手法来表达相思之苦？
2. 这首词的词眼是什么？谈谈你的理由。

【互联网+拓展链接】

1. 王国维曾言："古今之成大事业、大学问者，必经过三种之境界。晏同叔之'昨夜西风凋碧树，独上高楼，望尽天涯路'，此第一境也。'衣带渐宽终不悔，为伊消得人憔悴'，此第二境也。'众里寻他千百度，回头却见，那人正在，灯火阑珊处'，此第三境也。此等语皆非大词人不能道。"（《人间词话》）请查阅相关资料，尝试体悟这人生三境界。

2. 课外阅读欧阳修《踏莎行》（候馆梅残）。

牡丹亭·惊梦（节选）

汤显祖

【绕池游】（旦[1]上）梦回莺啭，乱煞年光遍。人立小庭深院。（贴[2]）炷尽沉烟，抛残绣线，恁今春关情似去年？

【乌夜啼】（旦）晓来望断梅关，宿妆残。（贴）你侧着宜春髻子[3]恰凭阑。（旦）剪不断，理还乱，闷无端。（贴）已吩咐催花莺燕借春看。（旦）春香，可曾叫人扫除花径？（贴）吩咐了。（旦）取镜台衣服来。（贴取镜台衣服上）"云髻罢梳还对镜，罗衣欲换更添香。"[4]镜台衣服在此。

【步步娇】（旦）袅晴丝[5]吹来闲庭院，摇漾春如线。停半晌、整花钿。没揣菱花，偷人半面，迤逗[6]的彩云偏。（行介）步香闺怎便把全身现！

（贴）今日穿插的好。

【醉扶归】（旦）你道翠生生出落的裙衫儿茜，艳晶晶花簪八宝填，可知我常一生儿爱好是天然。恰三春好处无人见。不提防沉鱼落雁鸟惊喧，则怕的羞花闭月花愁颤。

（贴）早茶时了，请行。（行介）你看："画廊金粉半零星，池馆苍苔一片青。踏草怕泥[7]新绣袜，惜花疼煞小金铃。"[8]（旦）不到园林，怎知春色如许！

【皂罗袍】原来姹紫嫣红开遍，似这般都付与断井颓垣。良辰美景奈何天，赏心乐事谁家院！恁般景致，我老爷和奶奶[9]再不提起。（合）朝飞暮卷，云霞翠轩；雨丝风片，烟波画船——锦屏人忒看的这韶光贱！

（贴）是花都放了，那牡丹还早。

【好姐姐】（旦）遍青山啼红了杜鹃，荼蘼外烟丝醉软。春香啊，牡丹虽好，他春归怎占的先！（贴）成对儿莺燕埃（合）闲凝眄[10]，生生燕语明如剪[11]，呖呖莺歌溜的圆。

（旦）去罢。（贴）这园子委是观之不足也。（旦）提他怎的！（行介）

【隔尾】观之不足由他缱，便赏遍了十二亭台是枉然。倒不如兴尽回家闲过遣[12]。

（作到介）（贴）"开我西阁门，展我东阁床 。瓶插映山紫[13]，炉添沉水香[14]。"小姐，你歇息片时，俺瞧老夫人去也。（下）

【互联网+注释】

1. 掌握下列字词：

[1] 旦：剧中女主角，此指杜丽娘。

[2] 贴：贴旦简称，剧中女配角，此指杜丽娘贴身丫鬟春香。

[3] 宜春髻子：古代立春当天，女子把彩色丝织物剪成燕子形状，并贴"宜春"二字，戴在发髻上。

[4] 云髻罢梳还对镜，罗衣欲换更添香：唐代诗人薛逢《宫词》中句子。

[5] 晴丝：虫类所吐的游丝，春天晴朗时候常见。

[6] 迤逗：引诱，挑逗。

[7] 泥：玷污。

[8] 惜花疼煞小金铃：《天宝开元遗事》记载，天宝初，宁王惜花，以红丝连缀金铃，系于园中花梢之上，有鸟雀飞来，即拉铃赶走。

[9] 奶奶：已婚妇女，此处指杜丽娘母亲。

[10] 凝眄：目不转睛地看。

[11] 明如剪：明快如剪。

[12] 过遣：过活，打发时日。

[13] 映山紫：杜鹃花的一种。

[14] 沉水香：即沉香。

2. 理解下列语句的意思：

[1] 没揣菱花，偷人半面，迤逗的彩云偏。

[2] 良辰美景奈何天，赏心乐事谁家院。

[3] 朝飞暮卷，云霞翠轩。

[4] 观之不足由他缱，便赏遍了十二亭台是枉然。

【互联网+知人论世】

1. 作者简介：汤显祖（1550—1616），生于江西省临川县。明代伟大的戏剧家。受王学左派和李卓吾的影响，思想上反对程朱理学，提倡诗文创作书写性灵，不拘一格，总的来说，汤显祖的思想在当时是倾向于进步的。汤显祖曾任南京礼部祭司，因弹劾当时的大学士申时行而被贬谪为广东徐闻县典史，后调任浙江遂昌知县，后三年又因不依附权贵，被弹劾免职回乡。其主要创作成就在于戏曲，所作《牡丹亭》《紫钗记》《邯郸记》《南柯记》合称"临川四梦"，在中国古代戏曲史上具有重要地位。

2. 本篇选自《牡丹亭》第十出《惊梦》中的"游园"一段。游园由【绕池游】和【山坡羊】两套曲组成，这里仅选【绕池游】一套，写的是杜丽娘在春香的鼓励下，违背父母、私塾老师的训诫，走出深闺，看到了一个美丽的新天地，由此引起了她生命的自我觉醒。

【文本解读+鉴赏力】

汤显祖自称"一生'四梦'，得意处唯在《牡丹》。"《牡丹亭》全本共五十出，本篇所选是第十出《惊梦》中脍炙人口的"游园"一段。南安太守杜宝请老儒生陈最良教女儿杜丽娘习读圣贤经典，以使丽娘成为符合礼教规范的淑女贤妇。不料正值青春期的丽娘却从《诗经》的情歌中受到启发，春心萌动，对爱情婚姻产生了向往，在游园赏春之时更是被美好春光引动情思，于牡丹亭下、春睡之中与想象出来的情人柳梦梅相会，极尽欢愉。醒后，因梦而怀春相思，竟至一病不起，伤情留画而死。杜宝将女儿葬在牡丹亭侧。三年之后，一位名为柳梦梅的书生进京赶考，途经牡丹亭，捡到杜丽娘的自画像，为其倾城之姿所倾倒，遂终日将画挂在房中欣赏。丽娘感其情深，以幽灵出现与柳梦梅幽媾，并在柳梦梅的帮助下还魂重生，二人终结为夫妻。《牡丹亭》意在礼赞为人间至情，所谓"情不知所起，一往而深，生者可以死，死可以生。生而不可与死，死而不可复生者，皆非情之至也"。

本篇六支曲，可分为两部分，第一部分是前三支曲子，写杜丽娘出闺入园前的盼望、忐忑、娇羞、孤寂等种种心情。其中叫人扫除花径、游园前对镜梳妆、更换罗衣等一系列举动展现了大家闺秀的端庄自持，"步香闺怎便把全身现"一句表现了礼教对青春少女的约束，也展现出少女的娇羞和忐忑，"可知我常一生儿爱好是天然"一句则表达了去束缚、顺天性的渴望。

后三支曲为第二部分，是游园赏春时的唱段。第一次领略到姹紫嫣红、云蒸霞蔚、烟波荡漾的美景，杜丽娘除了感叹自然之美以外，更是引起了深深的伤感：这一方庭院虽美，却付予断井颓垣，无人赏识，便如同少女的青春美貌，被锁于深闺大门之内，年华空度，难觅知音，令人叹息。杜丽娘的慨叹，代表着人们自我意识的觉醒，也是女性珍视自我的一种暗示。

【阅读思考+创造力】

1. 结合本文，分析杜丽娘的形象特征。

2. 你最喜欢哪几句唱词，为什么？

【互联网+拓展链接】

1.《牡丹亭》横空出世，坊间有“几令《西厢》减价”的评论，试对两剧进行阅读和比较。

2. 结合昆曲《牡丹亭·游园》选段欣赏这出戏，感受其优美意蕴。

木兰花·拟古决绝词柬友[1]

纳兰性德

人生若只如初见，何事[2]秋风悲画扇。
等闲变却故人心，却道故人[3]心易变。
骊山[4]语罢清宵半，泪雨霖铃终不怨。
何如[5]薄幸锦衣郎，比翼连枝当日愿。

【互联网+注释】

1. 掌握下列字词：

[1] 木兰花：词牌名。柬：给……信札。

[2]“何事”句：用汉朝班婕妤被弃的典故。班婕妤为汉成帝妃，被赵飞燕谗害，退居冷宫，后有诗《怨歌行》，以秋扇闲置为喻抒发被弃之怨情。南北朝梁刘孝绰《班婕妤怨》诗又点明“妾身似秋扇”，后遂以秋扇赋闲喻女子被弃。这里是说本应当相亲相爱，却成了相离相弃。唐代诗人王昌龄做《长信秋词五首》来怜惜她。

[3] 故人：情人。却道故人心易变（出自娱园本），一作“却道故心人易变”。看似白话，实为用典，出处就在南朝齐国山水诗人谢朓的《同王主簿怨情》后两句：“故人心尚永，故心人不见。”汪元治本《纳兰词》误刻后句“故心人”为“故人心”，这一错误常被现代选本沿袭。

[4]“骊（lí）山”二句：用唐明皇与杨玉环的爱情典故。《太真外传》载，唐明皇与杨玉环曾于七月七日夜，在骊山华清宫长生殿里盟誓，愿世世为夫妻。白居易《长恨歌》“在天愿作比翼鸟，在地愿作连理枝”对此做了生动的描写。后安史乱起，明皇入蜀，于马嵬坡赐死杨玉环。杨死前云：“妾诚负国恩，死无恨矣！”又，明皇此后于途中闻雨声、铃声而悲伤，遂作《雨霖铃》曲以寄哀思。

[5]“何如”二句：化用唐李商隐《马嵬》诗中“如何四纪为天子，不及卢家有莫愁”之句意。薄幸：薄情。锦衣郎：指唐明皇。

2. 理解下列语句的意思：

[1] 骊山语罢清宵半，泪雨霖铃终不怨。

[2] 何如薄幸锦衣郎，比翼连枝当日愿。

【互联网+知人论世】

1. 作者简介：纳兰性德（1655—1685），原名成德，字容若，满洲正黄旗人，出身于贵族家庭。康熙十五年进士，曾任皇帝身边侍卫。他主张作诗要有才学，填词要有比兴，反对模仿。词长于小令，清淡朴素，不尚雕饰，有李后主之风。内容多写离情别绪及个人的闲愁哀怨，著有《通志堂集》《纳兰词》等。

2.《木兰花 · 拟古决绝词柬友》是纳兰词中的精品，也是其创作风格和创作特点的代表作，用词清丽如洗，情感哀怨低回，表达含蓄委婉，纳兰词的特色由此可窥一斑。

【文本解读+鉴赏力】

全词以女子的口吻述说了她被情人抛弃的哀婉和幽怨，词中多用典故，语气婉转哀伤至极。其中，班婕妤“秋扇见捐”的典故暗示了女子被抛弃的命运。扇子一到秋天天气凉爽，就失去作用，被主人随意丢弃了。在古代，女子的命运常如秋扇这般，被人厌烦了，便只有被抛弃的命运。这一类比，何等贴切！“骊山语罢”暗示女子与情人之间曾经有过浓烈甜美的蜜月期，“夜雨霖铃”衬托了相思之深，让人慨叹蜜月虽甜美却不长久，情人之间感情再深，却也终究无法将爱情拿去抵挡现实的残酷，美好的爱情终将难以为继；“比翼连枝”虽是美好心愿，却已是过去之事，此处提起，可见女子对于当日美好时光的不舍。

在层层典故铺排下，我们看到的是爱情在“初见”之后，人心的变幻，人生的难测，甚至于人性的丑陋。然而这种种的不幸和悲苦却不能浇灭女子心中对曾经拥有过的爱情的迷醉，这迷醉始于爱情来临时那美好的“初见”。如果只有“初见”，没有后来，是不是世间的爱情只余美妙和甜蜜？世上的情人是不是就会深爱对方、至死不渝？“人生若只如初见”，这是多么平淡而又多么深刻、无奈的领悟啊！

而从这首词的题目来看，作者未必只为写一段凄婉的闺怨，应是将朋友之情比作夫妻爱侣之情，体现出纳兰性德的交友原则和对友谊的珍视。在他看来，交友亦应如选择爱侣一般，一旦认定了对方，便应全力以赴维持彼此间友谊，应始终坦诚，忠贞专一，生死不负。

【阅读思考+创造力】

1. 分析本首词中的典故，体会词中的用典手法和特色。
2. 这首词除了作闺怨词解，是否还有其他理解？

【互联网+拓展链接】

1. 纳兰词有南唐遗风，试将本词与李后主的《虞美人 · 春怨》一词进行比较阅读。(《虞美人 · 春怨》：风回小院庭芜绿，柳眼春相续。凭阑半日独无言，依旧竹声新月似当年。笙歌未散尊罍在，池面冰初解。烛明香暗画堂深，满鬓青霜残雪思难任。)

2. 纳兰性德个性独特，曾被认为是贾宝玉的原型，在现当代通俗小说中对这位浊世世家公子又另有演绎，网络上因此一度出现“纳兰热”。你是否读过与其有关的网络小说？对其有何印象？

叶限

段成式

南人[1]相传，秦汉前有洞主吴氏，土人呼为“吴洞”。娶两妻，一妻卒，有女名叶限，少慧，善淘金，父爱之。末岁，父卒，为后母所苦，常令樵险汲深[2]。时尝得一鳞，二寸余，赪[3]鬐金目，遂潜养于盆水。日日长，易数器，大不能受，乃投于后池中。女所得余食，辄沉以食之。女至池，鱼必露首枕岸。他人至，不复出。

其母知之，每伺之，鱼未尝见也。因诈女曰：“尔无劳乎？吾为尔新其襦[4]。”乃易其敝衣，后令汲于他泉，计里数里也。母徐[5]衣其女衣，袖利刃，行向池呼鱼，鱼即出首，因斫杀之。鱼已长丈余，膳其肉，味倍常鱼，藏其骨于郁栖[6]之下。逾日，女至向池，不复见鱼矣，乃哭于野。忽有人发粗衣，自天而降，慰女曰：“尔无哭，尔母杀尔鱼矣！骨在粪下。尔归，可取鱼内藏于室。所须第[7]祈之，当随尔也。”女用其言，金衣玉食随欲而具。

及洞节，母往，令女守庭果。女伺母行远，亦往，衣翠纺上衣，蹑金履。母所生女认之，谓母曰：“此甚似姊也。”母亦疑之。女觉，遽反，遂遗一只履，为洞人所得。母归，但见女抱庭树眠，亦不之虑。

其洞邻海岛，岛中有国名陀汗，兵强，王数十岛，水界数千里。洞人遂货其履于陀汗国。国主得之，命其左右履之，足小者，履减一寸。乃令一国妇人履之，竟无一称者。其轻如毛，履石无声。陀汗王意其洞人以非道得之，遂禁锢而拷掠之，竟不知所从来。乃以是履弃之于道旁，即遍历人家捕之，若有女履者，捕之以告。陀汗王怪之，乃搜其室，得叶限，令履之而信。叶限因衣翠纺衣，蹑履而进，色若天人也。始具事于王，载鱼骨与叶限俱还国。其母及女，即为飞石击死。洞人哀之，埋于石坑，名曰“懊女冢”。洞人以为禖祀[8]，求女必应。陀汗王至国，以叶限为上妇。

一年，王贪求，祈于鱼骨，宝石无限。逾年，不复应。王乃葬鱼骨于海岸。用珠百斛[9]藏之，以金为记。至征卒叛时，将发以赡军[10]。一夕，为海潮所沦。

【互联网+注释】

1. 掌握下列字词：

[1] 南人：此处指岭南各少数民族。

[2] 樵险汲深：到险峻的山上打柴、到深潭边汲水。

[3] 赪（chēng）鬐：红色的鱼鳍。

[4] 襦（rú）：穿在单衫外面的短袄。

[5] 徐：从容不迫。

[6] 郁栖：粪壤。即农家堆肥，粪埋在泥土内，使它发酵腐熟。语出《庄子·至乐》：“陵舄得郁栖则为乌足。”

[7] 第：但，只。

[8] 禖（méi）祀：为求婚而进行的祭祀、祈祷。

[9] 斛（hú）：中国旧量器名，亦是容量单位，一斛本为十斗，后来改为五斗。

［10］赡军：支付军费。

2. 理解下列语句的意思：

［1］叶限因衣翠纺衣，蹑履而进，色若天人也。

［2］用珠百斛藏之，以金为际。至征卒叛时，将发以赡军。

【互联网+知人论世】

1. 作者简介：段成式（803—863），字柯古。晚唐东牟人，祖籍邹平。唐代著名志怪小说家。段成式工诗，有文名。在诗坛上与李商隐、温庭筠齐名，号称“三十六”（段、李、温均排行十六，故称）。他年轻时随父亲段文昌（曾任四川节度使等职）转徙各地，了解各地风土人情、轶闻趣事，开拓了生活视野，加之他精研苦学，博览了包括官府秘籍在内的大量图书。在唐代晚期文学家中，段成式的文学成就是多方面的，除代表作志怪小说集《酉阳杂俎》传于后世外，在《全唐诗》中还收入他的诗词30多首，《全唐文》中收入他的文章11篇。

2.《酉阳杂俎》：唐代笔记小说集，作者段成式。有前卷20卷，续集10卷。这本书的性质，据作者自序，“固役不耻者，抑志怪小说之书也”。所记有仙佛鬼怪、人事以至动物、植物、酒食、寺庙等，分类编录，一部分内容属志怪传奇类，另一些记载各地与异域珍异之物，此外还为后人保存了大量的唐朝珍贵历史资料、轶闻逸事和民间风情，可谓包罗万象。其所记述，或采缉旧闻，或出自己撰，“多诡怪不经之谈，荒渺无稽之物，而遗文秘籍，亦往往错出其中，故论者虽病其浮夸，而不能不相征引”（《四库全书总目》）。

【文本解读+鉴赏力】

《叶限》出自唐代段成式所撰笔记小说《酉阳杂俎》的续集《支诺皋》。该文主要讲述吴洞的女儿叶限，在父母双亡后受到后母的虐待。她偶然得到并喂养了一条神奇的金鱼，却不料被后母知道，后母设计杀而食之。叶限把鱼骨藏到房内并向它祈祷，从而获得了自己需要的物品。到了当地的洞节，叶限穿上华丽的服饰去参加盛会，被妹妹和继母怀疑并认出，在匆忙回家的路上她弄丢了一只鞋。这只鞋后来被陀汗王得到，他下令寻找鞋子的主人，最终找到了叶限。

读完这个故事，大概很多读者都会觉得它似曾相识。中国著名翻译家杨宪益在《译余偶拾》中评述道：这篇故事显然就是西方的扫灰娘（Cinderella，现多译作“灰姑娘”）故事。据英国人柯各斯（Marian Rolte Cox）考证，这个故事在欧洲和近东共有345种大同小异的版本。在欧洲，最流行的两种版本见于17世纪法国人培鲁（Perrault）的故事集和19世纪初德国人格林兄弟（Grimm）的故事集。

在《叶限》的故事里有很多与《灰姑娘》相似的情节：后母刁难虐待、外来神力帮助、聚会光彩照人、不慎遗失鞋履、以鞋验证身份、幸福嫁与王公。同时也充满了少数民族地域特色。故事中的“洞”“土人”等词语表明，这个故事发生在我国南方的少数民族里面。而“洞节”则显然是当地传统的节庆活动。故事中出现的“陀汗国”，学界一般认为就是新旧《唐书》所载的“陀洹国”，而今天印度尼西亚的苏门答腊，很可能与其关系密切。

在《叶限》的故事里，继母的冷酷偏心、妹妹的嫉妒，甚至包括陀汗国王的贪婪，都受到了相应惩罚，而弱小的孤女叶限，则获取了同情与帮助。在善与恶的对比和较量中，故事通过想象的手法，使受欺凌者最终获得幸福，为恶者则遭到毁灭的下场。这也符合人们普遍认可的扬善惩恶的观念。因此，无论是中国的叶限，还是西方的灰姑娘，在故事流传的过程中都逐渐成了美和善的化身。

【阅读思考+创造力】

1. 中国著名翻译家杨宪益在《译余偶拾》中评述《叶限》道：“这篇故事显然就是西方的扫灰娘（Cinderella，现多译作‘灰姑娘’）故事。”试比较两则故事在人物塑造、情节设置等方面的异同。

2. 据撰者附记，此故事为“成式旧家人李士元所说。士元本邕州洞中人，多记得南中怪事”。古人泛称西南地区为“南中”，邕州即今广西南宁。可见《叶限》故事就发生在中国南方的少数民族里。仔细找一找这个故事中保留了哪些桂南地区的民间文化元素。

【互联网+拓展链接】

1. 与《叶限》类似的故事在我国民间有多种版本，如流传于桂南壮族民间的《达加和达伦》、流传于广西百色地区的《以佳和以冷》、流传于广西西部的《达架的故事》、流传于广西田阳的《达乍达仑》、流传于广西德保县东陵乡的《渣和吝的故事》等。有兴趣的同学可以查找并阅读。

2. 尝试将这个故事改编为戏剧并排演。

闺房记乐（节选）

沈复

余幼聘金沙于氏，八龄而夭。娶陈氏。陈名芸，字淑珍，舅氏心余先生女也，生而颖慧，学语时，口授《琵琶行》，即能成诵。四龄失怙[1]，母金氏，弟克昌，家徒壁立。芸既长，娴女红，三口仰其十指供给，克昌从师，修脯无缺。一日，于书簏[2]中得《琵琶行》，挨字而认，始识字。刺绣之暇，渐通吟咏，有“秋侵人影瘦，霜染菊花肥”之句。余年一十三，随母归宁[3]，两小无嫌，得见所作，虽叹其才思隽秀，窃恐其福泽不深，然心注不能释，告母曰：“若为儿择妇，非淑姊不娶。”母亦爱其柔和，即脱金约指缔姻焉。此乾隆乙未七月十六日也。

是中冬，值其堂姊出阁，余又随母往。芸与余同齿而长余十月，自幼姊弟相呼，故仍呼之曰淑姊。时但见满室鲜衣，萎独通体素淡，仅新其鞋而已。见其绣制精巧，询为己作，始知其慧心不仅在笔墨也。其形削肩长项，瘦不露骨，眉弯目秀，顾盼神飞，唯两齿微露，似非佳相。一种缠绵之态，令人之意也消。索观诗稿，有仅一联，或三四句，多未成篇者。询其故，笑曰：“无师之作，愿得知己堪师者敲成之耳。”余戏题其签曰“锦囊佳句”[4]。不知夭寿之机此已伏矣。是夜送亲城外，返已漏三下，腹饥索饵，婢妪以枣脯进，余嫌其甜。芸暗牵余袖，随至其室，见藏有暖粥并小菜焉，余欣然举箸。忽闻芸堂兄玉衡呼曰：“淑妹速来！”芸急闭门曰：“已疲乏，将卧矣。”

玉衡挤身而入，见余将吃粥，乃笑睨芸曰："顷我索粥，汝曰'尽矣'，乃藏此专待汝婿耶？"芸大窘避去，上下哗笑之。余亦负气，挈老仆先归。自吃粥被嘲，再往，芸即避匿，余知其恐贻人笑也。

至乾隆庚子正月二十二日花烛之夕，见瘦怯身材依然如昔，头巾既揭，相视嫣然。合卺后，并肩夜膳，余暗于案下握其腕，暖尖滑腻，胸中不觉怦怦作跳。让之食，适逢斋期，已数年矣。暗计吃斋之初，正余出痘之期，因笑调曰："今我光鲜无恙，姊可从此开戒否？"芸笑之以目，点之以首。

廿四日为余姊于归，廿三国忌不能作乐，故廿二之夜即为余婉款嫁。芸出堂陪宴，余在洞房与伴娘对酌，拇战辄北，大醉而卧，醒则芸正晓妆未竟也。是日亲朋络绎，上灯后始作乐。廿四子正，余作新舅送嫁，丑末归来，业已灯残人静。悄然入室，伴妪盹于床下，芸卸妆尚未卧，高烧银烛，低垂粉颈，不知观何书而出神若此。因抚其肩曰："姊连日辛苦，何犹孜孜不倦耶？"芸忙回首起立曰："顷正欲卧，开橱得此书，不觉阅之忘倦。《西厢》之名闻之熟矣，今始得见，莫不愧才子之名，但未免形容尖薄耳。"余笑曰："唯其才子，笔墨方能尖薄。"伴妪在旁促卧，令其闭门先去。遂与比肩[5]调笑，恍同密友重逢。戏探其怀，亦怦怦作跳，因俯其耳曰："姊何心舂乃尔耶？"芸回眸微笑。便觉一缕情丝摇人魂魄，拥之入帐，不知东方之既白。

芸作新妇，初甚缄默，终日无怒容，与之言，微笑而已。事上以敬，处下以和，井井然未尝稍失。每见朝暾[6]上窗，即披衣急起，如有人呼促者然。余笑曰："今非吃粥比矣，何尚畏人嘲耶？"芸曰："曩之藏粥待君，传为话柄，今非畏嘲，恐堂上道新娘懒惰耳。"余虽恋其卧而德其正，因亦随之早起。自此耳鬓相磨，亲同形影，爱恋之情有不可以言语形容者。

而欢娱易过，转睫弥月。时吾父稼夫公在会稽幕府，专役相迓[7]，受业于武林赵省斋先生门下。先生循循善诱，余今日之尚能握管，先生力也。归来完姻时，原定随侍到馆。闻信之馀，心甚怅然，恐芸之对人堕泪。而芸反强颜劝勉，代整行装，是晚但觉神色稍异而已。临行，向余小语曰："无人调护，自去经心！"及登舟解缆，正当桃李争妍之候，而余则恍同林鸟失群，天地异色。到馆后，吾父即渡江东去。居三月，如十年之隔。芸虽时有书来，必两问一答，中多勉励词，余皆浮套语，心殊怏怏。每当风生竹院，月上蕉窗，对景怀人，梦魂颠倒。先生知其情，即致书吾父，出十题而遣余暂归。喜同戍人[8]得赦，登舟后，反觉一刻如年。及抵家，吾母处问安毕，入房，芸起相迎，握手未通片语，而两人魂魄恍恍然化烟成雾，觉耳中惺然一响，不知更有此身矣。

时当六月，内室炎蒸，幸居沧浪亭爱莲居西间壁，板桥内一轩临流，名曰"我取"，取"清斯濯缨，浊斯濯足"意也。檐前老树一株，浓荫覆窗，人画俱绿。隔岸游人往来不绝。此吾父稼夫公垂帘宴客处也。禀命吾母，携芸消夏于此。因暑罢绣，终日伴余课书论古，品月评花而已。芸不善饮，强之可三杯，教以射覆为令。自以为人间之乐，无过于此矣。

一日，芸问曰："各种古文，宗何为是？"余曰："《国策》《南华》取其灵快，匡衡、刘向取其雅健，史迁、班固取其博大，昌黎取其浑，柳州取其峭，庐陵取其宕，三苏取其辩，他若贾、董策对，庾、徐骈体，陆、贽奏议，取资者不能尽举，在人之慧心领会耳。"芸曰："古文全在识高气雄，女子学之恐难入彀，唯诗之一道，妾稍有领悟耳。”余曰：“唐以诗取士，而诗之宗匠必推李、杜，卿爱宗何人？”芸发议曰：“杜诗锤炼精纯，李诗潋洒落拓。与其学杜之森严，不如学李之活泼。”余曰：“工部为诗家之大成，学者多宗之，卿独取李，何也？”芸曰：“格律谨严，词旨老当，诚杜所独擅。但李诗宛如姑射仙子，有一种落花流水之趣，令人喜爱。非杜亚于李，不过妾之私心宗杜心浅，爱李心深。”余笑日：“初不料陈淑珍乃李青莲知己。”芸笑曰：“妾尚有启蒙师白乐天先生，时感于怀，未尝稍露。”余曰：“何谓也？”芸曰：“彼非作《琵琶行》者耶？”余笑曰：“异哉！李太白是知己，白乐天是启蒙师，余适字‘三白’，为卿婿，卿与‘白’字何其有缘耶？”羞笑曰：“白字有缘，将来恐白字连篇耳（吴音呼‘别字’为‘白字’）。”相与大笑。余曰：“卿既知诗，亦当知赋之弃取。”芸曰：“《楚辞》为赋之祖，妾学浅费解。就汉、晋人中调高语炼，似觉相如为最。”余戏曰：“当日文君之从长卿，或不在琴而在此乎？”复相与大笑而罢。

【互联网+注释】

1. 掌握下列字词：

［1］怙：本意是指依仗、凭借，引申义指父亲。

［2］簏：用竹篾编的盛零碎东西的小篓。

［3］归宁：回家省亲。多指已嫁女子回娘家看望父母。

［4］锦囊佳句：唐代诗人李贺作诗典故。

［5］比肩：并肩。

［6］暾：刚升起的太阳

［7］迓：迎接。

［8］戍人：守卫边疆的壮士。

2. 理解下列语句的意思：

［1］芸既长，娴女红，三口仰其十指供给，克昌从师，修脯无缺。

［2］返已漏三下。

［3］芸出堂陷宴，余在洞房与伴娘对酌，拇战辄北。

［4］昌黎取其浑，柳州取其峭，庐陵取其宕，三苏取其辩，他若贾、董策对，庾、徐骈体，陆、赞奏议。

【互联网+知人论世】

1. 作者简介：沈复（1763—1825），字三白，号梅逸，江苏苏州人。清代文学家。著有《浮生六记》。工诗画、散文。从《浮生六记》来看，他出身于幕僚家庭，没有参加过科举考试，曾以卖画维持生计。乾隆四十二年（公元1777年）随父亲到浙江绍兴求学。乾隆四十九年（公元1784年），乾隆皇帝巡江南，沈复随父亲恭迎圣驾。后来到苏州从事酒业。他与妻子陈芸感情甚好，因遭家庭变故，夫妻曾旅居外地，历尽坎坷。妻子死后，他去四川充当幕僚。此后情况不明。

2.《闺房记乐》出自沈复的自传体散文集《浮生六记》。六记为六篇，共包括《闺房记乐》《闲情记趣》《坎坷记愁》《浪游记快》《中山记历》《养生记道》，但后两篇疑似后人伪作。沈复的《浮生六记》，是中国古代散文中一颗璀璨的明珠，然而它却被埋没百年之久，直到“五四”新文化运动，它的光彩才第一次展现于世人眼前。林语堂、俞平伯等新文学家都极为赞誉这部作品。

林语堂曾经盛赞《闺房记乐》中的陈芸，说“芸，是中国文学和中国历史上的一个可爱的女人”。他把《浮生六记》翻译成英文，也曾说过：“应该叫世界知道，一方面以流传她的芳名，又一方面，因为我在这两小无猜的夫妇简朴生活中，看她们追求美丽，看她们穷困潦倒，遭到不如意的折磨，受奸佞小人的欺负，同时一意追求浮生半日闲的清福。”

【文本解读+鉴赏力】

沈复年轻时生活在乾隆盛世，国家太平，沈家又是小康之家，沈复不当官，没有案牍劳形之苦，没有官场应酬之烦，婚后每日与妻子谈词论诗，生活闲散舒适，《闺房记乐》便是对这段幸福时光的记录。

沈复的妻子陈芸是其表姐，两人从小青梅竹马，感情深笃，沈复13岁时就有非陈芸不娶之志。此后由沈母做主提亲，二人顺利定下婚事，此后开始了称心如意的婚姻生活。陈芸在沈复眼中不仅是妻子，更是知己，是灵魂伴侣，沈复笔下的陈芸也是中国文学史中最为可爱的女性形象之一。本篇为《闺房记乐》节选，约略可见陈芸的独特魅力和沈、陈的伉俪情深。

选文首段介绍陈芸的聪慧不凡。古代女子大多数不识字，陈芸自小丧父，家境贫寒，但天性聪慧，依靠自己精湛的女红赡养老母、幼弟，更能通过自学读书识字，吟诗作词。沈复也是才子，自读陈芸诗句后，深为倾倒，发誓非卿不娶，此为陈芸的独特魅力之一。

聪慧之外，陈芸容貌气质也令人神往，“其形削肩长项，瘦不露骨，眉弯目秀，顾盼神飞”，更有“一种缠绵之态，令人之意也消”，才貌俱佳。这样的女子是古代才子梦寐以求的伴侣，沈复得之，再无所求。

才貌之外，陈芸还是一个识大体、懂事理又有情、有趣的女子。她为沈复藏粥、吃斋，深情款款；嫁作新妇后，“每见朝暾上窗，即披衣急起”，只为怕公婆责其懒惰，为求家庭和睦，忍气吞声，“终日无怒容”；与沈复分离，夫妻之间难舍难分，却能强颜劝慰丈夫，是一个标准的贤良淑德的妻子、儿媳的形象。而作为沈复的知己，陈芸还能与沈复一起喝酒、游玩、赏花、评论诗书、互相酬唱，两人甚至类似于《红楼梦》中的宝黛，都喜欢那些“不正经”的诸如《西厢记》之类的闲杂书籍。这样的女子，观其形貌气质，令人倾心，看其行为见识，又处处可见潇洒磊落，可以称为世间少有的奇女子了。

陈芸病逝之后，沈复难忘深情，遂有《闺房记乐》一文。在传统观念影响下，古人娶妻结婚多以传宗接代为目的，婚姻和夫妇关系被赋予了太多的社会责任，而导致古代的婚姻中爱情成分短缺。然而沈复的《闺房记乐》一文，却以深情的回忆、生动的描述告诉我们，古代的婚姻也可以有真挚的爱情的，古代的婚姻生活也可以很有情趣的，前提是遇上那一位“对”的人。

【阅读思考+创造力】

1. 谈谈你对陈芸这一女性形象的看法。
2. 从本文中，你能看出沈复的个性特征吗？

【互联网+拓展链接】

1. 中国文学史上，还有没有沈复与陈芸这样伉俪情深的记载？
2. 课外通读《闺房记乐》全文，谈谈你对陈芸坚持为丈夫纳妾这一事件的理解。

初恋

周作人

那时我十四岁，她大约是十三岁罢。我跟着祖父的妾宋姨太太寄寓在杭州的花牌楼，间壁住着一家姚姓，她便是那家的女儿。

伊本姓杨，住在清波门头，大约因为行三，人家都称她作三姑娘。姚家老夫妇没有子女，便认她做干女儿，一个月里有二十多天住在他们家里。宋姨太太和远邻的羊肉店石家的媳妇虽然很说得来，与姚宅的老妇却感情很坏，彼此都不交口。但是三姑娘并不管这些事，仍旧推门进来游嬉。她大抵先到楼上去，同宋姨太太搭讪[1]一回，随后走下楼来，站在我同仆人阮升公用的一张板桌旁边，抱着名叫“三花”的一只大猫，看我映写陆润庠的木刻的字帖。

我不曾和她谈过一句话，也不曾仔细地看过她的面貌与姿态。大约我在那时已经很是近视，但是还有一层缘故，虽然非意识的对于她很是感到亲近，一面却似乎为她的光辉所掩，开不起眼来去端详她了。在此刻回想起来，仿佛是一个尖面庞、乌眼睛、瘦小身材，而且有尖小的脚的少女，并没有什么殊胜[2]的地方，但在我的性的生活里总是第一个人，使我于自己以外感到对于别人的爱着，引起我没有明了的性的概念的对于异性的恋慕的第一个人了。

我在那时候当然是“丑小鸭”，自己也是知道的，但是终不以此而减灭我的热情。每逢她抱着猫来看我写字，我便不自觉地振作起来，用了平常所无的努力去映写，感着一种无所希求迷蒙的喜乐。并不问她是否爱我，或者也还不知道自己是爱着她，总之对于她的存在感到亲近喜悦，并且愿为她有所尽力，这是当时实在的心情，也是她所给我的赐物了。在她是怎样不能知道，自己的情绪大约只是淡淡的一种恋慕，始终没有想到男女夫妇的问题。有一天晚上，宋姨太太忽然又发表对于姚姓的憎恨，末了说道：“阿三那小东西，也不是好东西，将来总要流落到拱辰桥去做婊子的。”

我不很明白做婊子这些是什么事情，但当时听了心里想道：“她如果真是流落做了婊子，我必定去救她出来。”

大半年的光阴这样地消费过去了。到了七八月里，因为母亲生病，我便离开杭州回家去了。

一个月以后，阮升告假回去，顺便到我家里，说起花牌楼的事情，说道：“杨家的三姑娘患霍乱死了。”

我那时也很觉得不快，想象她的悲惨的死相，但同时却又似乎很是安静，仿佛心里有一块大石头已经放下了。

【互联网+注释】

1. 掌握下列字词：

［1］搭讪：主动和陌生人交谈。

［2］殊胜：稍胜，略胜；特别优美；指特别的胜境。

2. 理解下列语句的意思：

［1］每逢她抱着猫来看我写字，我便不自觉地振作起来，用了平常所无的努力去映写，感着一种无所希求迷蒙的喜乐。

［2］我那时也很觉得不快，想象她的悲惨的死相，但同时却又似乎很是安静，仿佛心里有一块大石头已经放下了。

【互联网+知人论世】

1. 作者简介：周作人（1885 年 1 月 16 日—1967 年 5 月 6 日），原名櫆寿（后改为奎绶），字星杓，又名启明、启孟、起孟，笔名遐寿、仲密、岂明，号知堂、药堂、独应等。鲁迅（周树人）之弟，周建人之兄。浙江绍兴人。中国现代著名散文家、文学理论家、评论家、诗人、翻译家、思想家，中国民俗学开拓人，新文化运动的杰出代表。历任国立北京大学教授、东方文学系主任，燕京大学新文学系主任、客座教授。新文化运动中是《新青年》的重要同人作者，并曾任新潮社主任编辑。“五四运动”之后，与郑振铎、沈雁冰、叶绍钧、许地山等人发起成立“文学研究会”；并与鲁迅、林语堂、孙伏园等创办《语丝》周刊，任主编和主要撰稿人。曾经担任北平世界语学会会长。

2. 搜集周作人著述代表作，选一种列出学习的阅读要点。

【文本解读+鉴赏力】

《初恋》是周作人《夏夜梦》中的一篇，最初面世于“副刊的开山祖师”孙伏园主编的《晨报副镌》（1922 年 9 月 1 日）上。五四时期，周作人曾自述有三个恋人，除乾荣子外，杨三姑娘、郦姊（《娱园》）都有专文记述。

周作人的散文风格有两体：“浮躁凌厉”与“冲淡平和”。周作人的小品常将口语、文言和欧化语杂糅调和，产生一种涩味，很耐人咀嚼。有散文家评周作人：“他的作风，可用龙井茶来打比，看去全无颜色，喝到口里，一股清香，令人回味无穷。”

此文是周作人散文的典型代表。周作人散文体现出清淡之味，其中的一个层次便是感情上的淡化。有意思的是这篇文章的主题是写初恋。初恋应该是人生中最难忘最特别甚至浓墨重彩的一次情感体验，而在这篇《初恋》中，周作人却将这些难忘、特别、浓墨重彩虚化处理。在文章中模糊了初恋的面容、形体、语言等所有的要素，模糊了他和初恋之间发生的具体的故事，唯保留了些许淡淡的记忆片段，以及记忆中那种淡淡的情感，耐人寻味。这在一众写初恋的文章中独树一帜。

【阅读思考+创造力】

1. 谈谈周作人散文创作风格。

2. 思考本篇文章如何凸显出周作人的文风。

【互联网+拓展链接】

1. 课外阅读巴金《怀念萧珊》。

2. 查阅柔石的中篇小说《二月》。

麦琪的礼物

欧·亨利

一元八角七分，就这么些钱，其中六毛是一分一分的铜板，一个子儿一个子儿在杂货店老板、菜贩子和肉店老板那儿硬赖来的，每次闹得脸发臊，深感这种掂斤播两的交易实在丢人现眼。德拉反复数了三次，还是一元八角七分，而第二天就是圣诞节了。

除了扑倒在那破旧的小睡椅上哭嚎之外，显然别无他途。

德拉这样做了，可精神上的感慨油然而生，生活就是哭泣、抽噎和微笑，尤以抽噎占统治地位。

当这位家庭主妇逐渐平静下来之际，让我们看看这个家吧。一套带家具的公寓房子，每周房租8美元。尽管难以用笔墨形容，可它真真够得上“乞丐帮”这个词儿。

楼下的门道里有个信箱，可从来没有装过信，还有一个电钮，也从没有人的手指按响过电铃。而且，那儿还有一张名片，上写着“杰姆斯·迪林厄姆·杨先生”。

“迪林厄姆”这个名号是主人先前春风得意之际，一时兴起加上去的，那时候他每星期挣30美元。现在，他的收入缩减到20美元，“迪林厄姆”的字母也显得模糊不清，似乎它们正严肃地思忖着是否缩写成谦逊而又讲求实际的字母D。不过，每当杰姆斯·迪林厄姆·杨先生回家上楼，走进楼上的房间时，杰姆斯·迪林厄姆·杨太太，就是刚介绍给诸位的德拉，总是把他称作“吉姆”，而且热烈地拥抱他。那当然是再好不过的了。

德拉哭完之后，往面颊上抹了抹粉。她站在窗前，痴痴地瞅着灰蒙蒙的后院里一只灰白色的猫正行走在灰白色的篱笆上。明天就是圣诞节，她只有一元八角七分给吉姆买一份礼物。她花去好几个月的时间，用了最大的努力一分一分地积攒下来，才得了这样一个结果。一周20美元实在经不起花，支出大于预算，总是如此。只有一元八角七分给吉姆买礼物，她的吉姆啊。她花费了多少幸福的时日筹划着要送他一件可心的礼物，一件精致、珍奇、贵重的礼物——至少应有点儿配得上吉姆所有的东西才成啊。

房间的两扇窗子之间有一面壁镜。也许你见过每周房租8美元的公寓壁镜吧。一个非常瘦小而灵巧的人，从观察自己在一连串的纵条影像中，可能会对自己的容貌得到一个大致精确的概念。德拉身材苗条，已精通了这门子艺术。

突然，她从窗口旋风般地转过身来，站在壁镜前面。她两眼晶莹透亮，但20秒钟之内她的面色失去了光彩。她急速地拆散头发，使之完全泼撒开来。

现在，杰姆斯·迪林厄姆·杨夫妇俩各有一件特别引以为自豪的东西。一件是吉姆的金表，是他祖父传给父亲，父亲又传给他的传家宝；另一件则是德拉的秀发。如果示巴女王[1]也住在天井对面的公寓里，总有一天德拉会把头发披散下来，露出窗外晾干，使那女王的珍珠宝贝黯然失色；如果地下室堆满金银财宝、所罗门王又是守门人的话，每当吉姆路过那儿，准会摸出金表，好让那所罗门王忌妒得吹胡子瞪眼睛。

此时此刻，德拉的秀发泼撒在她的周围，微波起伏，光芒闪耀，有如那褐色的瀑布。她的美发长及膝下，仿佛是她的一件长袍。接着，她又神经质地赶紧把头发梳好。踌躇了一分钟，一动不动地立在那儿，破旧的红地毯上溅落了一两滴眼泪。

她穿上那件褐色的旧外衣，戴上褐色的旧帽子，眼睛里残留着晶莹的泪花，裙子一摆，便飘出房门，下楼来到街上。

她走到一块招牌前停下来，上写着："索弗罗妮夫人——专营各式头发"。德拉奔上楼梯，气喘吁吁地定了定神。那位夫人身躯肥大，过于苍白，冷若冰霜，同"索弗罗妮"的雅号简直牛头不对马嘴。

"你要买我的头发吗？" 德拉问。

"我买头发，" 夫人说，"揭掉帽子，让我看看发样。"

那褐色的瀑布泼撒了下来。

"20 美元。" 夫人一边说，一边内行地抓起头发。

"快给我钱。" 德拉说。

呵，接着而至的两个小时犹如长了翅膀，愉快地飞掠而过。请不用理会这胡诌的比喻。她正在彻底搜寻各家店铺，为吉姆买礼物。

她终于找到了，那准是专为吉姆特制的，绝非为别人。她找遍了各家商店，哪儿也没有这样的东西：一条朴素的白金表链，镂刻着花纹。正如一切优质东西那样，它只以货色论长短，不以装潢来炫耀。而且它正配得上那只金表。她一见这条表链，就知道一定属于吉姆所有。它就像吉姆本人，文静而有价值——这一形容对两者都恰如其分。她花去 21 美元买下了，匆匆赶回家，只剩下八角七分钱。金表匹配这条链子，无论在任何场合，吉姆都可以毫无愧色地看时间了。

尽管这只表华丽珍贵，因为用的是旧皮带取代表链，他有时只偷偷地瞥上一眼。

德拉回家之后，她的狂喜有点儿变得审慎和理智了。她找出烫发铁钳，点燃煤气，着手修补因爱情加慷慨所造成的破坏，这永远是件极其艰巨的任务，亲爱的朋友们——简直是件了不起的任务呵。

不出 40 分钟，她的头上布满了紧贴头皮的一绺绺小卷发，使她活像个逃学的小男孩。她在镜子里老盯着自己瞧，小心地、苛刻地照来照去。

"假如吉姆看我一眼不把我宰掉的话，" 她自言自语，"他定会说我像个科尼岛上合唱队的卖唱姑娘。但是我能怎么办呢——唉，只有一元八角七，我能干什么呢？"

七点钟，她煮好了咖啡，把煎锅置于热炉上，随时都可做肉排。

吉姆一贯准时回家。德拉将表链对叠握在手心，坐在离他一贯进门最近的桌子角上。接着，她听见下面楼梯上响起了他的脚步声，她紧张得脸色失去了一会儿血色。她习惯于为了最简单的日常事物而默默祈祷，此刻，她悄声道："求求上帝，让他觉得我还是漂亮的吧。"

门开了，吉姆步入，随手关上了门。他显得瘦削而又非常严肃。可怜的人儿，他才 22 岁，就挑起了家庭重担！他需要买件新大衣，连手套也没有呀。吉姆站在屋里的门口边，纹丝不动，好像猎犬嗅到了鹌鹑的气味似的。他的两眼固定在德拉身上，其神情使她无法理解，令她毛骨悚然。既不是愤怒，也不是惊讶，又不是不满，更不是嫌恶，根本不是她所预料的任何一种神情。他仅仅是面带这种神情死死地盯着德拉。

德拉一扭腰，从桌上跳了下来，向他走过去。

“吉姆，亲爱的，”她喊道，“别那样盯着我。我把头发剪掉卖了，因为不送你一件礼物，我无法过圣诞节。头发会再长起来——你不会介意，是吗？我非这么做不可。我的头发长得快极了。说‘恭贺圣诞’吧！吉姆，让我们快快乐乐的。你肯定猜不着我给你买了一件多么好的——多么美丽精致的礼物啊！”

“你已经把头发剪掉了？”吉姆吃力地问道，似乎他绞尽脑汁也没弄明白这明摆着的事实。

“剪掉卖了，”德拉说，“不管怎么说，你不也同样喜欢我吗？没了长发，我还是我嘛，对吗？”

吉姆古怪地四下望望这房间。“你说你的头发没有了吗？”他差不多是白痴似地问道。

“别找啦，”德拉说，“告诉你，我已经卖了——卖掉了，没有啦。这是圣诞前夜，好人儿。好好待我，这是为了你呀。也许我的头发数得清，”突然她特别温柔地接下去，“可谁也数不清我对你的恩爱啊。我做肉排吗，吉姆？”

吉姆好像从恍惚之中醒来，把德拉紧紧地搂在怀里。现在，别着急，先让我们花个十秒钟从另一角度审慎地思索一下某些无关紧要的事。房租每周 8 美元，或者 100 万美元——那有什么差别呢？数学家或才子会给你错误的答案。麦琪[2]带来了宝贵的礼物，但就是缺少了那件东西。这句晦涩难懂的话，下文将有所交代。

吉姆从大衣口袋里掏出一个小包，扔在桌上。“别对我产生误会，德尔，”他说道，“无论剪发、修面，还是洗头，我以为世上没有什么东西能减低一点点对我妻子的爱情。不过，你只要打开那包东西，就会明白刚才为什么使我愣头愣脑了。”

白皙的手指灵巧地解开绳子，打开纸包。紧接着是欣喜若狂的尖叫，哎呀！突然变成了女性神经质的泪水和哭泣，急需男主人千方百计地慰藉。

还是因为摆在桌上的梳子——全套梳子，包括两鬓用的，后面的，样样俱全。那是很久以前德拉在百老汇的一个橱窗里见过并羡慕得要死的东西。这些美妙的发梳，纯玳瑁做的，边上镶着珠宝——其色彩正好同她失去的美发相匹配。她明白，这套梳子实在太昂贵了，对此，她仅仅是羡慕渴望，但从未想到过据为己有。现在，这一切居然属于她了，可惜那有资格佩戴这垂涎已久的装饰品的美丽长发已无影无踪了。

不过，她依然把发梳搂在胸前，过了好一阵子才抬起泪水迷蒙的双眼，微笑着说：“我的头发长得飞快，吉姆！”

随后，德拉活像一只被烫伤的小猫跳了起来，叫道：“喔！喔！”

吉姆还没有瞧见他的美丽的礼物哩。她急不可耐地把手掌摊开，伸到他面前，那没有知觉的贵重金属似乎闪现着她的欢快和热忱。

“漂亮吗，吉姆？我搜遍了全城才找到了它。现在，你每天可以看 100 次时间了。把表给我，我要看看它配在表上的样子。”

吉姆非但不按她的吩咐行事，反而倒在睡椅上，两手枕在头下，微微发笑。

“德尔，”他说，“让我们把圣诞礼物放在一边，保存一会儿吧。它们实在太好了，目前尚不宜用。我卖掉金表，换钱为你买了发梳。现在，你做肉排吧。”

正如诸位所知，麦琪是聪明人，聪明绝顶的人，他们把礼物带来送给出生在马槽里的耶稣。他们发明送圣诞礼物这玩意儿。由于他们是聪明人，毫无疑问，他们的礼物也是聪明的礼物，如果碰上两样东西完全一样，可能还具有交换的权利。在这儿，我已经笨拙地给你们介绍了住公寓套间的两个傻孩子不足为奇的平淡故事，他们极不明智地为了对方而牺牲了他们家最宝贵的东西。不过，让我们对现今的聪明人说最后一句话，在一切馈赠礼品的人当中，那两个人是最聪明的。在一切馈赠又接收礼品的人当中，像他们两个这样的人也是最聪明的。无论在任何地方，他们都是最聪明的人。

他们就是麦琪。

【互联网+注释】

1. 了解下列字词：

[1] 示巴女王（Queen of Sheba）：基督教《圣经》中朝觐所罗门王，以测其智慧的示巴女王，她以美貌著称。

[2] 麦琪（Magi，单数为 Magus）：指圣婴基督出生时来自东方送礼的三贤人，载于《圣经·马太福音》第二章第一节和第七～十三节。

2. 理解下列语句的意思：

[1] 由于他们是聪明人，毫无疑问，他们的礼物也是聪明的礼物，如果碰上两样东西完全一样，可能还具有交换的权利。在这儿，我已经笨拙地给你们介绍了住公寓套间的两个傻孩子不足为奇的平淡故事，他们极不明智地为了对方而牺牲了他们家最宝贵的东西。

[2] 不过，让我们对现今的聪明人说最后一句话，在一切馈赠礼品的人当中，那两个人是最聪明的。在一切馈赠又接收礼品的人当中，像他们两个这样的人也是最聪明的。无论在任何地方，他们都是最聪明的人。

【互联网+知人论世】

1. 作者简介：欧·亨利（O. Henry，原名威廉·西德尼·波特，1862—1910）是美国现代短篇小说的奠基人，他的作品编织了一个个幽默而伤感的故事，有“美国生活的幽默百科全书”之称。作家的一生十分坎坷，3 岁丧母的欧·亨利跟着当教员的姑姑学习，17 岁当学徒，后来到银行当出纳员，之后办过杂志社；由于银行的怀疑使得他惹上了官司，被迫逃往洪都拉斯；回国探望重病的妻子，得到的却是妻子病故的噩耗与他被判监禁五年的双重打击。欧·亨利与法国作家莫泊桑以及俄国作家契诃夫齐名，是享誉世界的短篇小说三位大师之一。但比起另外两人，欧·亨利所经受的磨难与非议则多得多，人生之路也异常坎坷曲折。欧·亨利的一生充满了不幸。然而艰辛的生活成了作家灵感的源泉，并最终磨砺出一代文学巨匠。这不能不说是生活对作家的一种幽默，仿佛作家人生中的“欧·亨利式的结尾”。

2. 根据搜集的欧·亨利的经历资料，谈谈作家经历与创作的关系。

【文本解读+鉴赏力】

《麦琪的礼物》讲述的是一个圣诞节里发生在社会下层的小家庭中的故事。男女主人公都为对方舍弃了自己最宝贵的东西，而换来的礼物却因此变得毫无意义。

对于欧·亨利作品的阅读体验用坐过山车形容也不为过。他的小说完全以情节取胜。不同于传统的美国短篇小说，他的作品构思奇巧，文章的结局往往出人意料，而仔细分析又似乎在情理之中。正如《麦琪的礼物》的结尾暗含着两个层次。其一，夫妻二人为了对方舍弃了自己最宝贵的东西，这是多么让人激动的礼物，这是多么可贵的爱情。而最后却出人意料的，“吉姆非但不按她的吩咐行事，反而倒在睡椅上，两手枕在头下，微微发笑。他说：‘让我们把圣诞礼物放在一边，保存一会儿吧。它们实在太好了，目前尚不宜用。我卖掉金表，换钱为你买了发梳。现在，你做肉排吧。’”于是之前发生的这一切好像变得毫无意义，由“含泪的笑”成功过渡到了“含笑的泪”。既歌颂了这段平凡的却弥足珍贵的爱情，又探讨人性的被压抑性。这就是欧·亨利小说的最突出的特点，被称为“欧·亨利式的结尾”。

【阅读思考+创造力】

1. 结合作品分析欧·亨利小说的艺术特色。
2. “含泪的微笑”仍然出现在本文中，概括作者塑造男、女主人公形象的手法。

【互联网+拓展链接】

1. 拓展阅读莫泊桑、马克·吐温经典短篇小说。
2. 认真阅读欧·亨利的代表性佳作。

第五章 自然生态

论衡·自然篇（节选）

王充

天地合气[1]，万物自生，犹夫妇合气，子自生矣。万物之生，含血之类[2]，知饥知寒。见五谷可食，取而食之；见丝麻可衣，取而衣之。或说以为天生五谷以食人，生丝麻以衣人。此谓天为人作农夫桑女之徒也，不合自然，故其义疑，未可从也。

草木之生，华[3]叶青葱，皆有曲折，象类文章[4]，谓天为文字[5]，复为华叶乎？宋人或刻木为楮叶者，三年乃成。孔子曰："使天三年乃成一叶，则万物之有叶者寡矣。"如孔子之言，万物之叶自为生也。自为生也，故能并成。如天为之，其迟当若宋人刻楮叶矣。观鸟兽之毛羽，毛羽之采[6]色，通可为乎？鸟兽未能尽实[7]。

春观万物之生，秋观其成，天地为之乎？物自然也。如谓天地为之，为之宜用手，天地安得万万千千手，并为万万千千物乎？诸物在天地之间也，犹子在母腹中也。母怀子气，十月而生，鼻、口、耳、目、发肤、毛理、血脉、脂腴、骨节、爪齿，自然成腹中乎？母为之也？偶人千万，不名为人者，何也？鼻、口、耳、目非性[8]自然也。然虽自然，亦须有为辅助。耒耜[9]耕耘，因春播种者，人为之也；及谷入地，日夜长大，人不能为也。或为之者，败之道也。宋人有闵[10]其苗之不长者，就而揠之，明日枯死。夫欲为自然者，宋人之徒也。

儒家说夫妇之道，取法于天地，知夫妇法天地，不知推夫妇之道，以论天地之性，可谓惑矣。夫天覆于上，地偃于下，下气蒸[11]上，上气降下，万物自生其中间矣。当其生也，天不须复与[12]也，由[13]子在母怀中，父不能知也。物自生，子自成，天地父母，何与知哉？及其生也，人道有教训之义。天道无为，听恣其性，故放鱼于川，纵兽于山，从其性命[14]之欲也。不驱鱼令上陵，不逐兽令入渊者，何哉？拂诡[15]其性，失其所宜也。夫百姓，鱼兽之类也。上德治之，若烹小鲜[16]，与天地同操也。

【互联网+注释】

1. 掌握下列字词：

[1] 气：元气。古人认为“气”是构成客观世界的最基本物质。

[2] 含血之类：含有血气的，这里指人类。

[3] 华：同“花”。

[4] 文章：花纹。文，即“纹”，指交错的纹路。章，图样。

[5] 文字：此处指前文（已节略）提到的“河图洛书”。相传河图曾启发伏羲演成八卦，洛书曾指引大禹治水成功，两者都是上古传说中上天用以指导人类文明发展的祥瑞之物。

[6] 采，彩。

[7] 鸟兽未能尽实：用鸟兽的例子还不能完全地讲明其中的道理。

[8] 性：天生，先天。

[9] 耒耜（lěi sì）：古代一种翻土的农具。

[10] 闵：忧虑，担心。

[11] 蒸（zhēng）：气体上升。

[12] 与：通“豫”，参加，干预。

[13] 由：通“犹”，如同，好像。

[14] 性命：天性。性，本性；命，天命，上天赋予。

[15] 拂诡：违背。

[16] 若烹小鲜：就像煮小鱼一样，不要乱翻乱搅加以干预。《老子》：“治大国若烹小鲜。”蒋锡昌《〈老子〉校诂》：“夫烹小鲜者不可挠，挠之则鱼碎。”

2. 理解下列语句的意思：

[1] 物自生，子自成，天地父母，何与知哉？

[2] 春观万物之生，秋观其成，天地为之乎？物自然也。

【互联网+知人论世】

1. 作者简介：王充（27—约97），字仲任，会稽上虞（今浙江上虞）人，东汉杰出的唯物主义思想家。王充博学善辩，早年曾进太学学习，拜班彪为师。多次被征聘为地方属官，都自己辞职离去。所著《论衡》凡85篇，解释天地万物，纠辩时人疑惑，是中国历史上一部不朽的唯物主义著作。

王充的思想学说，以道家的自然“无为”为立论宗旨，以“天”为天道观的最高范畴，以“气”为核心，构筑出庞大的宇宙生成模式。同时，他强调：“人不能以行感天，天亦不能随行而应人。”认为社会的政治、道德与自然界的灾异无关，董仲舒所谓“天人感应”的说法只是人们以自己的想法去比拟天的结果。他还提出“神灭无鬼”，批判有鬼论及各种世俗迷信思想，主张生死自然，力倡薄葬。他以事实验证言论，弥补了道家空说无着的缺陷，是汉代道家思想的重要传承者与发展者。不过，王充虽然反对神学目的论，但他不了解造成吉凶祸福和贫富贵贱的社会原因，因而主张命定论；虽然反对“天人感应”，却又宣扬“瑞应”。

2. 王充用了30年时间写成的《论衡》，“疾虚妄”，充满了战斗精神。这本著作对当时居于汉代儒学核心的“天人感应”说进行了无情的批判，对当时人们的各种迷信思想进行了猛烈抨击。《论衡》的大多数观点是对当时秩序的背离和否定，是对当时主流文化的强烈抵制和对抗。提出这样一种难以被当时大多数人认同的观点，堪称“异端”。王充不与时苟合，坚持独立思考，敢于阐述自身观点，充分体现了他的大无畏精神；其思想学识，超越了他自身所处的年代，极具前瞻性，虽有瑕疵，亦难能可贵。

【文本解读+鉴赏力】

汉代儒学独尊。以董仲舒为代表的汉儒认为“天者，群物之主也”（《汉书·董仲舒传》），“天地之生物也，以养人”（《春秋繁露·服制象》）。他们把人间的一切都说成是上天有意安排的。王充在本篇里集中批判了这种神学目的论，阐述了他的自然观。

文章一开始，王充就摆明观点，认为天地都是客观存在的物质实体，人和万物都是天地运动施放出来的“恬淡无欲，无为无事”的“气”构成的，是自然而然产生的。“天地合气，万物自生”，就像“夫妇合气，子自生”一样。王充的这一思想，与早期道家学说一脉相承。老子《道德经》说：“天地不仁，以万物为刍狗。”意思是，天地按照自身规律运转，对待万物，就好像对待那个祭祀后丢掉的祭品一样，并没有对人特别好，也没有对其他物种特别坏。换句话说，不管万物变成什么样子，那都是万物自我生长的结果，与天地无关。天地让万物自然生灭，犹如春雨随风入夜，润物无声。

王充认为，当时的儒家说“天生五谷以食人，生丝麻以衣人”，天地生万物以服务人类的说法，是“不合自然”的说法，“未可从也”。文章举了“刻木为叶”“怀胎十月”“揠苗助长”等例子，来分析、论证这种说法的荒谬。

在此基础上，王充通过再次强调“物自生”，提出了“从其性”的观点，认为治理天下（百姓），最好的办法是“若烹小鲜”。即顺其自然，引导为主；不要乱加干涉，瞎折腾。

本文先是亮明自己的观点，然后从反面举例，通过分析、论证，驳斥反方的荒诞不经，最后提出自己的治理主张。全文结构紧凑，行文如水入渠，一气呵成。

【阅读思考+创造力】

1. 查阅相关文献资料，结合研究动态，分析王充独特思想和行为的成因。
2. 中国历史上还有哪些像王充一样，坚持独立思考，思想超越时代的人物？

【互联网+拓展链接】

1. 阅读《荀子·天道》，并将其与本文进行比较，分析两篇文章在思想上的相同点和不同点。

2. 撰写一则300~500字的小短文，仿照本文体例，针对当今社会上流行的某种荒谬观点或现象进行辩驳。

走马川行奉送封大夫出师西征[1]

岑参

君不见走马川行雪海[2]边，平沙莽莽黄入天。
轮台[3]九月风夜吼，一川碎石大如斗，随风满地石乱走。
匈奴[4]草黄马正肥，金山[5]西见烟尘飞，汉家大将西出师。
将军金甲夜不脱，半夜军行戈相拨，风头如刀面如割。
马毛带雪汗气蒸，五花连钱[6]旋作冰，幕中草檄砚水凝。
虏骑闻之应胆慑，料知短兵不敢接，车师[7]西门伫献捷。

【互联网+注释】

1. 掌握下列字词：

[1] 走马川：即车尔成河，又名左末河，在今新疆境内。行：诗歌的一种体裁。封大夫：封常清，唐朝将领，蒲州猗氏人，以军功擢升安西副大都护、安西四镇节度副大使、知节度事，后又升任北庭都护，持节安西节度使。西征：一般认为是出征播仙。

[2] 雪海：泛指西北苦寒之地。

[3] 轮台：地名，在今新疆轮台县。

[4] 匈奴：泛指西域游牧民族。

[5] 金山：指今新疆乌鲁木齐东面的博格多山。

[6] 五花连钱：五花、连钱，指马斑驳的毛色。

[7] 车师：为唐北庭都护府治所庭州，今新疆乌鲁木齐东北。伫：等待。献捷：献上贺捷诗章。

2. 理解下列语句的意思：

[1] 匈奴草黄马正肥。

[2] 金山西见烟尘飞。

[3] 汉家大将西出师。

【互联网+知人论世】

1. 作者简介：岑参（约公元 714—770），生于河南省南阳县。曾两度从军，充任安西节度使府掌书记及安西、北庭节度判官。岑参与高适并称，都是以反映边塞生活著称的优秀诗人，在艺术上极富幻想色彩，善于运用变化无端的笔触，描绘现实生活中的体验，有作品集《岑嘉州集》十卷。

2. 行：古代诗歌的一种体裁，其来源是汉代以来的乐府，但唐人的歌行体诗大多数并不与音乐配合，是用旧题来写新意，或者立新题、记新事，不受乐府古题的限制。由于歌行体裁有善于叙事、风格豪迈的特点，唐代很多边塞诗都采用这一体裁。

【文本解读+鉴赏力】

天宝十三年（754年），封长清受命为北庭都护、西伊节度、瀚海军使，奏调岑参为安西、北庭节度判官，军府驻轮台，此诗即是岑参在轮台时所作。封长清于是年领朝命摄御史大夫职，故称封大夫。西征，即出征播仙城。“走马川”是音译，指今新疆境内的车尔成河，又名且末河、左末河，是出征播仙的必经之地。出征之时，岑参写下这一名篇，为封长清送行。全诗气势奔放，雄壮激昂，语意奇幻，充满着强烈的乐观主义精神，传达出盛世唐朝的蓬勃气象。

诗歌首先描写了边疆绝域的独特自然风光和恶劣的作战环境：无边无际的黄沙大漠，乱吼乱飞的狂风碎石，“大如斗”“满地走”等奇特语句既夸张又生动地写出了完全迥然于中原的另一方天地。

接下来点明战争的时间和起因。由于匈奴习惯在秋天草足马肥之际南下骚扰中原边境，以至于塞外弥漫着战争的硝烟。为了扬国威、护疆土，于是有了封大夫振奋人心的“出师西征”。

随后用衬托的手法，描绘了在作者想象中的一场激烈而艰难的战争。风如刀割，砚水冻结，马毛带雪，将军战甲僵硬。面对这样的苦寒天气，封大夫身先士卒，率领唐军勇往直前，这样的勇气和锐气足以让敌军胆寒溃散。最后顺势而下，从豪情满怀的想象中回归现实，充满自信地预祝封大夫一战成功，自豪之情溢于言表。

【阅读思考+创造力】

1. 你是否了解“盛唐气象”？请谈谈你的看法。
2. 诗中哪些句子用了反衬手法？
3. 怎样理解岑参诗歌“语奇”“意奇”的特点？

【互联网+拓展链接】

1. 读一读高适的《燕歌行》，对比两诗的异同。
2. 了解古代匈奴民族与中原王朝之间的战争史。

一派白虹起

吴承恩

一派白虹起，千寻[1]雪浪飞。
海风吹不断，江月照还依。
冷气分青嶂，馀流润翠微。
潺湲[2]名瀑布，真似挂帘帷。

【互联网+注释】

1. 掌握下列字词：

［1］千寻：古以八尺为一寻。“千寻”，形容极高或极长。

[2] 潺湲（chán yuán）：水流徐缓的样子。

2. 理解下列语句的意思：

[1] 冷气分青嶂，馀流润翠微。

[2] 潺湲名瀑布，真似挂帘帷。

【互联网+知人论世】

1. 作者简介：吴承恩（约1500—1583），男，字汝忠，号射阳。汉族，淮安府山阳县（今江苏淮安）人。祖籍安徽，以祖先聚居枞阳高甸，故称高甸吴氏。

吴承恩生于一个由学官沦落为商人的家庭，家境清贫。自幼敏慧，博览群书，喜读野言稗史、志怪小说。但科举不利，直到大约50岁（1550年，嘉靖二十九年）补“岁贡生”；1551年（嘉靖三十年）吴承恩接任河南新野县知县。1558年（嘉靖三十七年），终因受人诬告，“拂袖而归”，闭门著述。1566年（嘉靖四十五年）任浙江长兴县丞。晚年根据民间流传的唐僧取经故事和有关话本、杂剧，在50岁左右写出的前十几回的基础上，最终完成著名长篇小说《西游记》。

2. 搜集整理发现《西游记》作者为吴承恩的资料。

3. 搜索道家和海德格尔自然观，比较异同。

【文本解读+鉴赏力】

本诗大气磅礴！它似见证人一样，为现实社会勾勒出人间难见的水帘洞样貌。这首作品曾被拿给许多大、中学生鉴赏，其中大部分人不知道它出自《西游记》。根据统计数据，1986版电视剧《西游记》播放了2 000多次，深受小朋友的欢迎，可以说这部魔幻离奇的电视剧陪伴着孩子们快乐的童年。很多人以为精彩的音像视频已经让小朋友熟记在脑，殊不知改编的影视作品始终无法代替经典原著，重视孩子教育的家长还是要督促孩子认真阅读原著文本。

齐天大圣孙悟空的神仙洞府就是不一样！诗中描绘的水帘洞绝对不是人间所能见到的，就是各地开发建设的穷尽人力物力的“水帘洞”也不能与之相提并论，原因就在于文学艺术已经超越了现实生活的种种局限，大量的比喻句把人间能见到的奇景叠加到一起，不同的景观共同形塑了齐天大圣孙悟空的绝佳住所。水帘洞是孙悟空成为花果山猴王的见证者，考验了他的勇气、智慧、本领等，也是推动故事情节发展所不可或缺的道具。这个日月精华孕育的石猴儿来历神奇，它活动的地点当然也不能平凡，要能与天地同寿、与日月同光，能打破时空限制。好一个齐天大圣，好一个水帘洞！

【阅读思考+创造力】

1. 选诗的标题根据编纂习惯，沿用第一句作为标题。请根据阅读体会自拟新的题目。

2. 系统归纳诗歌写作的艺术手法。

【互联网+拓展链接】

1. 课外阅读《西游记》第一回，领略小说创作技巧。

2. 查阅鲁迅《中国小说史略》中与《西游记》相关内容。

3. 阅读荷尔德林《人，诗意的栖居》，深刻领会人与自然和谐相处的道理。

临江仙·滚滚长江东逝水

杨慎

滚滚长江东逝水，浪花淘尽英雄。是非成败转头空，青山依旧在，几度夕阳红。

白发渔樵江渚[1]上，惯看秋月春风。一壶浊[2]酒喜相逢，古今多少事，都付笑谈中。

【互联网+注释】

1. 掌握下列字词：

[1] 江渚（zhǔ）：江中小洲。亦指江边。

[2] 浊（zhuó）：不清澈，不干净。与“清”相对。浊酒：用糯米、黄米等酿制的酒，较混浊。

2. 理解下列语句的意思：

[1] 滚滚长江东逝水，浪花淘尽英雄。

[2] 一壶浊酒喜相逢，古今多少事，都付笑谈中。

【互联网+知人论世】

1. 作者简介：杨慎（1488—1559），字用修，初号月溪、升庵，又号逸史氏、博南山人、洞天真逸、滇南戍史、金马碧鸡老兵等。四川新都（今成都市新都区）人，祖籍庐陵。明代著名文学家，明代三才子之首，东阁大学士杨廷和之子。出身书香门第官宦之家，幼时受过良好的教育，少年即以文出名。

杨慎于正德六年（1511年）状元及第，官翰林院修撰，参与编修《武宗实录》。因武宗欲微行出居庸关，上疏抗谏。世宗继位，复为翰林修撰，任经筵讲官。嘉靖三年（1524年），因“大礼议”受廷杖，谪戍于云南永昌卫。曾率家奴助平寻甸安铨、武定凤朝文叛乱，此后虽往返于四川、云南等地，最后仍终老于永昌卫。嘉靖三十八年（1559年），杨慎卒于戍所，年72。明穆宗时追赠光禄寺少卿，明熹宗时追谥“文宪”，世称“杨文宪”。

杨慎在滇南30年，后人论及明代记诵之博、著述之富，推杨慎为第一。又能文、词及散曲，论古考证之作范围颇广。其诗沉酣六朝，揽采晚唐，创为渊博靡丽之词，造诣深厚，独立于当时风气之外。著作达400余种，后人辑为《升庵集》。

2.《临江仙·滚滚长江东逝水》是明代文学家杨慎所作《廿一史弹词》第三段《说秦汉》的开场词，后毛宗岗父子评刻《三国演义》时将其放在卷首。谈谈这首词与三国文化的渊源关系。

【文本解读+鉴赏力】

中国人大都比较熟悉三国故事，好多人都能讲述三国中的英雄人物故事，常常是兴奋、惋惜、感叹五味杂陈，甚至还能为某个英雄作战或君王治国出谋划策。是替古人担忧，还是读者内心当中都有一种英雄情结？还是跳出三国说三国吧，要的是理性、客观地看待感兴趣的一切。杨慎的这首作品本不是因感慨三国而写，却给出了解读三国的理性视角，特别是又作为央视版电视剧《三国演义》主题歌词而为人传唱熟知。

人活着是为什么？借历史兴亡抒发人生感慨，联系到华夏大地曾经的无数英雄，都像过眼云烟消失不见了，刀光剑影、战火硝烟、明争暗斗、口蜜腹剑等，都随着流逝的江水彻底埋葬在历史的深渊里了。面对千古英雄，伴着一代代豪杰的青山、夕阳，千古仍在；毫不起眼的白发渔翁、樵夫茶余饭后纵谈古今，可以对英雄豪杰随意嘲笑。过去的就都过去了吗？重视历史一直是我们的传统，还是要记住杜牧的那句话：不要让后人重复哀叹、感伤历史的悲剧一再发生。

历史真实无情，人生多愁善感。该词把眼前的江水、青山、夕阳放入辽阔的时空当中，营造了高远悲壮的格调，白发渔樵、秋月春风、浊酒笑谈等一连串的动感意象把人、事自然地融汇一起，创造了感叹历史兴亡、寻找生命永恒真谛的艺术效果。虽说历史无情，还是希望后人能创造更美好的历史。

【阅读思考+创造力】

1. 结合《六月十四日病中感怀》诗"七十余生已白头，明明律例许归休。归休已作巴江叟，重到翻为滇海囚"，理解词中作者的历史观。

2. 文中提到的白发渔樵有何寓意？搜集整理古代文学作品中的渔樵形象。

【互联网+拓展链接】

1. 课外阅读《三国演义》第三十七回、第三十八回，你如何看待诸葛亮出山建功立业？

2. 阅读黄娥《罗江怨》散曲，谈谈杨慎与她的真挚情感。

西湖七月半

张岱

西湖七月半，一无可看，止可看看七月半之人。看七月半之人，以五类看之。其一，楼船箫鼓，峨冠盛筵，灯火优傒[1]，声光相乱，名为看月而实不见月者，看之；其一，亦船亦楼，名娃闺秀，携及童娈，笑啼杂之，环坐露台[2]，左右盼望，身在月下而实不看月者，看之；其一，亦船亦声歌，名妓闲僧，浅斟低唱，弱管轻丝，竹肉相发，亦在月下，亦看月，而欲人看其看月者，看之；其一，不舟不车，不衫不帻[3]，酒醉饭饱，呼群三五，跻入人丛，昭庆、断桥[4]，嚣呼嘈杂，装假醉，唱无腔曲，月亦看，看月者亦看，不看月者亦看，而实无一看者，看之；其一，小船轻幌[5]，净几暖炉，茶铛[6]旋煮，素瓷[7]静递，好友佳人，邀月同坐，或匿影树下，或逃嚣里湖，看月而人不见其看月之态，亦不作意看月者，看之。

杭人游湖，巳出酉归，避月如仇。是夕好名，逐队争出，多犒门军酒钱，轿夫擎燎[8]，列俟岸上。一入舟，速命舟子急放断桥，赶入胜会。以故二鼓以前，人声鼓吹，如沸如撼，如魇如呓，如聋如哑，大船小船一齐凑岸，一无所见，止见篙击篙，舟触舟，肩摩肩，面看面而已。少刻兴尽，官府席散，皂隶[9]喝道去，轿夫叫船上人，怖以关门，灯笼火把如列星，一一簇拥而去。岸上人亦逐队赶门，渐稀渐薄，顷刻散尽矣。

吾辈始舣[10]舟近岸，断桥石磴始凉，席其上，呼客纵饮。此时月如镜新磨，山复整妆，湖复頮面[11]，向之浅斟低唱者出，匿影树下者亦出，吾辈往通声气，拉与同坐。韵友来，名妓至，杯箸安，竹肉发。月色苍凉，东方将白，客方散去。吾辈纵舟，酣睡于十里荷花之中，香气拍人，清梦甚惬。

【互联网+注释】

1. 掌握下列字词：

［1］优傒：娼优及仆从。

［2］露台：楼房上的平台。

［3］帻：古代男子包头发的头巾。

［4］昭庆、断桥：指昭庆寺、断桥，都是西湖名胜，为游人密集的地方。

［5］轻幌：轻细的帷幔。

［6］茶铛：煮茶的小锅。

［7］素瓷：精致雅洁的杯子。

［8］擎燎：举着火把。

［9］皂隶：衙役，皂和隶都是地位很低的差役。

［10］舣：停船靠岸。

［11］頮面：洗面，形容湖面重新呈现出明净的样子。

2. 理解下列语句的意思：

［1］亦船亦声歌，名妓闲僧，浅斟低唱，弱管轻丝，竹肉相发，亦在月下，亦看月，而欲人看其看月者，看之。

［2］少刻兴尽，官府席散，皂隶喝道去，轿夫叫船上人，怖以关门，灯笼火把如列星，一一簇拥而去。

【互联网+知人论世】

1. 作者简介：张岱（1597—1679?），浙江绍兴人。出生于官宦家庭，但不求仕进，过着一种鲜衣美食、游山玩水、品读诗书、鉴赏文艺的闲适生活。明亡后，他不愿侍奉清朝，遂藏匿深山之中，从事著述。他对往昔繁华，多有追忆，所著《陶庵梦忆》《西湖梦寻》即是他对过去生活片段的记录，流露出易代之际知识分子的感伤和对旧王朝的眷恋。张岱其人，为人风流不羁，为文任情纵性，极富灵趣，其小品文叙写流利清新，构思新奇，立意别致，是明代小品文中的精品。

2. 小品文：小品文是极富个性色彩的文体，是广义散文中的一种。它以篇幅小、形式灵活、内容随意为特点，其历史久远，至晚明而盛极一时。

【文本解读+鉴赏力】

张岱的一生，以明、清易代为转折点，分为截然不同的两种生活状态。明亡前，尤其是青少年时代，由于家境殷实，他过着精致讲究的富贵生活，自称“好鲜衣，好美食，好骏马，好华灯，好烟火，好梨园，好鼓吹，好古董，好花鸟”，是典型的贵族纨绔、风流才子。清人入关后，他却显示出汉族知识分子的尊严与气节，他耻于事清，遂藏匿深山，虽布衣粗食亦难以为继，但终不改其志，于艰难度日中眷眷不舍旧朝，常以追忆往昔繁华时光为趣，反映出时代变迁之下知识分子的伤感情绪与无可奈何的颓丧。《西湖七月半》主要追忆了晚明时期杭州七月半游西湖的盛况，于美好追忆中透露出无可奈何的惆怅，是其代表作之一。

文章开篇即出奇语，题为“西湖七月半”，却说“西湖七月半，一无可看，止可看看七月半之人”，这是张岱为文脱出窠臼，别具一格之处。西湖作为游览胜地，历代已不知被多少文人歌颂，西湖景色之美，已深入人心。张岱却能冷眼观察，角度独特而又细致入微，不写美景，偏写看景之人，写看景之人，又能见看景人之情趣风貌，而以五类人覆盖俗世众生态，既可见世风民俗，亦可见江南之繁华，令人神往。

第二段以“一无所见”呼应首段的“一无所看”，进一步夸写西湖七月半的热闹鼎沸。“避月如仇”四字可谓本段文眼，显示了作者善意的嘲笑和自诩清高的风流文人品质。

末段正式引出作者的游湖心得。作者游湖，有韵友佳人作陪，有美食好音为享，更能任情纵舟、酣睡十里荷花之中，非前二段俗世凡夫之游湖可比，在层层铺垫之下，凸显出此处美景与赏景人别具一格的诗情画意，塑造出文人清雅绝俗的姿态，令读者向往之余，也不禁深陷于往昔繁华难再的哀叹之中。

【阅读思考+创造力】

1. 对于看月的五类人，作者表现出何种态度？
2. 从本文可以看出张岱小品文的哪些特点？

【互联网+拓展链接】

1. 你还读过哪些写“望月”故事的文章？试跟本文进行对比。
2. 搜集资料，分析宋代的南渡词人在创作上与张岱有何异同。

游桂林诸山记

袁枚

凡山离城辄远，惟桂林诸山离城独近。余寓太守署中，晡食[1]后即于于焉而游。先登独秀峰，历三百六级诣其巅，一城烟火如绘。北下至风洞[2]，望七星岩，如七穹龟团伏地上。

次日过普陀，到栖霞寺。山万仞壁立，旁有洞，道人秉火导入。初尚明，已而沉黑窅渺。以石为天，以沙为地，以深壑为池，以悬崖为幔，以石脚插地为柱，以横石牵挂为栋梁。未入时，土人先以八十馀色目列单见示，如狮、驼、龙、象、渔网、僧磬之属，虽附会亦颇有因。至东方亮，则洞尽可出矣。计行二里馀，俾昼作夜，倘持火者不继，或堵洞口，如三良殉穆公[3]之葬，永陷坎窞[4]中，非再开辟不见白日。吁，其危哉！所云亮处者，望东首正白。开门趋往扪之，竟是绝壁。方知日光从西罅穿入，反映壁上作亮，非门也。世有自谓明于理、行乎义，而终身面墙者，率类是矣。

次日往南薰亭[5]。堤柳荫翳，山溪远萦绕，改险为平，别为一格。

又次日游木龙洞[6]。洞甚狭，无火不能入。垂石乳如莲房半烂，又似郁肉漏脯[7]，离离可摘。疑人有心腹肾肠，山亦如之。再至刘仙岩[8]，登阁望斗鸡山[9]，两翅展奋，但欠啼耳。腰有洞，空透如一轮明月。

大抵桂林之山，多穴，多窍，多耸拔，多剑穿虫齿。前无来龙，后无去踪，突然而起，戛然而止，西南无朋，东北丧偶，较他处山尤奇。余从东粤来，过阳朔，所见山业已应接不暇，单者，复者，丰者，杀者，揖让者，角斗者，绵延者，斩绝者，虽奇鸧九首、獾疏[10]一角，不足喻其多且怪也。得毋西粤所产人物，亦皆孤峭自喜，独成一家者乎?

记丙辰[11]余在金中丞署中，偶一出游，其时年少，不省山水之乐。今隔五十年而重来，一丘一壑，动生感慨，矧诸山之可喜可愕者哉?虑其忘，故咏以诗。虑未详，故又足以记。

【互联网+注释】

1. 掌握下列字词：

[1] 晡食（bū shí）：晚餐。亍亍：行动悠然自得的样子。

[2] 风洞：风洞山，一名叠彩山，在桂林市区偏北。山上有风洞岩。山层横断如叠彩缎。

[3] 穆公：秦穆公，名任好，在位38年，任用百里奚等贤臣，称霸西戎。死时以子车氏的三个儿子奄息、仲行、针虎为殉。三人均为当时著名贤士，故秦人作《黄鸟》诗哀之，称之为“三良”。

[4] 窞（dàn）：深坑。

[5] 南薰亭：在桂林市北虞山山半，宋代张拭所建。

[6] 木龙洞：在桂林市南。洞北悬崖旧有古木一株，倒挂石上，蜿蜒如龙，故名。

[7] 郁肉漏脯：不新鲜或腐败的肉。

[8] 刘仙岩：在桂林南溪山白龙洞南，相传宋人刘景居此，后成仙而去。

[9] 斗鸡山：以山形如斗鸡，故名斗鸡山。即穿山，在桂林市东。山半有穴，南北横贯，如月轮挂空，故又名日月岩。

[10] 奇鸧：即鸧鸹，传说中的怪鸟，一名鬼车，有九个头。郭璞《江赋》：“若乃龙鲤一角，奇鸧九头。”獾疏：据《山海经》，其状如马，一角有错，能御火。

[11] 丙辰：1736年（乾隆元年）。金中丞：金鉷，字震方，一字德山，山东登州人。历官太原知府，广西布政使、巡抚。中丞是对巡抚的别称。1736年，袁枚去桂林探望充金鉷幕僚的叔父，金鉷十分赏识他，荐举他应博学鸿词科考试。

2. 理解下列语句的意思：

[1] 初尚明，已而沉黑窅渺。

[2] 计行二里馀，俾昼作夜，倘持火者不继，或堵洞口，如三良殉穆公之葬，永陷坎窞中，非再开辟不见白日。

【互联网+知人论世】

1. 作者简介。袁枚（1716—1798），字子才，号简斋，晚年自号仓山居士、随园主人、随园老人。钱塘（今浙江杭州）人，祖籍浙江慈溪。清朝诗人、散文家、文学评论家和美食家。乾隆四年（1739年）进士，授翰林院庶吉士。乾隆七年（1742年）外调江苏，历任溧水、江宁、江浦、沭阳县令，乾隆十四年（1749年）辞官隐居于南京小仓山随园，吟咏其中，广收弟子，女弟子尤众。袁枚倡导“性灵说”，对儒家“诗教”表示不满。与赵翼、蒋士铨合称为“乾嘉三大家”，又与赵翼、张问陶并称“性灵派三大家”，为“清代骈文八大家”之一。文笔与纪昀齐名，时称“南袁北纪”。主要著作有《小仓山房文集》《随园诗话》及《补遗》，《随园食单》《子不语》《续子不语》等。

2. 袁枚喜欢追求山林之乐，曾游历了不少名山大川。请搜集相关资料并制作一幅“袁枚游踪地图”。

3. 清诗研究专家严迪昌先生在《清诗史》中提出“袁枚现象”，认为袁枚是一个真正意义上的专业诗人，在整个清代所有大家、名家诗人中找不出第二个。查找相关资料，看看严先生提出上述观点的依据是什么。

【文本解读+鉴赏力】

这篇游记作于1784年（乾隆四十九年），袁枚曾于1736年（乾隆元年）到过桂林，两次之间相隔将近50年。此次故地重游，袁枚已年届68岁，看得出来，他依然兴致盎然，短短几天足迹已踏遍桂林诸山，并为此创作了一系列相关的诗文。

桂林山水素有“甲天下”的美誉，奇峰竞秀，峻峭挺拔，洞幽景奇，鬼斧神工。这篇文章以游览时间为序，精准地抓住桂林诸山与溶洞别具一格，不同于他处的特点，娓娓道来，犹如一部记录片影像。本篇虽以“诸山”为题，却能够繁简有度，详略得当。作者以栖霞山洞为描写重点，突出它的幽深广袤，奇石琳琅。对于其他诸山诸景，则信手点染，下笔不多却能得山之神韵，同时注意在景物描摹中适当地插入自己的所感所悟，使景色栩栩如生而又充满理趣。

中国文学有寄情山水的传统，游记类精品可谓层出不穷。《文心雕龙·物色》有言：“诗人感物，联类不穷。流连万象之际，沉吟视听之区。写气图貌，既随物以宛转；属采附声，亦与心而徘徊。”意思是说，诗人流连于自然造化之中，就不该局限于对自然的单纯描摹，而应当注意追求心灵与自然的契合。袁枚提倡性灵，其含意包含性情、个性、诗才。性情是诗歌的第一要素，“性情之外本无诗”（《寄怀钱屿纱方伯予告归里》）。而这种性情要表现出诗人独特的个性，“作诗不可无我”（《随园诗话》卷七），《续诗品》辟“著我”一品，所谓“字字古有，言言古无”，就是明确提倡诗文“有我”之旨。这是性灵说审美价值的核心。然而光有个性、性情是不够的，还应该具备表现这一性情的诗才。“诗人无才，不能役典籍运心灵”（《蒋心余杂藏园诗序》），艺术构思中的灵机与才气、天分与学识要结合并重。这一理念表现在这篇游记中，就是作者能把亲身的感受深深地楔入自然，情、景、理交融互动，使人充分体验到自然的美。

【阅读思考+创造力】

1. 这篇游记中在哪些地方插入了作者的内心感受？其作用是什么？

2. 读了这篇文章，你对桂林诸山的特点有哪些了解？

【互联网+拓展链接】

1. 除了本篇游记，袁枚在桂林还有《十月八日同陆君景文、汪婿履青及府署中诸君子游栖霞七星洞，方知五十年前夏日阻水，游未尽其奇、诗未殚其妙，补作一章》《独秀峰》《南薰亭》等诗，见《小仓山房诗集》卷三十。有兴趣的同学可以查找并阅读。

2. 课外阅读陈淼《桂林山水》。

中国之美

赛珍珠

美国秋天的树林是美丽的，迷人的，唯有一个生长在异国他邦的美国人，才能完全领略。令我不解的是，在我回美国之前，竟然从未听到有人谈起过它。我先前一直生活在中国，那儿一片宁静，风景如画，自有其独特的可爱之处：清瘦的翠竹摇曳生姿，荷塘倒映出庙宇那翘起的飞檐，大地一片郁郁葱葱。业热带明媚的阳光和繁星密布的夜空，又使它显得千般的娇、万般的柔。夏去秋来，金菊盛开，但转眼又是萧瑟西风，黄花憔悴，一片苍凉。有道是：残秋不堪忍，蓄芳待来春。树木飘尽落叶，只留下灰暗的棕色树丫，在风中瑟瑟地抖动。几乎是一夜之间，大地就披上了素净的冬装。一切都是灰蒙蒙的。苍凉的天地间，蜷伏着几座小小的农家土屋，一切都没有了生气。人们也都裹进了深蓝色和灰色的棉袍中，失去了往日的活力。

这样，漫游东方之后，我踏上了美丽的英国原野，夏末的淡紫与黄褐的色调，令我神荡意迷。道道树篱，即使在樱草时节也不会更可爱。那一片如醉如梦的恬静，使人忘却尘世的烦恼，而沉醉于静谧的良田和座座古老的灰色石房，沉醉于静止的大气中袅袅上升的炊烟。英格兰大地笼罩着一片优美安逸的气氛，真不啻劳累过后酣然入梦。

带着这心绪，我横渡大西洋，直抵纽约城。喧嚣的纽约显示出的骇人的活力，除了坐惯了中国那慢悠悠的电车、黄包车和手推车的人，还有谁能感受得到呢？大街上，汽车一辆接着一辆，你刚躲过一辆，马上又有千百辆开过来——横过马路也成了惊心动魄的历险。相比之下，中国那些拦路抢劫的土匪也显得温和了。高架铁路上，火车隆隆驶过，令人头晕目眩；还有显然是宇宙腹部发出的地下呼啸。我被打着哈欠的地球迷住了，它在一个地方把人成百上千地吞将下去，又在数里以外的某个地方吐将出来，而这些人依然是匆匆忙忙，烦躁不安。沉闷的地铁让我不堪忍受，无轨电车也让我紧张万分。每当我抓紧电车里的吊带时，我就不无遗憾地忆起昔日在中国的情形：手推车缓缓前行，路旁几池碧水，鸭儿悠然划动双蹼；我不时探身摘一朵野花，扔给那些光着黑黝黝的身子在尘土中滚爬的孩子们。

纽约惊醒了我温馨的梦，美国秋林又让我惊叹不已。

一周以后，当我在弗吉尼亚一片树林里散步时，我的狂喜之情无法言表。在此之前，从未有人告诉过我林中景色有多么奇美。当然他们也曾说过："你知道树叶在秋天都变了颜色了。"但这又能给人什么印象呢？我原以为不过是些淡黄、黄褐或淡淡的玫瑰红罢了。然而，我却看到了一片生机盎然、五彩缤纷的景象，令人难以置信的粗犷、艳丽、充满野性的活力。黝黑的峭壁下，一棵参天大树拔地而起，一株火红的藤蔓攀援而上，俨然[1]一位精神抖擞的哨兵——我永远也不会忘记这情景。

枫林中曲径通幽，犹如通往天国黄金大街的小路。漫步而去，头顶上枝丫交错，橙黄、粉红、猩红、深褐、淡黄……色彩纷呈。林中徜徉，仿佛踱在一块鲜艳的地毯上，这是北京地毯也没有的鲜艳，是以帝王之富也难以买到的色泽。那些细藤、幼草，夏日里想必还是柔弱娇小的吧，现在却也不甘寂寞，争奇斗妍。

太美了！地球上再也没有能与这相媲美的了！然而我却怀疑，年复一年，美国人是否能欣赏这景观。不管怎样，美国秋林让我叹为观止。北极光不会让我吃惊，虽然这要在以后才能证实；维苏威火山也不会让我吃惊，即使有一天，天空随着加百利的喇叭吹出的曲调消失不见了，我也怀疑我是否还会吃惊。平生第一次散步于美国秋林中，我就被这产生于幽静之物的美深深打动了。我不相信世上还有别的什么，能给我以更深刻的美的启示。

我又一次陷入了对美的冥想之中。寻找世间万物的可爱之处，思考各个民族的天性是怎样以不同的美的方式自然流露出来的，这一直是我引以为乐的事情。也就是说，我的注意力不在那些旅游者趋之若鹜的名胜，因为在那些游览胜地很少能看到那个国家的普通人民。

我不是在卢浮宫，而是在一个老妇身上找到法国的。她身穿蓝布长裙，头戴白色纱巾，跪在叮咚作响的小溪旁捣衣。她是那样任劳任怨，那样贤惠。她突然抬起头冲我笑了，笑出了无处不在、无时不有的幽默和风情。一张爬满皱纹的脸上，那对永远年轻的眸子，光波流动，充满活力——我几乎看呆了。

人迹罕至的阿尔卑斯山脉，白雪皑皑，在蓝天的映衬下，显得格外雄伟壮丽，但它并没有真正体现出瑞士人民的特征。瑞士人民吃苦耐劳，平和沉稳。在那块面积不大的土地上，梨树要小心地靠墙栽上，葡萄藤要认真修剪，不让它疯长，结出的串串果实也要仔细地数来数去。那儿的一切小巧整齐，自有其独特的美。巍峨的少女峰，天长地久地耸立在那块不大的土地上，但我却怀疑，瑞士人一年到头能否对她看上两眼。

真奇怪！不知怎的，只有当我的思绪与养育我的祖国——中国联系在一起时，我才能这样有条不紊地思考各个民族的差异。

不知有多少外国人，刚走下从上海开来的火车，结束了他们到中国的首次旅行后，就对我说："……嗨，中国可不如日本美！"

我只是笑笑，不想马上回答，因为我知道中国之美。

日本给人的感觉是精美。这不仅在于它那可爱的瓷器、华丽文雅的和服和那些"噼啪噼啪"急速行走的迷人的孩童——这些尽人皆知；它的精美也不仅仅在于山坡上的小块梯田，不在于那些整洁但不坚固的房屋和那仙境般的小小的生活乐园——这些举目可见。

日本伟大的美存在于你和我作为匆匆过客，在走马观花之间很难发现的地方。正是这种美使一个劳累了一天的苦力，放下扁担，随便吃一些米饭加鱼，便到那手帕大的花园里忙碌起来。他们神情专注地干着，轻松愉快地干着，完全沉浸在为自己也为家庭创造美的欢欣之中了。全家人都围在他身边，钦佩地看着。日本人家家都有花园，如果命运不肯赐给一个穷人一平方英尺土地的话，他也会花上一部分钱，买上一块大大的地盘，几个小时辛苦而又欢愉的劳动之后，他便逐渐有了一个微型花园：假山、凉亭、一池清水。几片青苔，权做草坪；一些小草，且做树木；再把羊齿植物塞入石缝，便有了一片灌木丛。

也正是这种美，使得一个日本客栈主人，为了让客人舒心，每天都在房间里更换一件精致的摆设。今天，他从珍藏中挑出一幅水墨画，画面淡雅逼真，一只小鸟正立于芦苇之上。明天，你屋里又会有一个深蓝色的瓷瓶，瓶里插上一枝怒放的雪梨，放得恰到好处，让你禁不住要参悟佛道了。有时，出现在你房间里的会是一幅旧地毯，褪了色的毯面上，一对手提灯笼的人正在行进，看上去古怪而有趣。

最近，我听到许多议论日本的闲语。有些人甚至说日本人连普通人的品质也不具备。我不敢妄论，我要等到有人为我把无比的邪恶和对美的温柔的爱这两种品质融在一起时再发表意见。这种温柔的爱，在日本的穷人、富人身上几乎都能找到。人们穷毕生精力，自发地追求着美，不是出于对金钱的考虑，而是出于对美的渴求。倘若美即真是正确的，那么，难道这里面就没有一点真吗?

这种在日本比比皆是的优雅美，在中国当然并非随处可见。因此，我不能责备那些刚看了中国一眼就断言她丑陋的朋友们。无疑，生活的拮据让穷人们时刻都在想着如何填饱肚子，在普通百姓的生活中，美少得可怜。

有一天，我的园丁正在花园翻地，我问他：“你愿不愿意要点这种花籽种在你房前?”

他不信任地看了我一眼，用力掘着地：“穷人种花没有用，”他说，“那都是供有钱人玩赏的。”

“不错，但这并不要你花钱。你看，我可以给你几种花籽，如果你那片地不肥，你可以从这儿的肥堆上弄点肥料。我会给你时间让你侍弄它们的。种点花会让你心神愉快的。”

他俯身拾起一块石头扔了出去，“我要种点菜。”园丁的回答很干脆。

无疑，中国的穷人们干什么都讲求经济实惠。我也曾在内地某处住过一段时间。在那儿，我问一个农妇，如果哪一年收成好，有盈余的话，吃穿用是怎样安排的，是把余钱存起来呢还是花掉。

回想起过去的好年景，那农妇笑了，她兴奋地说：“我们就多吃点!”

在一个土匪遍地的国家，他们没有把自己那点积蓄存入可信赖的钱庄，而是统统都吃进了肚里，因为那儿是最安全的地方，至少没有人能把它们抢走了！天知道他们的身体是否会因此好一点。

逛一下中国的城市，它们的丑陋会使你大吃一惊——到处拥挤不堪，又脏又乱；街道上臭气熏天，令人作呕。病病歪歪的乞丐，蓬头垢面，使出他们卑鄙的生财手段，可怜巴巴地哀求着，过着寄生虫的生活。几只癞皮狗在胆怯地溜来溜去。倘若你朝商店或居民家里扫一眼，你会发现一切都以实用为原则：桌子没有上油漆，凳子在打造时显然是没有考虑到要让人们坐上去感到舒服，箱子、床、乱七八糟的破旧玩意儿，还有原始的炊具——所有这些都挤在那一点点小得令人难以置信的空间里，让人心烦意乱，丝毫没有对美中所能体现出的精神财富的追求。

前几天，我站在江西的一个山顶上，放眼百里大好河山，极觉心旷神怡——阳光下，溪水波光潋滟[2]；长江悠悠，蜿蜒入海，恰似一条黄色大道。绿树成荫，村舍掩映。块块稻田，绿如碧玉，棋盘般整齐，似乎一切都那么宁静，一切都那么美丽。

然而我太了解我的祖国了。我知道，如果我走进那仙境之中，我会发现溪流已被污染，河边挤满了用席苇做舱顶的破旧不堪的小船，那里就是成千上万食不果腹的渔民的唯一栖息之地。绿树下面，房屋一个紧挨着一个，垃圾在阳光的曝晒下散发出阵阵臭气，苍蝇成群，到处可见的黄狗会冲我狂吠。那儿尽管有可享用的新鲜空气，但房子却小而无窗，里面暗如洞穴，孩子们脏得要命，头发乱蓬蓬的，鼻子就别提了，鼻涕总是流到嘴里！看不到一朵鲜花，看不到一处人为的美解除生活的单调沉闷，就连草房前那一块空地也被碾成了打谷场，坚硬的场地在阳光的照耀下泛着青光。贫穷？是的，但也往往是懒惰与无知的结果。

那么，中国究竟美在何处呢？反正它不在事物的表面。别着急，且听我慢慢道来。

这个古老的国家，几个世纪以来，一直缄默不言，无精打采，从不在乎其他的国家对它的看法，但正是在这儿，我发现了世上罕见的美。

中国并没有在那些名胜古迹中表现自己，即使在旅行者远东之行的目标——北京，我们看到的也不是名胜古迹：紫禁城、天坛、大清真寺……都是这个民族根据生活的需要逐步建立起来的。那是为他们自己建造的，根本不是为了吸引游客或是赚钱。的确，多少年来，这些名胜都是你千金难睹的。

中国人天生不知展览、广告为何物。在杭州，无论你走进哪家大丝绸店，你都会发现，店里朴素大方，安静而昏暗。排排货架，整齐的货包，包上挂着排列匀称的价格标签。在国外，店主们常在陈列架上挂着精心叠起的绸缎，用以吸引人们的目光，招徕[3]顾客。但这儿却没有这些。你会看到一个店员走上前来，当你告诉他想买什么之后，他会从货架上给你拿下五六个货包。包装纸撕掉了，你面前突然出现一片夺目的光彩，龙袍就是用这料子做成的。看着闪闪发光、色泽鲜艳的织锦、丝绒、绸缎在你面前堆起，你会感到眼花缭乱，就像有一群脱（破）茧而出的五彩缤纷的蝴蝶在你眼前飞舞一样。你选好了所要之物，这辉煌的景色也就重又隐入黑暗。

这就是中国！

她的美是那些体现了最崇高的思想，体现了历代贵族的艺术追求的古董、古迹，这些古老的东西，也和它们的主人一样，正慢慢走向衰落。

这堵临街的灰色高墙，气势森严，令人望而却步。但如果你有合适的钥匙，你或许可以迈进那雅致的庭院。院内，古老的方砖铺地，几百年的脚踏足踩，砖面已被磨损了许多。一株盘根错节的松树，一池金鱼，一只雕花石凳，凳上坐着一位鹤发长者，身着白色绸袍，宝相庄严，有如得道高僧。在他那苍白、干枯的手里，是一管磨得锃亮、顶端镶银的黑木烟袋。倘若你们有交情的话，他便会站起身来，深鞠几躬，以无可挑剔的礼数陪你步入上房。二人坐在高大的雕花楠木椅子上，共品香茗；挂在墙上的丝绸卷轴古画会让你赞叹不已，空中那雕梁画栋，又诱你神游太虚。美，到处是美，古色古香，含蓄优雅。

我的思绪又将我带到了一座寺院。寺院的客厅虽然宽敞，却有点幽暗。客厅前有一片小小的空地，整日沐着阳光。空地上有一个用青砖垒起的花坛，漫长的岁月，几乎褪尽了砖的颜色。每至春和景明，花坛里硕大的淡红色嫩芽便破土而出。我五月间造访时，阳光明媚，牡丹盛开，色泽鲜艳，大红、粉红红成了一团火。花坛中央开着乳白色的花朵、淡黄色的花朵，煞是好看。花坛造型精巧，客人只有从房间的暗处才能欣赏到那美妙之处。斯时斯地，夫复何求？夫复何思？

我知道有些家庭珍藏有古画、古铜器，还有年代已久的刺绣。这些东西出世时，还没人想到会有什么美洲的存在，它们的历史说不定真的和古埃及法老的宝藏一样古老呢！

变化中的中国发生了一些让人伤心的事情。一些无知的年轻人，或者为贫困所迫，或者是因为粗心大意，竟学会了拿这些文物去换钱。这些古玩实乃无价国宝，是审美价值极高的艺术珍品，是任何个人都不配私人占有，而只应由国家来收藏的。但他们目前还不能明白这一点！

外国对中国犯下了种种罪行，不容忽视的一点就是对中国美的掠夺。那些急不可耐的古玩搜集商，足迹遍及全球的冒险家，还有各大商行的老板，从中国美的宝库中掠夺了不知多少珍品。这委实是对一个无知的人的掠夺，因为他不知道自己认为可以卖到三十块银圆的东西，根本就不该卖掉。

此外，中国年轻的一代中，有很多人的思想似乎尚未成熟，他们的表现让人感到惊愕。他们既然怀疑过去，抛弃传统，也就不可避免地抛弃旧中国那些无与伦比的艺术品，去抢购许多西方的粗陋的便宜货，挂在自己的屋里。这个国家的许多特色是我们所热爱的，而现在中国的古典美谁来继承？盲目崇洋所带来的必然堕落怎样解决？难道说随着人们对传统的抛弃，我们也必须失掉庙宇的斗拱飞檐吗？

但我也时时感到欣慰：一定会有一些人继承所有那些酷爱美的先辈，以大师的热情去追求美并把它带到较为太平的年代。

前几天，我去了一个著名中国现代画家的画室。看着那一幅幅广告画，一幅幅俗套的健美女郎像和那用色拙劣的海上落日图，我的心直往下沉——一堆粗制滥造的油画！但是在画室的一个不显眼的角落，我发现了一幅小小的水彩画。那是一条村巷，在夏日的黄昏的宁静中，弥漫着淡蓝色的雾，一些银灰色的斜线划过画面。从一座让人感到亲切的小屋的窗口，闪出微弱的烛光。一个孤零零的人手撑油伞踽踽独行[4]，湿漉漉的石块上投下了他那摇晃的身影。

我转过身来，对画家说："这是最好的一幅。"

他的脸顿时明朗起来。

"你真这么看？我也是这样想的！这是我以前每天都看到的故乡街巷，但是，"画家叹息一声，"这是我为消遣而画的，这画不能卖掉。"

倘若一定要我找出中国之美的瑕疵来，我只能说它太隐逸，太高雅了，多数平民很少能享受，这美本来也是属于他们的，而那些公侯之家或宗教团体却将它据为己有。许多人无法获得审美知识，因而无法充分享受生活的乐趣。几百年来，那些极为贫困和没有文化的人们，只能默默地降生，又默默地死去，对那种妙不可言、令人倾倒的美漠然视之，无动于衷。追求美成了贵族社会、有闲阶级的特权，穷人们则认为那只是富人的消遣，与自己无缘。

普通中国人需要培养审美情趣，去发现他周围有待于挖掘的美。一旦他懂得了美的意义，一旦他认识到美根本不存在于那令人讨厌的、要价四角的石板（版）画中，甚至也不完全存在于有钱人的那些无价之宝中，一旦他认识到美就存在于他们的庭院之中，正等待他从粗心懒散造成的脏乱环境中去发掘时，一种崭新的精神将会在这片美丽的大地上传播开来。

虽然这儿的千百万在贫困中挣扎的人们，一直都在为一口饭而终日辛劳，但我知道，无论如何，人不能仅靠植物生活。我们最需要的是那些大家都能自由享用的美——澄塘霞影，婀娜的花卉，清新的空气，可爱的大自然。

前几天，我把我的这个想法对我的中国老师讲了，他随口讲了一句："仓廪实则知礼仪，衣食足则知荣辱。"

我想是这样的。

然而，我相信我的园丁昨晚美餐了一顿。当时，他在草坪上快活地干活。我则坐在竹丛下沉思。突然，一片奇异的光彩把我从沉思中惊醒，我抬头一看，西天烧起了绚丽的晚霞，令我心驰神往。

"噢，看哪！"我喊道。

"在哪儿？在哪儿？"园丁紧紧抓住锄把叫道。

"在那儿。看那颜色有多美！"

"哦，哪呀！"园丁却不胜厌恶地说，弯下腰去接着修整草坪。"你那样大声喊叫，我还以为有蜈蚣爬到你身上了呢！"

说实在的，我并不认为爱美要以填饱肚子为前提，再多的美食家也只是美食家。此外，如果我的中国老师所的那句话绝对正确，那我该怎样解释下列情况呢？那又老又聋的王妈妈，可怜的寡妇中更可怜的一个，整日里靠辛辛苦苦为人缝衣换碗饭吃，然而，她桌上那个有缺口的瓶子里，整个夏天都插有她不知从哪儿弄来的鲜花。当我硬是送她一个碧绿的小花瓶时，她竟高兴得流出了眼泪。

还有那个小小的烟草店。那位掉光了牙齿的老店主，整天都在快乐地侍弄他的陶盆里一株不知其名的花草。我院外的那位农夫，让一片蜀葵在房子四周任其自然地长着。还有那些街头"小野孩儿"，也常常害羞地把脸贴在我门上，向我讨一束花儿。

不，我认为每个儿童的心田里，都能播下爱美的种子。尽管困苦的生活有时会将它扼杀，但它却是永生不灭的，有时它会在那些沉思冥想的人的心田里茁壮成长，对这些人来说，即使住进皇宫与皇帝共进晚餐也远非人生之最大乐趣。他们知道自己将永远不会满足，除非他们以某种方式找到了美，找到人生之最高境界。

【互联网+注释】

1. 掌握下列字词：

[1] 俨然：整齐；特别像；庄重严肃。

[2] 潋滟（liàn yàn）：水波荡漾。

[3] 招徕（zhāo lái）：招揽。

[4] 踽踽（jǔ jǔ）独行：踽踽：孤零的样子。孤零零地独自走着。形容非常孤独。

2. 理解下列语句的意思：

[1] 但我也时时感到欣慰：一定会有一些人继承所有那些酷爱美的先辈，以大师的热情去追求美并把它带到较为太平的年代。

[2] 他们知道自己将永远不会满足，除非他们以某种方式找到了美，找到人生之最高境界。

【互联网+知人论世】

1. 作者简介：赛珍珠（Pearl S. Buck，1892 年 6 月 26 日—1973 年 3 月 6 日），美国作家、人权和女权活动家。出生 4 个月后即被身为传教士的双亲带到中国，在镇江度过了童年、少年，到进入青年时代，前后长达 18 年之久。赛珍珠在中国生活了近 40 年，她把中文称为“第一语言”，把镇江称为“中国故乡”。作为以中文为母语的美国女作家，她描写中国农民生活的长篇小说《大地》（The Good Earth），1932 年获得普利策小说奖，并在 1938 年以此获得美国历史上第二个诺贝尔文学奖。1934 年，赛珍珠告别了中国，回美国定居。1973 年 5 月 6 日，她在郁郁中去世于佛蒙特州的丹比（Danby Vermont）。

她也是唯一一个同时获得普利策奖和诺贝尔奖的女作家，也是目前作品流传语种最多的美国作家。

2. 你如何看待把中国和美国都视为祖国的赛珍珠？

3. 试着了解赛珍珠和徐志摩、梅兰芳、林语堂、老舍等人的交往事迹。

【文本解读+鉴赏力】

在整个 20 世纪之内，只有一个人会用两种相去甚远的语言对刚刚获悉的诺贝尔文学奖的消息做出如此消极的反应：这个人首先用汉语说“我不相信”，接着又用英语说“这太荒唐”。这“双重”的否定是对那一年诺贝尔文学奖的第一反应，是获奖者本人的反应。

按照惯例，获得诺贝尔文学奖的作家要在领奖的第二天做一个正式的演讲，讲述自己文学生涯的渊源。赛珍珠演讲的题目是《中国的小说》。演讲一开始，赛珍珠就肯定地指出，“是中国小说而不是美国小说”塑造了她的文学之路。接着，她侃侃而谈，从汉代的笑话、唐代的传奇一直谈到了明清的经典（特别是她自己翻译过的《水浒传》）。她说中国文学虽然没有留下像西方那样耀眼的小说作家，却留下了与西方的成就同样伟大的小说作品。她说中国的小说不是那种可以用西方标准来衡量的，由孤独的艺术家创造的精致的艺术品，但是，它却有极为粗壮的生活之根：它来自（于）人民，它服务于人民，它属于人民。“就像中国小说家一样，我接受了这样的教育：我要为人民写作……人民对故事有最正确的判断，因为他们的感觉未被磨损，他们的感情不受拘束。”她在演讲的最后这样自豪地表白。这是她充满感情的知恩图报。

赛珍珠的自传里也充满了对中国的好感。比如她将一篇她 30 岁时发表的随笔收在自传之中。她用这篇题为《中国的美》的随笔极力为“中国的美”进行辩护。她说中国的美是一种需要更多的人去发现和欣赏的内在的美和古典的美。

在美国，如果说谁和中国关系最深，谁最喜爱中国，谁是最促使美国人对中国人产生好感的人，很多人会说是赛珍珠。但是这样的赛珍珠在中国却备受冷落，无论是在中国官方还是在民间。

1938 年，赛珍珠在南京时写作的反映中国农村真实生活的《大地》获得诺贝尔文学奖，但是当时的国民党政府拒绝出席颁奖仪式。1972 年尼克松访华时，中国政府又拒绝了她的签证申请，理由是“作品中对新中国人民和领导人所持的歪曲、丑化和污蔑的态度”。

赛珍珠的《大地》获得诺贝尔文学奖前后，中国的文学界反应一直都很冷淡，一些著名文化人的评价都有点怪怪的。比如鲁迅认为赛珍珠的《大地》是“她所觉得的，还不过一点浮面的情形”。并且轻蔑地说赛珍珠：“她亦自谓视中国如祖国，然而看她的作品，毕竟是一位生长于中国的美国女教士立场而已。”茅盾则批评过赛珍珠的小说歪曲了中国农民的形象。胡风则批判赛珍珠把握不了中国农村的经济结构，不能揭示中国农民悲剧命运的根由，忽略了中国与帝国主义间的矛盾，而去美化外国人。胡风甚至做出结论说：“《大地》虽然多少提高（增加）了欧美读者对于中国的了解，但同时也就提高（增加）了他们对于中国的误会。”巴金对赛珍珠也持厌恶的态度，他曾坦率地表白：“我从来对赛珍珠没有好感，她得了诺贝尔奖以后还是原来的赛珍珠。”老舍是和赛珍珠有过接触的作家，他的几本代表作都是赛珍珠帮助联系译成英文出版的，但他好像也没说过赞扬赛珍珠的话。这种不屑的态度也许代表了部分文学界人士的态度。《大地》并没有因为其作者在中国生活并以描写中国的事的书得了世界文学最高奖而在中国热起来。

以上种种其实都与中国近代的民族遭遇有关。西方人在近代有很大的优越感，即使中国知识分子阶层也对西方有一种又恨又爱的复杂情绪，对东西方文明在交流中又冲突又融合的状况感到难以把握。赛珍珠的《大地》比较真实地描写了中国农村的生活，写了农民对土地执着的爱，并对此抱以很大善意的同情，但是由于比较真实，也不免反映了农民的狭隘、愚昧和贫困。如果中国作家去写这些，人们不会觉得反感，而外国人哪怕善意地描画些中国社会的阴暗面，也难免让中国人感到自尊受到了伤害。例如俄罗斯的小说《旅顺口》，斯大林曾热情地请毛泽东欣赏由此改编的舞剧，却引来中方的强烈抗议；安东尼奥尼拍摄的《中国》，基本上客观地反映了“文革”期间普通人的生活，虽然已尽量予以美化，还是被批判成辱华、反华，别有用心之作。

时至今日，中国又重新屹立于世界民族之林，有着强大自信的中国人是否应该还赛珍珠一个正面的评价呢？

【阅读思考+创造力】

1. 中国之美和美国、英国、瑞士以及日本之美的区别是什么？
2. 谈谈中国人的“种菜”情结。

【互联网+拓展链接】

1. 课外阅读《大地》。
2. 真实地去了解下赛珍珠对中国的热爱。

第六章 生命如歌

赠卫八处士[1]

杜甫

人生不相见，动如参与商[2]。今夕复何夕，共此灯烛光。
少壮能几时，鬓发各已苍。访旧半为鬼[3]，惊呼热中肠[4]。
焉知二十载，重上君子堂。昔别君未婚，儿女忽成行[5]。
怡然敬父执[6]，问我来何方。问答乃未已，驱儿罗酒浆。
夜雨剪春韭，新炊间黄粱[7]。主称会面难，一举累[8]十觞。
十觞亦不醉，感子故意长[9]。明日隔山岳，世事两茫茫。

【互联网+注释】

1. 掌握下列字词：

［1］卫八处士：名字和生平事迹已不可考。处士：隐居不仕的人。

［2］动如参（shēn）与商：动不动就像参、商二星一样，你来我往，不得相见。参、商，二星名。参星居西方，商星居东方，二者各据一方，一星升起，一星落下，永不能相见。

［3］访旧半为鬼：彼此打听故旧亲友，竟已死亡半数了。

［4］惊呼热中肠：有两种理解，一为听到故友的惊呼，使人内心感到热乎乎的；二为亲朋故旧竟有一半已不在人间了，使人不禁失声惊呼，心里感到火辣辣地难受。

［5］成行（háng）：这里指儿女众多。

［6］父执：父亲的朋友。《礼记·曲礼上》："见父之执，不谓之进，不敢进；不谓之退，不敢退；不问，不敢对。"孔颖达疏："见父之执，谓执友与父同志者也。"

［7］新炊：刚煮的新鲜饭。间（jiàn）：掺杂。黄粱：黄米。

［8］累：接连。

［9］故意长：老朋友的情谊深长。

2. 理解下列语句的意思：

［1］焉知二十载，重上君子堂。昔别君未婚，儿女忽成行。

［2］十觞亦不醉，感子故意长。明日隔山岳，世事两茫茫。

【互联网+知人论世】

1. 作者简介：杜甫（712—770），字子美，自号少陵野老，河南巩县（今河南省巩义）人。唐代伟大的现实主义诗人，与李白合称“李杜”。杜甫出身于京兆杜氏，为晋代大学者、名将杜预之后。祖父是初唐诗人杜审言。杜甫在中国古典诗歌中的影响非常深远，被后人称为“诗圣”。他的诗因反映当时社会矛盾和人民疾苦，记录了唐代由盛转衰的历史巨变，表达了作者崇高的仁爱精神和强烈的忧患意识，被称为“诗史”。杜甫的思想核心是儒家的仁政思想，他有“致君尧舜上，再使风俗淳”的宏伟抱负。杜甫虽然在世时名声并不显赫，但后来声名远播，流传下来的诗篇是唐诗里最多最广泛的，有《杜工部集》。

2. 杜甫是一位现实主义诗人，但他也有狂放不羁的一面。试搜集杜甫不同风格的诗歌作品，从作品中领略他丰富多彩的人格魅力。

【文本解读+鉴赏力】

康肃宗乾元二年（759年）春天，杜甫从洛阳返回华州途中写下了这首《赠卫八处士》。诗歌描述老友久别重逢，把酒话旧，完全是家常情境、家常话语，却能娓娓写来，情真意切，表现了离乱时代普通人所共有的“沧海桑田”和“别易会难”之感，

诗人开篇就发出了对人生相逢不易的感叹。他以永远没有碰面机会的参、商二星作比，写出了在离乱时代里朋友间的相逢是多么的难得。此次能与老朋友久别重逢、秉烛夜谈本应充满喜悦和兴奋，却由于大家对人生聚散无常的认知，反而增添了一丝伤感，亦悲亦喜、悲喜交集的复杂情绪，贯穿整首诗歌。

“少壮能几时，鬓发各已苍”二句，写出了彼此容颜的变化：当年离别还是年轻少壮，今日再会都已鬓染白霜。生命迅速老去的流逝感加重了分别的悲伤，继而更引出了“访旧半为鬼，惊呼热中肠”的惋惜和惊悸。诗人与处士还能幸运地重逢叙旧，但互相打听故人下落时，才发现竟有一半已经作古，从生离到死别，真的已经不复相见，怎能不触发彼此的锥心之痛！

“焉知二十载，重上君子堂”是过渡句，既表现出对今日重逢的万分惊喜，也引出底下的叙事。20年岁月荏苒，从当年还未成婚到眼下儿女成行，暗含了人生迟暮之叹。接下来四句，写卫八处士的儿女们礼数周全，让长期在外流离颠簸的诗人感到亲切温暖，接着又写卫八处士对自己的热情款待，饭菜都属家常，但冒雨采摘的春韭和新煮的黄粱米饭，都足以传达出主人待客的真诚美意。故人重逢话旧，怎能少了以酒助兴，“主称会面难，一举累十觞”，豪饮十大杯，表现了主客双方都激动不已的心情。“十觞亦不醉，感子故意长”则是对叙事部分的收束，点出了朋友间的心意相通。最后两句“明日隔山岳，世事两茫茫”照应诗篇开头，再次转入对明日即将离别的感慨：此地一为别，何日复相见？

这首诗于遣词造句上几近通俗，并不繁难，然字字句句饱含炙热深情，让人读罢亦不禁为之动容。袁枚《随园诗话》曾说：“人必先有芬芳悱恻之怀，而后有沉郁顿挫

之作。人但知杜少陵每饭不忘君，而不知其于友朋、弟妹、夫妻、儿女间，何在不一往情深耶！”可知杜甫诗作多以社稷苍生为怀，却无妨其内心私人情感的表达。而且，诗人自己与朋友在乱世中的漂泊离散更深化了他对社稷安危、民生疮痍的关切，使得这类作品更加富于典型意义和时代特征。

【阅读思考+创造力】

1. 清代张上若评这首诗：“情景逼真，兼及顿挫之妙。”（杨伦《杜诗镜铨》引）对此你如何理解？

2. 唐朝的杜甫为什么动辄就在诗歌中发出“人生不相见，动如参与商”“明日隔山岳，世事两茫茫”的感慨？在今天“互联网+”的时代，亲朋老友间还需不需要类似的情感表达？请谈谈你的看法。

3. 分角色饰演诗歌中的人物，深入体会老友重逢而百感交集的复杂心境。

【互联网+拓展链接】

1. 完成一篇以自己与好友相聚为主题的习作，要求传达出朋友之间的真挚情感，题目自拟，600字左右。

2. 课外阅读：（南宋）刘克庄《沁园春·梦挚友》。

贺新郎·甚矣吾衰矣

辛弃疾

甚矣[1]吾衰矣。怅平生、交游零落，只今余几。白发空垂三千丈，一笑人间万事。问何物、能令公喜。我见青山多妩媚，料青山、见我应如是。情与貌，略相似。

一尊搔首东窗里。想渊明、《停云》诗[2]就，此时风味。江左沈酣求名者，岂识浊醪妙理。回首叫、云飞风起。不恨古人吾不见，恨古人、不见吾狂耳。知我者，二三子。

【互联网+注释】

1. 掌握下列字词：

［1］甚矣：感叹词。

［2］《停云》诗：东晋诗人陶渊明写有思念亲友的《停云》诗。

2. 理解下列语句的意思：

［1］甚矣吾衰矣。

［2］问何物、能令公喜。

［3］白发空垂三千丈，一笑人间万事。

［4］云飞风起。

［5］不恨古人吾不见，恨古人不见吾狂耳。

［6］知我者，二三子。

【互联网+知人论世】

1. 作者简介：辛弃疾（1140—1207），今山东历城县人。出生于金国境内，青年时参加耿京领导的抗金起义，后南归。一生致力于北伐事业，在政治、经济、军事上都具有非凡的才干，采取了许多积极的措施以利国便民，但为南宋朝廷所猜忌，几度沉浮，最后壮志未酬，病死于床榻上，令人扼腕叹息。辛弃疾不是传统的纸上谈兵式的文人，而是真正具有治国、治民、治军的能力和实绩的、眼光远大的政治家和军事家，他把一生的豪情壮志、理想追求、悲愤苦闷统统诉诸词中，于是一代英雄遂成千古词宗。他的词“肝肠似火，色貌如花”（夏承焘语），“慷慨纵横，有不可一世之概，于倚声家为变调；而异军特起，能于剪红刻翠之外，屹然别立一宗”（《四库全书总目提要》），具有极高的艺术成就和感染力。词集有《稼轩长短句》（十二卷）和《稼轩词》（四卷）两个版本。

2. 贺新郎：又名“金缕曲”“乳燕飞”“貂裘换酒”。本篇116字，前后片各六仄韵。大抵用入声部韵者较激壮，用上声、去声部韵者较凄郁，贵能各适物宜耳。

【文本解读+鉴赏力】

此词作于宋宁宗庆元四年（1198年）左右。此时辛弃疾被免官闲居已经4年。全词在各种典故的叠加中抒发了词人昂扬激越的豪放情怀，表达了罢职闲居时的寂寞与苦闷。

上片借用孔子久不梦周公的典故引出自己对于衰老与理想落空的感叹，次句回顾平生，悲哀知己凋零、孤独苦闷，后四句情绪一转，展现出作者的狂傲与不甘，沉郁之中仍见雄豪本色。“我见青山多妩媚，料青山、见我应如是”一句，视角改变，料想青山与英雄同“妩媚”，既新奇，又诙谐，更是寄托了太多的期待。

下片引入作者的精神偶像陶渊明事迹以寄托情怀。陶渊明曾于寂寞中写下思念亲友的《停云》诗，作者十分钦羡他的高洁情操，多次表现出对其隐士生活的向往，但苦于自身执念，无法效仿渊明东篱采菊、南山荷锄，故在瓢泉为新居取名“停云堂”以表敬意，此词即仿陶渊明《停云》“思亲友”而作。在渊明这样不求名不逐利的真名士衬托下，那些以名士自居的伪君子如同过江之鲫一样露出其争名夺利、随波逐流的丑恶面目。辛弃疾一代英豪，虽困顿沉郁，却怎肯弯腰低眉仿效此等宵小行径？于是最后二句，气势陡转，豪气干云，吐露出狂人英雄深重的寂寞孤独与自怜自慰，读之令人胸胆开张而又心中泣血。从结构上看，此词前后呼应，层层叠加，使英雄的落寞悲愤不断得到加强，极具感染力。

【阅读思考+创造力】

1. 说一说这首词的写作特点。
2. 了解辛弃疾的生平事迹，感受词人的伟大品格。

【互联网+拓展链接】

1. 读一读《稼轩长短句》，体会辛弃疾作品的多种风格。
2. 搜集资料，试比较辛弃疾的豪放词与陆游的豪放词有何不同。

聊斋志异·毛大福

蒲松龄

太行毛大福，疡医[1]也。一日，行术归，道遇一狼，吐裹物，蹲道左。毛拾视，则布裹金饰[2]数事。方怪异间，狼前欢跃，略曳袍服，即去。毛行，又曳之。察其意不恶，因从之去。未几，至穴，见一狼病卧，视顶上有巨疮，溃腐生蛆。毛悟其意，拨剔净尽，敷药如法，乃行。日既晚，狼遥送之。行三四里，又遇数狼，咆哮相侵，惧甚。前狼急入其群，若相告语，众狼悉散去。毛乃归。

先是，邑有银商[3]宁泰，被盗杀于途，莫可诘洁。会毛货金饰，为宁氏[4]所认，执赴公庭。毛诉所从来，官不信，械[5]之。毛冤极不能自伸，惟求宽释，请问诸狼。官遣两役押入山，直抵狼穴。值狼未归，及暮不至，三人遂反。至半途，遇二狼，其一疮痕犹在。毛识之，向揖而祝曰："前蒙馈赠，今遂以此被屈。君不为我昭雪，回去榜掠死矣！"狼见毛被絷，怒奔隶。隶拔刀相向。狼以喙拄地大嗥；嗥两三声，山中百狼群集，围旋[6]隶。隶大窘。狼竞前[7]啮絷索，隶悟其意，解毛缚，狼乃俱去。归述其状，官异之，未遽释毛。后数日，官出行，一狼衔敝履[8]委道上。官过之，狼又衔履奔前置于道。官命收履，狼乃去。官归，阴遣人访履主。或传某村有丛薪者，被二狼迫逐，衔其履而去。拘来认之，果其履也。遂疑杀宁者必薪，鞫之果然。盖薪杀宁[9]，取其巨金，衣底藏饰，未遑收括，被狼衔去也。

昔一稳婆[10]出归，遇一狼阻道，牵衣若欲召之。乃从去，见雌狼方娩不下。妪为用力按捺，产下放归。明日，狼衔鹿肉置其家以报之。可知此事从来多有。

【互联网+注释】

1. 掌握下列字词：

[1] 疡医：治疗创伤肿毒的外科医生。《周礼·天官·疡医》："疡医掌肿疡、溃疡、金疡、折疡之祝药劀杀之齐。"

[2] 金饰：金银饰物。数事：数件。

[3] 银商：制造或贩卖金银饰物的商人。

[4] 宁氏：据二十四卷抄本，原作"宁"。

[5] 械：刑具。这里作动词用，用刑。

[6] 围旋：围绕旋转。

[7] 狼竞前：此据二十四卷抄本，原无"狼"字。

[8] 敝履：破鞋。

[9] 盖薪杀宁：此据二十四卷抄本，原本无"宁"字。

[10] 稳婆：接生婆。

2. 理解下列语句的意思：

[1] 邑有银商宁泰，被盗杀于途，莫可诘洁。

[2] 盖薪杀宁，取其巨金，衣底藏饰，未遑收括，被狼衔去也。

【互联网+知人论世】

1. 作者简介：蒲松龄（1640—1715），字留仙，别号柳泉居士，今山东淄博人，19岁时以县、府、道试三个第一补博士弟子生员，从此文名大振，而自视愈高。但此后科考却始终困顿不顺，直到71岁才得到一个对已经年老的他毫无意义的岁贡生名义。大约从中年开始，他一边给人做私塾教师一边写作《聊斋志异》，将奇思异想和抒发幽怀的手法发挥到极致。

2.《聊斋志异》：在古代文言小说的系统中，《聊斋志异》是志怪与传奇体的混合，总共近500篇作品中，约有半数为不具有故事情节的各类奇异传闻的简单记录，另一半才是真正意义上的小说，多涉及神鬼、花妖、狐魅等各种精灵的奇异故事。由于一生受尽科举之苦，《聊斋志异》写了许多反映科举考试的故事，痛恨愤怨之情，溢于纸表，而作为现实世界的失败者，蒲松龄又需要排解郁闷，《聊斋志异》因此成为他构筑美丽梦境的平台。在他的幻想世界里，牛鬼蛇神、花妖树精远比人类更可爱可亲，残酷现实与浪漫幻想结合，严厉批判与热切赞美同在，形成了《聊斋志异》的独特魅力和感人至深的艺术效果。

【文本解读+鉴赏力】

蒲松龄“写人写鬼高人一等”，但此篇是《聊斋志异》中较为平实的一篇，不写鬼神仙灵，却同样有“刺贪刺虐入木三分”之效。

首段讲述了一个虽奇但不怪的故事。外科医生毛大福行医归途中，遇狼以金饰袍服为酬金，相请其医治病狼，后又护送回归。狼的聪慧和报恩为后面故事的发展做了铺垫。

次段进入高潮。毛大福因被诬陷杀人抢劫，遭受刑罚，“冤极不能自伸”，无奈之下只好求救于狼。狼深感毛大福医治之恩，不但从衙役手下救出毛大福，更聪明地帮其找出杀人凶手的线索，成功引导官府揪出杀人凶手，洗清了毛大幅的冤屈。这一部分既新奇又犀利，新奇的是狼的报恩情意和聪慧头脑，犀利的是作者将矛头直指现实官场。由于官员昏庸无能，善良人横遭诬陷，既无力自证清白，也无朋友、亲人伸出援手，人类对自己同类的冷漠令人心寒。而最后能利用智谋破案并热心予以救助的，却是被人类画上凶残标志的狼。这其中的嘲讽实在是深刻而犀利，让读者阅至此处，不禁暗叹一声人不如兽！

末段用补叙的方式继续深化狼的感人形象，既呼应了第一个故事，又突出了聪慧报恩等特征并非狼群中的个别现象，使得狼的形象一下子得到拔高，令人颇感新奇之余而又感慨愈深。

【阅读思考+创造力】

1. 分析本文中狼的形象特点。
2. 找出相关词句，体会本文的讽刺意味。

【互联网+拓展链接】

1. 你还读过《聊斋志异》中哪些关于狼的篇章？与本文中的狼是否相同？
2. 同是报恩，试比较蒲松龄的另一篇奇文《蛇人》与本文的异同。

闽女[1]

纪昀

闽人有女，未嫁卒，已葬矣。阅[2]岁余，有亲串[3]见之别县。初疑貌相似，然声音体态，无相似至此者。出其不意，从后试呼其小名，女忽回顾，知不谬。又疑为鬼。归告其父母，开冢验视，果空棺。共往踪迹。初阳不相识。父母举其胸胁瘢[4]痣，呼邻妇密视，乃俱伏。觅其夫，则已遁矣。盖闽中茉莉花根，以酒磨汁饮之，一寸可尸蹶[5]一日，服至六寸尚可苏，至七寸乃真死。女已有婿，而私与邻子狎，故磨此根使诈死，待其葬而发墓共逃也。婿家鸣官，捕得邻子，供词与女同。时吴林塘官闽县，亲鞫[6]是狱。欲引开棺见尸律，则人实未死，事异图财；欲引药迷子女例，则女本同谋，情殊掠[7]卖。无正条可以拟罪，乃仍以奸拐本律断。

人情变幻，亦何所不有乎！

【互联网+注释】

1. 掌握下列字词：

［1］《闽女》选自《阅微草堂笔记·姑妄听之三》，标题根据内容所拟。

［2］阅：经历。

［3］串：走动。

［4］瘢：疮痕，疤痢，斑点；皮肤上的一点；缺点或过失。

［5］蹶：昏死、休克。

［6］鞫（jū）：此处作动词，指审问犯人。

［7］掠：掠夺。

2. 理解下列语句的意思：

［1］阅岁余，有亲串见之别县。

［2］父母举其胸胁瘢痣，呼邻妇密视，乃俱伏。

［3］以酒磨汁饮之，一寸可尸蹶一日，服至六寸尚可苏，至七寸乃真死。

［4］欲引药迷子女例，则女本同谋，情殊掠卖。

［5］人情变幻，亦何所不有乎！

【互联网+知人论世】

1. 作者简介：纪昀（1724—1805），字晓岚，又字春帆，自号石云，又号观弈道人，直隶献县（今河北沧州市献县）人。自幼好学乐读，“目逾万卷，心有千秋”（张维屏《国朝诗人征略》），24 岁乡试中解元，31 岁中进士，入翰林院，历任乡试考官、会试同考官，后被破格提拔为侍读学士。其间曾因学政泄密案被贬官到乌鲁木齐，三年后遇大赦回京。乾隆三十八年，任《四库全书》总纂官，后累迁到礼部尚书、协办大学士，加太子太保衔，死后谥号“文达”。

2. 了解纪昀编纂《四库全书》的历史背景及影响，请搜集资料并讨论。

【文本解读+鉴赏力】

《阅微草堂笔记》为文言志怪小说，为纪昀足迹所到之处、目光所及之地、耳朵所听之事等，搜集整理加工而成的奇事怪谈。上文出自该书《姑妄听之三》，《闽女》是根据文字内容命名的。篇幅短小，但信息量不小。虽然没有涉及鬼妖，但是情节跌宕起伏，让人回味不穷，就像喝了一坛老酒令人沉醉，就是因为有了爱情——

（1）爱情遇上伦理。大清王朝还处在自由婚姻的前夜，父母之命、媒妁之言还是套在当时大多数青年男女脖子上的枷锁。长大成人，有血有肉之躯，非常可能遇到真情良缘。善男信女为了纯真的爱情会反抗，反抗父母，反抗伦理，只不过所采取的行动各异。闽女采用的是一次成功的科技意义上的医术革命，成功假死转换身份与意中人远走他乡，享受自由婚配的甜美去了。

（2）爱情遇上律法。排斥自主婚姻，就有相应的舆论环境，因强烈的相爱之情燃烧起来，这熊熊的火焰不仅灼伤了自己，还会伤害他人，甚至用不当手段伤人性命，这样就冒犯了律法。好在所选文章中，闽女所用医术只是为了转移视线，当地官员衡量再三，只得用“奸情拐骗”定罪，这真是绝大的讽刺。闽女就是为爱为情所为，从另一个视角说，采用科技手段假死的闽女赢得了这场自主婚姻的胜利。

（3）爱情遇上婚姻。爱情与婚姻是一体两面的，当青年男女到了婚配的时候，旧时中国很多家庭是越过爱情直接到婚姻的，一对新人拜堂结合之后才知道对方的相貌。这在今天看来是场闹剧，但是当时很正常。是否可以这样想：盖在新娘子头上的红盖头在拜堂之后一定要由新郎亲手掀起，就是为了造成事实上的婚姻？闽女的爱情遇上了婚姻，并成就了婚恋佳话，可喜可贺。后人的悲剧不在于没有自由婚配的机会，而在于难以寻找到真正的爱情。自由婚恋的时代，不能让爱情变得廉价，同样也不能让婚姻变得随意。

【阅读思考+创造力】

1. 阅读《阅微草堂笔记》，寻找代表性作品及其艺术特色。
2. 文中父母、官员对闽女所作所为的态度如何？联系时代背景探讨。
3. 通过查找图书、电子文献等了解纪昀的一生，具体归纳其突出贡献。

【互联网+拓展链接】

1. 课外阅读《聊斋志异》，归纳描写相亲相爱的佳作，概括行文叙事的特点。
2. 民间把纪昀塑造成清正廉洁、智慧博学的大才子形象，结合实际谈谈你的认识。

一只特立独行的猪

王小波

插队的时候，我喂过猪，也放过牛。假如没有人来管，这两种动物也完全知道该怎样生活。它们会自由自在地闲逛，饥则食渴则饮，春天来临时还要谈谈爱情；这样一来，它们的生活层次很低，完全乏善可陈。人来了以后，给它们的生活做出了安排：

每一头牛和每一口猪的生活都有了主题。就它们中的大多数而言，这种生活主题是很悲惨的：前者的主题是干活，后者的主题是长肉。我不认为这有什么可抱怨的，因为我当时的生活也不见得丰富了多少，除了八个样板戏，也没有什么消遣。有极少数的猪和牛，它们的生活另有安排。以猪为例，种猪和母猪除了吃，还有别的事可干。就我所见，它们对这些安排也不大喜欢。种猪的任务是交配，换言之，我们的政策准许它当个花花公子。但是疲惫的种猪往往摆出一种肉猪（肉猪是阉过的）才有的正人君子架势，死活不肯跳到母猪背上去。母猪的任务是生崽儿，但有些母猪却要把猪崽儿吃掉。总的来说，人的安排使猪痛苦不堪。但它们还是接受了：猪总是猪啊。

对生活做种种设置是人特有的品性。不光是设置动物，也设置自己。我们知道，在古希腊有个斯巴达，那里的生活被设置得了无生趣，其目的就是要使男人成为亡命战士，使女人成为生育机器，前者像些斗鸡，后者像些母猪。这两类动物是很特别的，但我以为，它们肯定不喜欢自己的生活。但不喜欢又能怎么样？人也好，动物也罢，都很难改变自己的命运。

以下谈到的一只猪有些与众不同。我喂猪时，它已经有四五岁了，从名分上说，它是肉猪，但长得又黑又瘦，两眼炯炯有光。这家伙像山羊一样敏捷，一米高的猪栏一跳就过；它还能跳上猪圈的房顶，这一点又像是猫——所以它总是到处游逛，根本就不在圈里待着。所有喂过猪的知青都把它当宠儿来对待，它也是我的宠儿——因为它只对知青好，容许他们走到三米之内，要是别的人，它早就跑了。它是公的，原本该劁[1]掉。不过你去试试看，哪怕你把劁猪刀藏在身后，它也能嗅出来，朝你瞪大眼睛，噢噢地吼起来。我总是用细米糠熬的粥喂它，等它吃够了以后，才把糠兑到野草里喂别的猪。其他猪看了嫉妒，一起嚷起来。这时候整个猪场一片鬼哭狼嚎，但我和它都不在乎。吃饱了以后，它就跳上房顶去晒太阳，或者模仿各种声音。它会学汽车响、拖拉机响，学得都很像；有时整天不见踪影，我估计它到附近的村寨里找母猪去了。我们这里也有母猪，都关在圈里，被过度的生育搞得走了形，又脏又臭，它对它们不感兴趣；村寨里的母猪好看一些。它有很多精彩的事迹，但我喂猪的时间短，知道得有限，索性就不写了。总而言之，所有喂过猪的知青都喜欢它，喜欢它特立独行的派头儿，还说它活得潇洒。但老乡们就不这么浪漫，他们说，这猪不正经。领导则痛恨它，这一点以后还要谈到。我对它则不只是喜欢——我尊敬它，常常不顾自己虚长十几岁这一现实，把它叫做"猪兄"。如前所述，这位猪兄会模仿各种声音。我想它也学过人说话，但没有学会——假如学会了，我们就可以做倾心之谈。但这不能怪它。人和猪的音色差得太远了。

后来，猪兄学会了汽笛叫，这个本领给它招来了麻烦。我们那里有座糖厂，中午要鸣一次汽笛，让工人换班。我们队下地干活时，听见这次汽笛响就收工回来。我的猪兄每天上午十点钟总要跳到房上学汽笛，地里的人听见它叫就回来——这可比糖厂鸣笛早了一个半小时。坦白地说，这不能全怪猪兄，它毕竟不是锅炉，叫起来和汽笛还是有些区别的，但老乡们却硬说听不出来。领导上因此开了一个会，把它定成了破坏春耕的坏分子，要对它采取专政手段——会议的精神我已经知道了，但我不为它担忧——因为假如专政是指绳索和杀猪刀的话，那是一点门都没有的。以前的领导也不是没试过，一百人也抓不住它。狗也没用：猪兄跑起来像颗鱼雷，能把狗撞出一丈开外。谁知这回是动了真格的，指导员带了二十几个人，手拿五四式手枪；副指导员带了十几人，手持看青的火枪，分两路在猪场外的空地上兜捕它。这就使我陷入了内心的矛盾：按我和它的交情，我该舞起两把杀猪刀冲出去，和它并肩战斗，但我又觉得这样做太过惊世骇俗——它毕竟是只猪啊；还有一个理由，我不敢对抗领导，我怀疑这才是问题之所在。总之，我在一边看着。猪兄的镇定使我佩服之极：它很冷静地躲在手枪和火枪的连线之内，任凭人喊狗咬，不离那条线。这样，拿手枪的人开火就会把拿火枪的打死，反之亦然；两头同时开火，两头都会被打死。至于它，因为目标小，多半没事。就这样连兜了几个圈子，它找到了一个空子，一头撞出去了，跑得潇洒之极。以后我在甘蔗地里还见过它一次，它长出了獠牙，还认识我，但已不容我走近了。这种冷淡使我痛心，但我也赞成它对心怀叵测[2]的人保持距离。

我已经40岁了，除了这只猪，还没见过谁敢于如此无视对生活的设置。相反，我倒见过很多想要设置别人生活的人，还有对被设置的生活安之若素的人。因为这个缘故，我一直怀念这只特立独行的猪。

【互联网+注释】

1. 掌握下列字词：

[1] 劁（qiáo）：阉割。

[2] 心怀叵测：心怀：居心，存心；叵：不可。存心险恶，不可推测。

2. 理解下列语句的意思：

[1] 我对它则不只是喜欢——我尊敬它，常常不顾自己虚长十几岁这一现实，把它叫做“猪兄”。

[2] 以后我在甘蔗地里还见过它一次，它长出了獠牙，还认识我，但已不容我走近了。这种冷淡使我痛心，但我也赞成它对心怀叵测的人保持距离。

【互联网+知人论世】

1. 作者简介：王小波（1952—1997），北京人。留过学，当过大学教师和自由撰稿人。他生前默默无闻，死后声名鹊起，他的作品成为一种文化符号，备受读者喜爱，掀起了“王小波热”。他崇尚理性、自由，富于奇思异想，兼具“顽童”“骑士”之质，被誉为“行吟诗人”和“自由思想家”。出版有小说集《黄金时代》《白银时代》《青铜时代》和《黑铁时代》等，以及散文、随笔集《我的精神家园》《沉默的大多数》和《思维的乐趣》等。王小波的散文思想睿智、深刻，笔力刚劲、犀利，语言风趣、幽默，多反讽意味。

2. 搜集王小波代表作，选一种列出阅读要点。

【文本解读+鉴赏力】

《一只特立独行的猪》是王小波的杂文代表作。文章讲述了“我”插队时所目睹的“一只特立独行的猪”的故事。这头有个性的猪不甘心接受人的安排，借着自己与命运抗争到底的勇敢与执着冲出了人类的重围，跑到野地里成了一只野猪。作者借这头特立独行的猪传达出一种理性的思考，也引导读者进行深邃、犀利的思考。作者借这只猪犀利地指出人和动物其实殊途同归的命运，甚至有时人还不如猪活得那么潇洒、果敢和自由。

作品有着独特的杂文之美。杂文的魅力在于语言的庄谐并用。王小波的杂文不仅胜在独到的观察视角，更在于诙谐有趣，以雅喻俗、以俗喻雅的趣味性。在本文里，作者笔下的动物意象是富有生活气息但在文学作品中却极少出现的一个意象———猪。与常人眼里粗笨的猪的形象截然不同的是，本文中的猪却是一个另类的存在，与一般的猪不同，它“长得又黑又瘦，两眼炯炯有光，像山羊一样敏捷，一米高的猪栏一跳就过”，不仅如此，它还拥有人都没有的特立独行的思想、独立果敢的个性，活脱脱一个傲立于世的“英雄”。作者透过一个别样的视角，通过对一只猪的赞许，给在那样一个思想贫瘠的年代的思想麻木的、安于被人设置的人以讽刺。

【阅读思考+创造力】

1. 分析《一只特立独行的猪》的主题意蕴。
2. 你认为现实生活中真有其猪吗？为什么？

【互联网+拓展链接】

1. 课外阅读韩少功《个狗主义》。
2. 查阅王小波的《时代三部曲》。

我一个人思念我们仨（选二）

杨绛

一

我们的女儿已有名有号。祖父给她取名“健汝”，又因她生肖属牛，他起一个卦，“牛丽于英”，所以号“丽英”。这个美丽的号，我们不能接受，而“钱健汝”叫来拗口，又叫不响。我们随时即兴，给她种种诨名，最顺口的是“圆圆”，“圆圆”成了她的小名。

圆圆出生后的第 100 天，随父母由牛津乘火车到伦敦，换车到多佛港口，上渡船过海，到法国加来港登陆，入法国境，然后乘火车到巴黎，住入朋友为我们在巴黎近郊租下的公寓。

圆圆穿了长过半身的婴儿服，已是个蛮漂亮的娃娃。一位伦敦上车的中年乘客把熟睡的圆圆细细端详了一番，用双关语恭维说“a China baby”（一个中国娃娃），也可解作“a china baby”（一个瓷娃娃），因为中国娃娃肌理细腻，像瓷。我们很得意。

我因钟书不会抱孩子，把应该手提的打字机之类都塞在大箱子里。他两手提两只小提箱，我抱不动娃娃的时候可和他换换手。渡轮抵达法国加来，港口管理人员上船，看见我抱着个婴儿立在人群中，立即把我请出来，让我抱着阿圆优先下船。满船渡客排成长队，挨次下船。我第一个到海关，很悠闲地认出自已的一件件行李。钟书随后也到了。海关人员都争看中国娃娃，行李一件也没查。他们为表示对中国娃娃的友好，没打开一个箱子，笑嘻嘻地一一画上“通过”的记号，我觉得法国人比英国人更关心并爱护婴儿和母亲。

公寓的主人咖淑夫人是一名退休的邮务员。她用退休金买下一幢房子出租，兼供部分房客的一日三餐。伙食很便宜，却又非常丰盛。她是个好厨师，做菜有一手。她丈夫买菜不知计较，买了鱼肉，又买鸡鸭。饭菜摆在她家餐室里一大桌，可坐十数人，男女大都是单身房客。我们租的房间有厨房，可是我们最初也包饭。替我们找到这所公寓的是留学巴黎大学的盛澄华。他到火车站来接，又送我们到公寓。公寓近车站，上车五分钟就到巴黎市中心了。

巴黎的中国学生真不少，过境观光的旅客不算，留学欧美而来巴黎度假的就很多。我们每出门，总会碰到同学或相识。当时寄宿巴黎大学宿舍“大学城”的学生有一位H小姐住美国馆，一位T小姐住英国馆，盛澄华住瑞士馆。其他散居巴黎各区。与我们经常来往的是林藜光、李伟夫妇。李伟是清华同学，中文系的，能作诗填词，毛笔字写得很老练。林藜光专攻梵文，他治学严谨，正在读国家博士。他们有一个儿子和我们的女儿同年同月生。

李伟告诉我说，某某等同学的孩子送入托儿所，生活刻板，吃、喝、拉、撒、睡都按规定的时间。她舍不得自己的孩子受这等训练。我也舍不得。

我们对门的邻居是公务员太太，丈夫早出晚归。她没有孩子，常来抱圆圆过去玩。她想把孩子带到乡间去养，对我们说：乡间空气好，牛奶好，菜蔬也好。她试图说服我们把孩子交托给她带到乡间去。她说：我们去探望也很方便。

如果这是在孩子出生之前，我也许会答应。可是孩子怀在肚里，倒不挂心，孩子不在肚里了，反叫我牵肠挂肚，不知怎样保护才妥当。对门太太曾把圆圆的小床挪入她的卧房，看孩子能否习惯。圆圆倒很习惯，乖乖地睡到老晚，没哭一声。钟书和我两个却通宵未眠。他和我一样牵肠挂肚。好在对门太太也未便回乡，她丈夫在巴黎上班呢。她随时可把孩子抱过去玩。我们需一同出门的时候，就托她照看。当然，我们也送她报酬。

钟书通过了牛津的论文考试，如获大赦[1]。他觉得为一个学位赔掉许多时间，很不值当。他白费功夫读些不必要的功课，想读的许多书都只好放弃。因此他常引用一位曾获牛津文学学士的英国学者对文学学士的评价：“文学学士，就是对文学无识无知。”钟书从此不想再读什么学位。我们虽然继续在巴黎大学交费入学，我们只各按自己定的课程读书。巴黎大学的学生很自由。

住在巴黎大学城的两位女士和盛澄华，也都不想得博士学位。巴黎大学博士论文的口试（答辩）是公开的，谁都可去旁听。他们经常去旁听。考官也许为了卖弄他们汉学精深，总要问些刁钻的问题，让考生当场出丑，然后授予博士学位。

真有学问的学者，也免不了这场难堪。花钱由枪手做论文的，老着面皮，也一样得了博士学位。所以林藜光不屑做巴黎大学博士，他要得一个国家博士。可惜他几年后得病在巴黎去世，未成国家博士。

钟书在巴黎的这一年，自己下功夫扎扎实实地读书。法文自15世纪的诗人维容读起，到18世纪、19世纪，一家家读将过来。德文也如此。他每日读中文、英文，隔日读法文、德文，后来又加上意大利文。这是爱书如命的钟书恣意读书的一年。我们初到法国，两人同读福楼拜的《包法利夫人》，他的生字比我多。但一年以后，他的法文水平远远超过了我，我恰如他《围城》里形容的某太太“生完小孩儿都忘了”。

我们交游不广，但巴黎的中国留学生多，我们经常接触到一个小圈子的人，生活也挺热闹。

向达也到了巴黎，他仍是我们的常客。林藜光好客，李伟能烹调，他们家经常请客吃饭。T小姐豪爽好客，也经常请客。H小姐是她的朋友，比她更年轻貌美。H小姐是盛澄华的意中人。盛澄华很羡慕我们夫妻同学，也想结婚。可是H小姐还没有表示同意。有一位由汪精卫资助出国留学的哲学家正在追T小姐。追求T小姐的不止一人，所以，仅我提到的这几个人，就够热闹的。我们有时在大学城的餐厅吃饭，有时在中国餐馆吃饭。

哲学家爱摆弄他的哲学家架势，宴会上总喜欢出个题目，叫大家"思索"回答。有一次他说："哎，咱们大家说说，什么是自己最向往的东西，什么是自己最喜爱的东西。"T小姐最向往的是"光明"，最喜爱的是"静"。这是哲学家最赞许的答案。最糟糕的是另一位追求T小姐的先生。我忘了他向往什么，他最喜欢的东西——他用了三个法国字，组成一个猥亵[2]词，相当于"他妈的"（我想他是故意的）。这就难怪T小姐鄙弃他而嫁给哲学家了。

我们两个不合群，也没有多余的闲工夫。咖淑夫人家的伙食太丰富，一道一道上，一餐午饭可消磨两个小时。我们爱惜时间，伙食又不合脾胃，所以不久我们就自己做饭了。钟书赶集市，练习学法语，在房东餐桌上他只能旁听。我们用大锅把鸡和暴腌的咸肉同煮，加平菇、菜花等蔬菜。我喝汤，他吃肉，圆圆吃我。咖淑夫人教我做"出血牛肉"，我们把鲜红的血留给圆圆吃。她还吃面包蘸蛋黄，也吃空心面，养得很结实，很快地从一个小动物长成一个小人儿。

我把她肥嫩的小手小脚托在手上细看，骨骼造型和钟书的手脚一样一样的，觉得很惊奇。钟书闻闻她的脚丫丫，故意做出恶心呕吐的样儿，她就笑出声来。她看到镜子里的自己，会认识是自己。她看到我们看书，就来抢我们的书。我们为她买一只高凳，买一本大书——丁尼生的全集，字小书大，没人要，很便宜。她坐在高凳里，前面摊一本大书，手里拿一支铅笔，学我们的样，一面看书一面在书上乱画。

钟书给他朋友司徒亚的信上形容女儿顽劣，地道是钟书的夸张。其实女儿很乖。我们看书，她安安静静自己一人画书玩。有时对门太太来抱她过去玩。我们买了推车，每天推她出去。她最早能说的话是"外外"，要求上外边去。

我在牛津产院时，还和父母通信，以后就没有家里的消息。从报纸上得知家乡已被日军占领，接着从上海三姐处知道爸爸带了苏州一家人逃难避居上海。我们迁居法国后，大姐姐来过几次信。我总觉得缺少了一个声音：妈妈怎么不说话了？过了年，大姐姐才告诉我：妈妈已于去年11月间逃难时去世。这是我生平第一次遭遇的伤心事，悲苦得不知怎么好，只会恸哭，哭个没完。钟书百计劝慰，我就狠命忍住。我至今还记得当时的悲苦。但是我没有意识到，悲苦能任情啼哭，还有钟书百般劝慰，我那时候是多么幸福。

我自己才做了半年妈妈，就失去了自己的妈妈。常言"女儿做母亲，便是报娘恩"。我虽然尝到了做母亲的艰辛，却没有报得娘恩。

我们为国为家，都十分焦虑。奖学金还能延期一年，我们都急着要回国了。当时巴黎已受战事影响，回国的船票很难买。我们辗转由里昂大学为我们买得船票，坐三等舱回国。那是1938年的8月间。

二

1948年夏，钟书的爷爷百岁冥寿，分散各地的一家人，都回无锡老家聚会。这时钟书、圆圆都不生病了，我心情愉快，随上海钱家人一起回到七尺场老家。

我结婚后只在那里住过十天上下。这次再去，那间房子堆满了烂东西，都走不进人了。我房间里原先的家具：大床、镜台、书桌等，早给人全部卖掉了。我们夫妇和女儿在七尺场钱家只住了一夜，住在小叔叔新盖的楼上。

这次家人相聚，我公公意外发现了他从未放在心上的“女孙健汝”，得意非凡。

他偶在一间厢房里的床上睡着了（他睡觉向来不分日夜）。醒来看见一个女孩子在他脚头，为他掖掖夹被，盖上脚，然后坐着看书。满地都是书。院子里一群孩子都在吵吵闹闹地玩，这女孩子却在静静地看书。我公公就问她是谁。圆圆自报了名字。她在钱家是健汝，但我们仍叫她阿圆，我不知她是怎样报名的。她那时候11周岁，已读过《西游记》《水浒》等小说，正在爸爸的引诱、妈妈的教导下读文言的林译小说。她和钟书有同样的习性，到哪里，都找书看。她找到一小柜《少年》。这种杂志她读来已嫌不够味儿，所以一本本都翻遍了，满地是书。

我公公考问了她读的《少年》，又考考她别方面的学问，大为惊奇，好像哥伦布发现了新大陆，认定她是“吾家读书种子也”！从此健汝跃居心上第一位。他曾对钟书的二弟、三弟说：他们的这个那个儿子，资质属某等某等，“吾家读书种子，惟健汝一人耳”。爹爹说话，从不理会对方是否悦耳。这是他说话、写信、作文的一贯作风。

自从1945年抗战胜利，钟书辞去了震旦女子文理学院的几个小时课，任中央图书馆英文总纂，编《书林季刊》，后又兼任暨南大学教授，又兼英国文化委员会顾问。《围城》出版后，朋友中又增添了《围城》爱好者。我们的交游面扩大了，社交活动也很频繁。

我们沦陷上海期间，饱经忧患，也见到世态炎凉。我们夫妇常把日常的感受，当做美酒般浅斟低酌，细细品尝。这种滋味值得品尝，因为忧患孕育智慧。钟书曾说：“一个人二十不狂没志气，三十犹狂是无识妄人。”他是引用桐城先辈语“子弟二十不狂没出息，三十犹狂没出息”，也是“夫子自道”。

胜利后我们接触到各式各样的人。每次宴会归来，我们总有许多研究，种种探索，我们把所见所闻，剖析琢磨，“读通”许多人，许多事，长了不少学问。

朱家骅曾是中央庚款留英公费考试的考官，很赏识钱钟书，常邀请钟书到他家便饭——没有外客的便饭。一次朱家骅许他一个联合国教科文的什么职位，钟书立即辞谢了。我问钟书：“联合国的职位为什么不要?”他说：“那是胡萝卜!”当时我不懂“胡萝卜”与“大棒”相连。压根儿不吃“胡萝卜”，就不受大棒驱使。

钟书每月要到南京汇报工作，早车去，晚上老晚回家。一次他老早就回来了，我喜出望外。他说：“今天晚宴，要和‘极峰’（蒋介石）握手，我趁早溜回来了。”

胜利的欢欣很短暂，接下是普遍的失望，接下是谣言满天飞，人心惶惶。

钟书的第一个拜门弟子常请老师为他买书。不论什么书，全由老师选择。其实，这是无限制地供老师肆意买书。书上都有钟书写的“借痴斋藏书”并盖有“借痴斋”图章——因为学生并不读，专供老师借阅的，不是“借痴”吗！钟书蛰居[3]上海期间，买书是他的莫大享受，新书、旧书他买了不少。“文化大革命”中书籍流散，曾有人买到“借痴斋”的书，寄还给钟书。也许上海旧书摊上，还会发现“借痴斋藏书”。藏书中，也包括写苏联铁幕后面的书。我们的阅读面很广。所以“人心惶惶”时，我们并不惶惶然。

郑振铎先生、吴晗同志，都曾劝我们安心等待解放，共产党是重视知识分子的。但我们也明白，对国家有用的是（工农业）科学家，我们却是没用的（一般）知识分子。

我们如要走，不是无路可走。可是一个人在紧要关头，决定他何去何从的，也许总是他最基本的感情。我们从来不唱爱国调。非但不唱，还不爱听。但我们不愿走，不愿离开父母之邦，撇不开自家人。我国是国耻重重的弱国，跑出去仰人鼻息，做二等公民，我们不愿意。我们是文化人，爱祖国的文化，爱祖国的文学，爱祖国的语言。一句话，我们是倔强的中国老百姓，不愿做外国人。我们并不敢为自己乐观，可是我们安静地留在上海，等待解放。

（节选自《我们仨》）

【互联网+注释】

1. 掌握下列字词：

［1］赦（shè）：免除和减轻刑罚。

［2］猥亵（wěi xiè）：以刺激或满足性欲为目的，用性交以外的方法实施的淫秽行为。

［3］蛰（zhé）居：像动物冬眠一样长期隐居在某个地方，不抛头露面。

2. 理解下列语句的意思：

［1］我至今还记得当时的悲苦。但是我没有意识到，悲苦能任情啼哭，还有钟书百般劝慰，我那时候是多么幸福。

［2］钟书曾说：“一个人二十不狂没志气，三十犹狂是无识妄人。”

【互联网+知人论世】

1. 作家简介：杨绛（1911—2016），本名杨季康，江苏无锡人。青年时期赴英国、法国留学，回国在北京大学、中国社会科学院工作。翻译出版《唐·吉诃德》（1978）等外国著作。93岁出版散文随笔《我们仨》（2003）；96岁出版哲理散文集《走到人生边上》（2007）；103岁出版《洗澡之后》（2014）。

2. 梳理杨绛的著作资料，并结合杨先生2003年出版的散文随笔《我们仨》再版达100多万册的状况，谈谈其风靡海内外的原因。

【文本解读+鉴赏力】

“人生苦短”，这是一代大家曹孟德的经典名句，可以理解成两个意思：一是人生不过百年，无法长生不老，和天地日月相比太短暂了；二是结合人生经历看，不太长的生活却有很多想不到的苦头要吃。不过充满智慧的古人认为吃亏吃苦是福，人的一生就是要经过各种苦难磨炼，才能获得可能到来的幸福。老人会说：一眨巴眼就老了，很多往事就仿佛发生在昨天，今天就垂垂老矣。留在脑海里最难忘的是什么？留在心头最温暖的是什么？大多数情况下是爱！与之相关的有亲情、友情……

《我们仨》在百岁老人杨绛看来，人生最终告别时要说的就只有夫妻、母女之间的血浓于水的亲情。青年时期怀揣美好梦想，远离祖国到欧洲求学，因为彼此的接近就有了欣赏的意味。所谓欣赏，其实有个很高的尺度，学富五车、才高八斗、知性优雅等都算在其中。因为欣赏而生好感甚至到心心相印，青年男女渐渐产生了爱情，爱情不分地域或国界，他们可能在国外成婚，孩子的到来就让小家庭一起快乐成长。从文章看，作者记录了家庭生活中的点点滴滴，伴随着文字的延伸，读者仿佛看到了“我们仨”每个时段真实的生活，无非是孩子成长、夫妻二人工作生活的往事，却让人感到温馨无比，令人念念不忘，其奥妙就在于朴实无华的文字和真挚的情感。

联系社会各色人等，生活的方式多种多样，读书治学就是其中一类。古人有云：万般皆下品，唯有读书高。古人经过比较，认为读书所带来的荣耀实在是本小利大，只要愿意头悬梁、锥刺股，手不释卷，笔耕不辍，就可以唤醒书中的“颜如玉”，拿到书中的“黄金屋”，由此把读书科举极端化。有些人一辈子钻进书中再也没有出来，成为咬文嚼字的穷酸书生，在日常实际生活中表现为与现实格格不入的书呆子。也许他们把经典文章名句背熟了不少，可是从小处说不能安排好个人、家庭生活，往大处讲不能安邦治国，成为科举考试的牺牲品。

“我们仨”都是读书人，没有奢求读书带来的名利，只是把读书当成正常生活的一部分。联系到这一家人读书治学著文的真实经历，就知道真正的读书人就像拦下了山谷中的大坝，只要长期坚持积累，知识的清水终究会蓄满，并会等到开闸放水的那一天，当然也就有了浇灌大地结出累累果实的收获时刻。由此，本文给所有读书学习者以启发：读书学习是为充实自己，并能为工作提供必不可少的知识储备。不能抱着太功利的心态，以至于到了不择手段的地步，徒给时代和他人留下笑柄。

真正学会读书，也就真正学会了生活。要努力做书海弄潮的掌舵者，敢于并有能力抗击世俗的恶风浊浪。同时也要成为驾驭生活的好手，让一家人其乐融融地生活，让家庭中洋溢着温馨和甜蜜。

【阅读思考+创造力】

1. 请结合文章所描绘的家庭生活，体会家人相处的方法。
2. 文章打动读者的地方有哪些?

【互联网+拓展链接】

1. 阅读杨绛的其他著作，学习其写作技巧。
2. 阅读钱钟书的代表性著作，谈谈读书与治学的关系。

十八岁出门远行

余华

柏油马路起伏不止，马路像是贴在海浪上。我走在这条山区公路上，我像一条船。这年我十八岁，我下巴上那几根黄色的胡须迎风飘飘，那是第一批来这里定居的胡须，所以我格外珍惜它们。我在这条路上走了整整一天，已经看了很多山和很多云。所有的山所有的云，都让我联想起了熟悉的人。我就朝着它们呼唤他们的绰号[1]，所以尽管走了一天，可我一点也不累。我就这样从早晨里穿过，现在走进了下午的尾声，而且还看到了黄昏的头发。但是我还没走进一家旅店。

我在路上遇到不少人，可他们都不知道前面是何处，前面是否有旅店。他们都这样告诉我："你走过去看吧。"我觉得他们说得太好了，我确实是在走过去看。可是我还没走进一家旅店。我觉得自己应该为旅店操心。

我奇怪自己走了一天竟只遇到一次汽车。那时是中午，那时我刚刚想搭车，但那时仅仅只是想搭车，那时我还没为旅店操心，那时我只是觉得搭一下车非常了不起。我站在路旁朝那辆汽车挥手，我努力挥得很潇洒。可那个司机看也没看我，汽车和司机一样，也是看也没看，在我眼前一闪就他妈的过去了。我就在汽车后面拼命地追了一阵，我这样做只是为了高兴，因为那时我还没有为旅店操心。我一直追到汽车消失之后，然后我对着自己哈哈大笑，但是我马上发现笑得太厉害会影响呼吸，于是我立刻不笑。接着我就兴致勃勃地继续走路，但心里却开始后悔起来，后悔刚才没在潇洒地挥着的手里放一块大石子。

现在我真想搭车，因为黄昏就要来了，可旅店还在它妈肚子里，但是整个下午竟没再看到一辆汽车。要是现在再拦车，我想我准能拦住。我会躺到公路中央去，我敢肯定所有的汽车都会在我耳边来个急刹车。然而现在连汽车的马达声都听不到。现在我只能走过去看了，这话不错，走过去看。

公路高低起伏，那高处总在诱惑我，诱惑我没命奔上去看旅店，可每次都只看到另一个高处，中间是一个叫人沮丧的弧度。尽管这样，我还是一次一次地往高处奔，次次都是没命地奔。眼下我又往高处奔去。这一次我看到了，看到的不是旅店而是汽车。汽车是朝我这个方向停着的，停在公路的低处。我看到那个司机高高翘起的屁股，屁股上有晚霞。司机的脑袋我看不见，他的脑袋正塞在车头里。那车头的盖子斜斜翘起，像是翻起的嘴唇。车厢里高高堆着箩筐，我想着箩筐里装的肯定是水果。当然最好是香蕉。我想他的驾驶室里应该也有，那么我一坐进去就可以拿起来吃了，虽然汽车将要朝我走来的方向开去，但我已经不在乎方向。我现在需要旅店，旅店没有就需要汽车，汽车就在眼前。

我兴致勃勃地跑了过去，向司机打招呼："老乡，你好。"

司机好像没有听到，仍在弄着什么。

"老乡，抽烟。"

这时他才使了使劲，将头从里面拔出来，并伸过来一只黑乎乎的手，夹住我递过去的烟。我赶紧给他点火。他将烟叼在嘴上吸了几口后，又把头塞了进去。

于是我心安理得了，他只要接过我的烟，他就得让我坐他的车。我就绕着汽车转悠起来，转悠是为了侦察箩筐的内容。可是我看不清，便去使用鼻子闻，闻到了苹果味，苹果也不错，我这样想。

不一会他修好了车，就盖上车盖跳了下来。我赶紧走上去说："老乡，我想搭车。"不料他用黑乎乎的手推了我一把，粗暴地说："滚开。"

我气得无话可说，他却慢悠悠地打开车门钻了进去，然后发动机响了起来。我知道要是错过这次机会，将不再有机会。我知道现在应该豁出去了。于是我跑到另一侧，也拉开车门钻了进去。我准备与他在驾驶室里大打一场。我进去时首先是冲着他吼了一声："你嘴里还叼着我的烟。"这时汽车已经活动了。

然而他却笑嘻嘻地十分友好地看起我来，这让我大惑不解。他问："你上哪？"

我说："随便上哪。"

他又亲切地问："想吃苹果吗？"他仍然看着我。

"那还用问。"

"到后面去拿吧。"

他把汽车开得那么快，我敢爬出驾驶室爬到后面去吗？于是我就说："算了吧。"

他说："去拿吧。"他的眼睛还在看着我。

我说："别看了，我脸上没公路。"

他这才扭过头去看公路了。

汽车朝我来时的方向驰着，我舒服地坐在座椅上，看着窗外，和司机聊着天。现在我和他已经成为朋友了。我已经知道他是在个体贩运。这汽车是他自己的，苹果也是他的。我还听到了他口袋里面钱儿叮当响。我问他："你到什么地方去？"

他说："开过去看吧。"

这话简直像是我兄弟说的，这话可多亲切。我觉得自己与他更亲近了。车窗外的一切应该是我熟悉的，那些山那些云都让我联想起另一帮熟人来了，于是我又叫唤起另一批绰号来了。

现在我根本不在乎什么旅店，这汽车这司机这座椅让我心安而理得。我不知道汽车要到什么地方去，他也不知道。反正前面是什么地方对我们来说无关紧要，我们只要汽车在驰着，那就驰过去看吧。

可是这汽车抛锚了，那个时候我们已经是好得不能再好的朋友了。我把手搭在他肩上，他把手搭在我肩上。他正在把他的恋爱说给我听，正要说第一次拥抱女性的感觉时，这汽车抛锚了。汽车是在上坡时抛锚的，那个时候汽车突然不叫唤了，像死猪那样突然不动了。于是他又爬到车头上去了，又把那上嘴唇翻了起来，脑袋又塞了进去。我坐在驾驶室里，我知道他的屁股此刻肯定又高高翘起，但上嘴唇挡住了我的视线，我看不到他的屁股，可我听得到他修车的声音。

过了一会他把脑袋拔了出来，把车盖盖上。他那时的手更黑了，他把脏手在衣服上擦了又擦，然后跳到地上走了过来。

"修好了？"我问。

"完了，没法修了。"他说。

我想完了，"那怎么办呢？"我问。

"等着瞧吧。"他漫不经心地说。

我仍在汽车里坐着，不知该怎么办。眼下我又想起什么旅店来了。那个时候太阳要落山了，晚霞则像蒸气似地在升腾。旅店就这样重又来到了我脑中，并且逐渐膨胀，不一会便把我的脑袋塞满了。那时铁脑袋没有了，脑袋的地方长出了一个旅店。

司机这时在公路中央做起了广播操，他从第一节做到最后一节，做得很认真。做完又绕着汽车小跑起来。司机也许是在驾驶室里待得太久，现在他需要锻炼身体了。看着他在外面活动，我在里面也坐不住，于是，打开车门也跳了下去。但我没做广播操也没小跑。我在想着旅店和旅店。

这个时候我看到坡上有五个人骑着自行车下来，每辆自行车后座上都用一根扁担绑着两只很大的箩筐，我想他们大概是附近的农民，大概是卖菜回来。看到有人下来，我心里十分高兴，便迎上去喊道："老乡，你们好。"

那五个人骑到我跟前时跳下了车，我很高兴地迎了上去，问："附近有旅店吗？"

他们没有回答，而是问我："车上装的是什么？"

我说："是苹果。"

他们五人推着自行车走到汽车旁，有两个人爬到了汽车上，接着就翻下来十筐苹果，下面三个人把筐盖掀开往他们自己的筐里倒。我一时间还不知道发生了什么，那情景让我目瞪口呆。我明白过来就冲了上去，责问："你们要干什么？"

他们谁也没理睬我，继续倒苹果。我上去抓住其中一个人的手喊道："有人抢苹果啦！"这时有一只拳头朝我鼻子上狠狠地揍来了，我被打出几米远。爬起来用手一摸，鼻子软塌塌地不是贴着而是挂在脸上了，鲜血像是伤心的眼泪一样流。可当我看清打我那个身强力壮的大汉时，他们五人已经跨上自行车骑走了。

司机此刻正在慢慢地散步，嘴唇翻着大口喘气，他刚才大概跑累了。他好像一点也不知道刚才的事。我朝他喊："你的苹果被抢走了！"可他根本没注意我在喊什么，仍在慢慢地散步。我真想上去揍他一拳，也让他的鼻子挂起来。我跑过去对着他的耳朵大喊："你的苹果被抢走了。"他这才转身看我，我发现他的表情越来越高兴，我发现他是在看我的鼻子。

这时候，坡上又有很多人骑着自行车下来了，每辆车后都有两只大筐，骑车的人里面有一些孩子。他们蜂拥而来，又立刻将汽车包围。好些人跳到汽车上面，于是装苹果的箩筐纷纷而下，苹果从一些摔破的筐中像我的鼻血一样流了出来。他们都发疯般往自己筐中装苹果。才一瞬间工夫，车上的苹果全到了地下。那时有几辆手扶拖拉机从坡上隆隆而下，拖拉机也停在汽车旁，跳下一帮大汉开始往拖拉机上装苹果，那些空了的箩筐一只一只被扔了出去。那时的苹果已经满地滚了，所有人都像蛤蟆似地蹲着捡苹果。

我就是在这个时候奋不顾身扑上去的，我大声骂着"强盗！"扑了上去。于是有无数拳脚前来迎接，我全身每个地方几乎同时挨了揍。我支撑着从地上爬起来时，几个孩子朝我击来苹果。苹果撞在脑袋上碎了，但脑袋没碎。我正要扑过去揍那些孩子，有一只脚狠狠地踢在我腰部。我想叫唤一声，可嘴巴一张却没有声音。我跌坐在地上，我再也爬不起来了，只能看着他们乱抢苹果。我开始用眼睛去寻找那司机，这家伙此刻正站在远处朝我哈哈大笑，我便知道现在自己的模样一定比刚才的鼻子更精彩了。

那个时候我连愤怒的力气都没有了。我只能用眼睛看着这些使我愤怒到极顶的一切。我最感到愤怒的是那个司机。

坡上又下来了一些手扶拖拉机和自行车，他们也投入到这场浩劫中去。我看到地上的苹果越来越少，看着一些人离去和一些人来到。来迟的人开始在汽车上动手，我看着他们将车窗玻璃卸了下来，将轮胎卸了下来，又将木板橇了下来。轮胎被卸去后的汽车显得特别垂头丧气，它趴在地上。一些孩子则去捡那些刚才被扔出去的箩筐。我看着地上越来越干净，人也越来越少。可我那时只能看着了，因为我连愤怒的力气都没有了。我坐在地上爬不起来，我只能让目光走来走去。

现在四周空荡荡了，只有一辆手扶拖拉机还停在趴着的汽车旁。有几个人在汽车旁东瞧西望，是在看看还有什么东西可以拿走。看了一阵后才一个一个爬到拖拉机上，于是拖拉机开动了。

这时我看到那个司机也跳到拖拉机上去了，他在车斗里坐下来后还在朝我哈哈大笑。我看到他手里抱着的是我那个红色的背包。他把我的背包抢走了。背包里有我的衣服和我的钱，还有食品和书。可他把我的背包抢走了。

我看着拖拉机爬上了坡，然后就消失了，但仍能听到它的声音，可不一会连声音都没有了。四周一下子寂静下来，天也开始黑下来。我仍在地上坐着，我这时又饥又冷，可我现在什么都没有了。

我在那里坐了很久，然后才慢慢爬起来，我爬起来时很艰难，因为每动一下全身就剧烈地疼痛，但我还是爬了起来。我一拐一拐地走到汽车旁边。那汽车的模样真是惨极了，它遍体鳞伤地趴在那里，我知道自己也是遍体鳞伤了。

天色完全黑了，四周什么都没有，只有遍体鳞伤的汽车和遍体鳞伤的我。我无限悲伤地看着汽车，汽车也无限悲伤地看着我。我伸出手去抚摸了它。它浑身冰凉。那时候开始起风了，风很大，山上树叶摇动时的声音像是海涛的声音，这声音使我恐惧，使我也像汽车一样浑身冰凉。

我打开车门钻了进去，座椅没被他们撬去，这让我心里稍稍有了安慰。我就在驾驶室里躺了下来。我闻到了一股漏出来的汽油味，那气味像是我身内流出的血液的气味。外面风越来越大，但我躺在座椅上开始感到暖和一点了。我感到这汽车虽然遍体鳞伤，可它心窝还是健全的，还是暖和的。我知道自己的心窝也是暖和的。我一直在寻找旅店，没想到旅店你竟在这里。

我躺在汽车的心窝里，想起了那么一个晴朗温和的中午，那时的阳光非常美丽。我记得自己在外面高高兴兴地玩了半天，然后我回家了，在窗外看到父亲正在屋内整理一个红色的背包。我扑在窗口问："爸爸，你要出门？"

父亲转过身来温和地说："不，是让你出门。"

"让我出门？"

"是的，你已经十八了，你应该去认识一下外面的世界了。"

后来我就背起了那个漂亮的红背包，父亲在我脑后拍了一下，就像在马屁股上拍了一下。于是我欢快地冲出了家门，像一匹兴高采烈的马一样欢快地奔跑了起来。

1986 年 11 月 16 日于北京

（选自《北京文学》1987 年第 1 期）

【互联网+注释】

1. 掌握下列字词：

［1］绰号：外号、诨号。

2. 理解下列语句的意思：

［1］外面风越来越大，但我躺在座椅上开始感到暖和一点了。我感到这汽车虽然遍体鳞伤，可它心窝还是健全的，还是暖和的。

［2］后来我就背起了那个漂亮的红背包，父亲在我脑后拍了一下，就像在马屁股上拍了一下。于是我欢快地冲出了家门，像一匹兴高采烈的马一样欢快地奔跑了起来。

【互联网+知人论世】

1. 作者余华，1960 年生，浙江海盐人。1984 年开始文学创作，写下了《十八岁出门远行》《现实一种》《世事如烟》《河边的错误》《鲜血梅花》等几十部短中篇小说，出版小说集《偶然事件》和长篇小说《在烟雨中呼喊》《活着》等，为近年十分活跃的新潮小说代表作家之一。余华的小说从其叙述风格看大致可分为两类：一类以传统的写实手法为主，但又不同于传统故事小说。另一类则借鉴各种现代主义表现手法，搅乱时空界限，制造神秘氛围，还原欲望骚动，表现心理变态以及意识混乱的种种奇异感觉。但无论注重写实还是侧重还原感觉，余华都对人性中黑暗、丑恶、残忍的一面进行了无情的暴露。他写不可知的预感，写令人不寒而栗的死亡场面，写扭曲、乖戾、怪诞的人性……这一切再加上那无动于衷的冷漠的叙事态度，可以说，余华把 20 世纪 80 年代中期中国文坛掀起的冷漠之潮推到了冷酷的深处。

2. 余华的小说有着鲜明的时代特色，请结合其代表作分析。

【文本解读+鉴赏力】

莫言曾把余华称作“当代文坛上第一个清醒的说梦者”，认为《十八岁出门远行》是一篇“条理清楚的仿梦小说”。的确，小说自始至终沉浸在种种荒诞的、令人难以捉摸的情境当中，仿佛是梦境却又显得特别的真实。作品讲述“我”在刚满十八岁成年后被父亲赶出家门去体验外面的世界而经历的一系列的在“我”看来荒诞的、无法理解的事情。比如老乡涌上来抢苹果，“我”为保护苹果被打得满脸是血，令人匪夷所思的是司机不仅对自己的苹果被抢没有一丝的焦急，对帮助他保护苹果而遭毒打的“我”没有一丝怜惜，反而还对着“我”快意地大笑不止。通过这一系列的怪诞体验，“我”初尝了成人世界的野蛮、荒诞和暴力。成人世界的残酷使“我”震惊，使“我”“无限悲伤”，“像汽车一样浑身冰凉”。

余华曾说：“人类自身的肤浅来自经验的局限和对精神本质的疏远，只有脱离常识，背弃现状世界提供的秩序和逻辑，才能自由地接近真实。”显然西方现代文学和哲学思潮对其创作影响深远。《十八岁出门远行》这篇小说最大的特点就在于其先锋性的探索。其一，消解了传统小说的故事性。与传统小说典型环境典型人物具体情节不同，《十八岁出门远行》是条理清晰的仿梦小说，故事性的特征被情景化碎片化的景象和片段替代。虽然讲的是一个年轻人远行的故事，但是我们并不清楚这个年轻人从哪来到哪去，在出门之前发生了哪些故事，仿佛一切都是未知的但又真实的存在。其二，消解了人物形象的典型性。小说里所有出场的人物都被模糊化。我们看不清他们的脸，不知晓他们的具体身份，搞不清他们行动的意图。甚至连主人公“我”除了知晓他刚成人、出门远行，其他信息也是被模糊掉了的。其三，语言离奇，具有陌生效应。“下巴上那几根黄色的胡须迎风飘飘，那是第一批来这里定居的胡须，所以我格外珍惜它们”。用拟人化的手法描述胡须，生动之余更凸显出主人公成人的标志以及其对成人这件事情的重视和期待。

【阅读思考+创造力】

1. 作品荒诞性具体体现在哪？
2. 了解先锋小说。

【互联网+拓展链接】

1. 拓展阅读卡夫卡、博尔赫斯、加西亚·马尔克斯作品。
2. 通过拓展阅读感受余华小说身后的几位文学巨人的艺术魅力。

女孩子的花

唐敏

相传水仙花是由一对夫妻变化而来的。丈夫名叫金盏，妻子名叫百叶。因此水仙花的花朵有两种，单瓣的叫金盏，重瓣的叫百叶。

“百叶”的花瓣有四重，两重白色的大花瓣中夹着两重黄色的短花瓣。看过去既单纯又复杂，像闽南善于沉默的女子，半低着头，眼睛向下看的。悲也默默，喜也默默。

“金盏”由六片白色的花瓣组成一个盘子，上面放一只黄花瓣团成的酒盏。这花看去一目了然，的确有男子干脆简单的热情。特别是酒盏形的花蕊，使人想到死后还不忘饮酒的男人的豪情。

要是他们在变成花朵之前还没有结成夫妻，百叶的花一定是纯白的，金盏也不会有洁白的托盘。世间再也没有像水仙花这样体现夫妻互相渗透的花朵了吧？常常想象金盏喝醉了酒来亲昵他的妻子百叶，把酒气染在百叶身上，使她的花朵里有了黄色的短花瓣。百叶生气的时候，金盏端着酒杯，想喝而不敢，低声下气过来讨好百叶。这样的时候，水仙花散发出极其甜蜜的香味，是人间夫妻和谐的芬芳，弥漫在迎接新年的家庭里。

刚刚结婚，有没有孩子无所谓。只要有一个人出差，另一个就想方设法跟了去。炉子灭掉、大门一锁，无论到多么没意思的地方也是有趣的。到了有朋友的地方就尽兴地热闹几天，留下愉快的记忆。没有负担的生活，在大地上遛来逛去，被称作“游击队之歌”。每到一地，就去看风景，钻小巷走大街，袭击眼睛看得到的风味小吃。

可是，突然地，非常地想要得到唯一的“独生子女”。

冬天来临的时候，开始养育水仙花了。

从那一刻起，把水仙花看作是自己孩子的象征了。

像抽签那样，在一堆价格最高的花球里选了一个。

如果开“金盏”的花，我将有一个儿子；

如果开“百叶”的花，我会有一个女儿。

用小刀剖开花球，精心雕刻叶茎。一共有六个花苞。看着包在叶膜里像胖乎乎婴儿般的花蕾，心里好紧张。到底是儿子还是女儿呢？

我希望能开出“金盏”的花。

从内心深处盼望的是男孩子。

绝不是轻视女孩子，而是无法形容地疼爱女孩子。

爱到根本不忍心让她来到这个世界上。

因为我不能保证她一生幸福，不能使她在短暂的人生中得到最美的爱情。尤其担心她的身段容貌不美丽而受到轻视，假如她奇丑无比却偏偏又聪明又善良，那就注定了她的一生将有多么痛苦。

而男孩就不一样。男人是泥土造的，苦难使他们坚强。

上帝用泥土创造了男人，却用男人的肋骨造出了女人。肋骨上有新鲜的血和肉，只要轻轻一碰就会痛彻心肠。因此，女子连最微小的伤害也是不能忍受的。

从这个意义来说，女子是一种极其敏锐和精巧的昆虫。她们的触角、眼睛、柔软无骨的躯体，还有那艳丽的翅膀，仅仅是为了感受爱、接受爱和吸引爱而生成的。她们最早预感到灾难，又最早在灾难的打击下夭亡。

一天和朋友在咖啡座小饮。这位比我多了近十年阅历的朋友说：

“男人在爱他喜欢的女人的过程中感到幸福。他感到美满是因为对方接受他为她做的每件事。女人则完全相反，她只要接受爱就是幸福。如果女人去爱去追求她喜欢的男子，那是顶痛苦的事，而且被她爱的男人也就没有幸福的感觉了。这是非常奇妙的感觉。”

在茫茫的暮色中，从座位旁的窗口望下去，街上的行人如水，许多各种各样身世的男人和女人在匆匆走动。

“一般来说，男子的爱比女子长久。只要是他寄托过一段情感的女人，在许多年之后向他求助，他总是会尽心地帮助她的。男人并不太计较那女的从前对自己怎样。”

那一刹间我更加坚定了要生儿子的决心。男孩不仅仅天生比女孩能适应社会、忍受困苦，而且是女人幸福的源泉。我希望我的儿子至少能以善心厚待他生命中的女人，给她们短暂人生中永久的幸福感觉。

“做男人最大的缺点就是，没有办法珍惜他不喜欢的女人对他的爱慕。这种反感发自真心一点不虚伪，他们忍不住要流露出对那女儿的轻视。轻浮的少年就更加过分，在大庭广众下伤害那样的姑娘。这是男人邪恶的一面。”

我想到我的女儿，如果她有幸免遭当众的羞辱，遇到一位完全懂得尊重她感情的男人，却把尊重当成了对她的爱，那样的悲哀不是更深吗？在男人，追求失败了并没有破坏追求时的美感；在女人，则成了一生一世的耻辱。

怎么样想，还是不希望有女孩。

用来占卜的水仙花却迟迟不开放。

这棵水仙长得从未有过的结实，从来没晒过太阳也绿葱葱的，虎虎有生气。

后来，花蕾冲破包裹的叶膜，像孔雀的尾巴一样张开来，六只绿孔雀停在一块。

每一个花骨朵都胀得满满的，但是却一直不肯开放。

到底是“金盏”还是“百叶”呢？

弗洛伊德[1]的学说已经够让人害怕了，婴儿在吃奶的时期起就有了爱欲，而一生的行为都受着情欲的支配。

偶然听佛学院学生上课，讲到佛教的“缘生”[2]说。关于十二因缘，就是从受胎到死的生命的因果律，主宰一切有形和无形的生命与精神变化的力量是情欲。不仅是活着的人自身对事物的感受受着情欲的支配，就连还没有获得生命形体的灵魂，也受着同样的支配。

生女儿的，是因为有一个女的灵魂爱上了做父亲的男子，投入他的怀抱，化作他的女儿；

生儿子的，是因为有一个男的灵魂爱上了做母亲的女子，投入她的怀抱，化作她的儿子。

如果我到死也没有听到这种说法，脑子里就不会烙下这么骇人的火印。如今却怎么也忘不了。

回家，我问我的郎君："要男孩还是女孩？"

"女孩！"他毫不犹豫地回答。

"男孩！"我气极了！

"为什么？"他奇怪了。

我却无从回答。

就这样，在梦中看见我的水仙花开放了。

无比茂盛，是女孩子的花，满满地开了一盆。

我失望得无法形容。

开在最高处的两朵并在一起的花说：

"妈妈不爱我们，那就去死吧！"

她们俩向下一倒，浸入一盆滚烫的开水中。

等我急急忙忙把她们捞起来，并表示愿意带她们走的时候，她们已经被烫得像煮熟的白菜叶子一样了。

过了几天，果然是女孩子的花开放了。

在短短的几天内，她们拼命地怒放开所有的花朵。也有一枝花茎抽得最高的，在这簇花朵中，有两朵最大的花并肩开放着。和梦中不同的，她们不是抬着头，而是全部低着头的，像受了风吹，花向一个方向倾斜。抽得最长的那根花茎突然立不直了，软软地东倒西歪。用绳子捆，用铅笔顶，都支不住。一不小心，这花茎就"啪"地倒下来。

不知多么抱歉，多么伤心。终日看着这盆盛开的花。

它发出一阵阵锐利的芬芳，香气直钻心底。她们无视我的关切，完全是为了她们自己在努力地表现她们的美丽。

每朵花都白得浮悬在空中，云朵一样停着。其中黄灿灿的花瓣，是云中的阳光。她们短暂的花期分秒流逝。

她们的心中鄙视我。

我的郎君每天忙着公务，从花开到花谢，他都没有关心过一次，更没有谈到过她们。他不知道我的鬼心眼。

于是这盆女孩子的花就更加显出有多么的不幸了。

她们的花开盛了，渐渐要凋谢了，但依然美丽。

有一天停电，我点了一支蜡烛放在桌上。当我从楼下上来时，发现蜡烛灭了，屋内漆黑。我划亮火柴。是水仙花倒在蜡烛上，把火压灭了。是那支抽得最高的花茎倒在蜡烛上。和梦中的花一样，她们自尽了。蜡烛把两朵水仙花烧掉了，每朵烧掉一半。剩下的一半还是那样水灵灵地开放着，在半朵花的地方有一条黑得发亮的墨线。

我吓得好久回不过神来。

这就是女孩子的花，刀一样的花。

在世上可以做许多错事，但绝不能做伤害女孩子的事。

只剩了养水仙的盆。

我既不想男孩也不想女孩，更不做可怕的占卜了。

但是我命中的女儿却永远不会来临了。

【互联网+注释】

1. 掌握下列字词：

[1] 弗洛伊德（Sigmund Freud，1856年5月6日—1939年9月23日），知名医师、精神分析学家，犹太人，精神分析学的创始人，被称为“维也纳第一精神分析师”。著有《梦的解析》《精神分析引论》《图腾与禁忌》等。

[2] 缘生：佛教语。一切有生灭的事物皆由众缘（条件）和合而生，没有固定不变的自性。

2. 理解下列语句的意思：

[1] 肋骨上有新鲜的血和肉，只要轻轻一碰就会痛彻心肠。因此，女子连最微小的伤害也是不能忍受的。

[2] 但是我命中的女儿却永远不会来临了。

【互联网+知人论世】

1. 作者简介：唐敏，生于1954年，当代女作家，出生于上海，祖籍山东沂水。1959年，随父母迁居福州。1979年，开始发表作品。1986年，厦门市文联《厦门文学》编辑。1989年12月26日，被判一年有期徒刑，成为国内首个因诽谤案入狱的女作家。

作品：长篇小说《李清照》《诚》《走向和平：狱中手记》（长篇报告文学）《红瘦》《圣殿》《男女关系》《幸运大流浪》《激情激荡》。散文集《纯净的落叶》《女孩子的花》《青春缘》《屋檐水滴》《女孩子的地图》《美味佳肴的受害者》。中篇小说《远山远水》。

唐敏的散文，如她自己所说，是致力于“写女性苦难的美丽的”。在她笔下，女性的苦难和女性的美丽呈双螺旋结构的背反形态，苦难由人类性别歧视的历史文化对现实的制约和滞后造成，这美丽既为自然造化所赐，而同时也是精神锁链上的花朵。女性在人类历史创造中所承受的责任和使命，与强加在这责任和使命之上的悲剧，两相砥砺而激荡，迸发抗衡。她笔下的女性意识一方面有那么一股苦涩难忍的凌厉逼人的锋芒，另一方面她的美却是沉静的、纯净的、抚慰人的。

唐敏的散文的题材都是普通生活小事，大致可分为对日常生活的心理感受、对童年趣事的描述、对自然之美的发现和领悟等。其中最为人称道的就是自然美景与个体情感、感受的审美观照有机统一的关于自然题材的散文。

她善于把对日常生活或自然景观细致入微的观察与女性的独特感受结合起来，从而使自然“人化”——成为“心中的大自然”，让客观对象经过心灵的感悟、主体的投射而通体散发出人性的光泽、女性的气息和艺术的灵气，显示出一个清新纯净、充满细腻独特的女性感受的艺术世界。

【文本解读+鉴赏力】

《女孩子的花》从有关水仙花的爱情故事开篇，转而回到“我”的现实生活。“我”借由水仙的开花预测自己今后所生是男孩还是女孩。虽然没有表明却从每个细节透露出“我”其实很想生一个男孩，缘由并非传统观念里的所谓的男尊女卑，而是“我”太知道在这个世界上女孩子有多么的不容易，太心疼女孩子，而不忍心让她来到这个世界。其后，文章转而进入第三个层次，“我”又由现实进入梦境，在梦里我的“女孩子的花”开放了，最后却投入开水里自尽，似乎是对“我”的无声的埋怨和抗议。最后，“我”又回到了现实，和梦里一样，我的“女孩子的花”果真开了，也同样用扑火自尽的方式选择了结束。

唐敏的散文注重写内在的感觉，此篇文章围绕“女孩子的花”展开，把细腻温婉而又略带伤感甚至有些自怨自艾的女性心理世界呈现出来。作为女性，作者深知女性在这个世界上的不容易，于是提出了一系列女性立足于这个世界存在的痛点，比如容貌问题、面对感情时出现的问题，等等。通过文章不难看出，作者试图抛出问题让世人知晓但是又害怕不被人理解的矛盾心理。

《女孩子的花》是一篇难得的美文。不仅有可媲美于小说的严谨的结构、清晰的层次，而且又有着优美清新的语言，还带着独特细腻的女性思考。

【阅读思考+创造力】

1. 总结《女孩子的花》的结构特色。
2. 说说“女孩子的花”的象征意蕴。

【互联网+拓展链接】

1. 平行阅读弗吉尼亚·伍尔夫的《一间自己的房间》。
2. 拓展阅读张爱玲的《天才梦》。
3. 拓展阅读西蒙娜·德·波伏娃的《第二性》。

第七章 艺术人生

西洲曲[1]

乐府民歌

忆梅下西洲[2]，折梅寄江北[3]。单衫杏子红，双鬓鸦雏色[4]。
西洲在何处？两桨桥头渡。日暮伯劳[5]飞，风吹乌臼树。
树下即门前，门中露翠钿[6]。开门郎不至，出门采红莲。
采莲南塘秋，莲花过人头。低头弄莲子，莲子清如水。
置莲怀袖中，莲心彻底红。忆郎郎不至，仰首望飞鸿[7]。
鸿飞满西洲，望郎上青楼[8]。楼高望不见，尽日[9]栏杆头。
栏杆十二曲，垂手明如玉。卷帘天自高，海水摇空绿。
海水梦悠悠，君愁我亦愁。南风知我意，吹梦到西洲。

【互联网+注释】

1. 掌握下列字词：

[1]《西洲曲》：本篇选自《乐府诗集·杂曲歌辞》，属于南朝民歌。西洲曲，乐府曲调名。

[2] 下：往。西洲：应当是在女子住处附近。

[3] 江北：应当指男子所在的地方。

[4] 鸦雏色：像小乌鸦一样的颜色。形容女子的头发乌黑发亮。

[5] 伯劳：鸟名，仲夏始鸣，喜欢单栖。这里一方面用来表示仲夏的季节，一方面暗喻女子孤单的处境。

[6] 翠钿：用翠玉镶嵌的首饰。

[7] 望飞鸿：这里暗含有望书信的意思。因为古代有鸿雁传书的传说。

[8] 青楼：以青色涂饰之楼。唐朝以前的诗中一般用来指女子的居所。

[9] 尽日：整天。

2. 理解下列语句的意思：

［1］卷帘天自高，海水摇空绿。

［2］海水梦悠悠，君愁我亦愁。南风知我意，吹梦到西洲。

【互联网+知人论世】

1.《西洲曲》是南朝乐府民歌中的名篇，也是乐府民歌的代表之作。写作时间和背景没有定论，一说是产生于梁代的民歌，收入当时乐府诗集；另一说是江淹所作，为徐陵《玉台新咏》所记载。还有一说在明清人编写的古诗选本里，又或作“晋辞”，或以为是梁武帝萧衍所作。但此诗具体在何时产生，又出自何人之手，千百年来没有足够的证据来说明，扑朔迷离中一直难以形成定论。但从内容和风格看，它当是经文人润色改定的一首南朝民歌，十分精致流丽，广为后人传诵。

2. 查阅并诵读几首南朝乐府民歌的其他作品。

【文本解读+鉴赏力】

《西洲曲》是一首具有叙事性质的抒情诗，五言三十二句，是南朝乐府民歌中少见的长篇。诗歌抒发了女子与情人分别后无尽的相思，感情细腻委婉，沈德潜称其“续续相生，连跗接萼，摇曳无穷，情味愈出”（《古诗源》卷十二），陈祚明则谓之“言情之绝唱”（《采菽堂古诗选》），堪称这一时期民歌中最成熟最精致的代表作之一。

全诗可分为五层，第一层四句，写西洲折梅，女子杏红的衣衫与乌黑的鬓发相映生辉、光彩照人；西洲大概是女子曾经与情人相会的地方，而梅花是能触发他们彼此之间美好回忆之物，故而折梅寄赠。接下来的八句为第二层，写闺中等待，却久等不至；开门迎郎，又终究失望。因离愁难遣，故出门采莲，含蓄地表达了自己内心的孤独与思念。由此过渡到第三层。第三层也是八句，写南塘采莲。“莲”“怜”谐音，系双关隐语，表达绵绵爱恋之情。而“莲子清如水”象征爱情的纯洁，“莲心彻底红”则述说自己对爱情的真挚和执着。采莲仍然排遣不尽内心苦闷，于是再次转移活动的地点，从而进入到第四层，这八句诗主要写登楼望郎，凭栏苦候。采用了顶真手法，使诗意衔接更加紧密。最后四句诗为第五层，写相思寄梦。终日思君不见君，只能把情意寄托于幻梦，希望那悠悠南风，把它带到西洲去，让彼此在梦中亦能欢聚。在浪漫主义的氛围中，把这痴情女子的深情思念推向了高潮。

整首诗歌展现了高超的抒情艺术技巧。作者善于在动态描写中表现人物的思想感情，把难以描摹的内心情感外化为具体的行动：忆梅、折梅、寄梅、开门、出门、采莲、弄莲、置莲、望鸿、上楼、凭栏、卷帘、入梦，等等，并伴随着一系列活动地点的转移，层次分明地写出人物感情的变化，动作、心理描写细致入微，感情表达婉转多姿。在创作技法方面，基本采取四句一换韵，音律和畅而又富于变化。尤其是巧妙运用了蝉联而下的接字法，顶真勾连，环环相扣，更显声情摇曳，情味无穷。

【阅读思考+创造力】

1. 这首诗歌中多处运用了双关隐语，请把它们找出来并谈谈其对作品艺术表现的作用。

2. 这首诗歌通过哪些动作来表现出人物心情的细致变化？

3. 陈祚明称《西洲曲》是“言情之绝唱”（《采菽堂古诗选》），你对此如何理解？

【互联网+拓展链接】

1. 欣赏宋祖英专辑《爱的史诗》中的歌曲《西洲曲》，在音乐之中感受诗歌亘古不变的艺术魅力。

2. 课外阅读李白《采莲曲》、王昌龄《采莲曲》。

读第五才子书法（节选）

金圣叹

《水浒传》写一百八个人性格，真是一百八样。若别一部书，任他写一千个人，也只是一样；便只写得两个人，也只是一样。

《水浒传》章有章法，句有句法，字有字法。人家子弟稍识字，便当教令反复细看，看得《水浒传》出时，他书便如破竹。

江州城劫法场一篇，奇绝了；后面却又有大名府劫法场一篇，益发奇绝。

潘金莲偷汉一篇，奇绝了；后面却又有潘巧云偷汉一篇，益发奇绝。

景阳冈打虎一篇，奇绝了；后面却又有沂水县杀虎一篇，益发奇绝。真正其才如海。

劫法场，偷汉，打虎，都是极难题目，直是没有下笔处，他偏不怕，定要写出两篇。

《宣和遗事》具载三十六人姓名，可见三十六人是实有。只是七十回中许多事迹，须知都是作书人凭空造谎出来。如今却因读此七十回，反把三十六个人物都认得了，任凭提起一个，都似旧时熟识，文字有气力如此。

一百八人中，定考武松上上。时迁、宋江是一流人，定考下下。

鲁达自然是上上人物，写得心地厚实，体格阔大。论粗鲁处，他也有些粗鲁；论精细处，他亦甚是精细。然不知何故，看来便有不及武松处。想鲁达已是人中绝顶，若武松直是天神，有大段及不得处。

《水浒传》只是写人粗鲁处，便有许多写法。如鲁达粗鲁是性急，史进粗鲁是少年任气，李逵粗鲁是蛮，武松粗鲁是豪杰不受羁靮[1]，阮小七粗鲁是悲愤无说处，焦挺粗鲁是气质不好。

李逵是上上人物，写得真是一片天真烂漫到底。看他意思，便是山泊中一百七人，无一个人得他眼。《孟子》“富贵不能淫，贫贱不能移，威武不能屈”，正是他好批语。

看来作文，全要胸中先有缘故[2]。若有缘故时，便随手所触，都成妙笔；若无缘故时，直是无动手处，便作得来，也是嚼蜡。

只如写李逵，岂不段段都是妙绝文字，却不知正为段段都在宋江事后，故便妙不可言。盖作者只是痛恨宋江奸诈，故处处紧接出一段李逵朴诚来，做个形击。

其意思自在显宋江之恶，却不料反成李逵之妙也。此譬如刺枪，本要杀人，反使出一身家数。

近世不知何人，不晓此意，却节出李逵事来，另作一册，题曰“寿张文集”，可谓咬人屎撅，不是好狗。

写李逵色色绝倒，真是化工肖物之笔。他都不必具论；只如逵还有兄李达，便定然排行第二也，他却偏要一生自叫李大，直等急切中移名换姓时，反称作李二，谓之乖觉。试想他肚里，是何等没分晓。

任是真正大豪杰好汉子，也还有时将银子买得他心肯。独有李逵，便银子也买他不得，须要等他自肯，真又是一样人。

林冲自然是上上人物，写得只是太狠。看他算得到，熬得住，把得牢，做得彻，都使人怕。这般人在世上，定做得事业来，然琢削元气也不少。

吴用定然是上上人物，他奸猾便与宋江一般，只是比宋江，却心地端正。

宋江是纯用术数去笼络人，吴用便明明白白驱策群力，有军师之体。

吴用与宋江差处，只是吴用却肯明白说自家是智多星，宋江定要说自家志诚质朴。

宋江只道自家笼罩吴用，吴用却又实实笼罩宋江。两个人心里各各自知，外面又各各只做不知，写得真是好看煞人。

花荣自然是上上人物，写得恁地文秀。

阮小七是上上人物，写得另是一样气色。一百八人中，真要算做第一个快人，心快口快，使人对之，龌龊都销尽。

杨志、关胜是上上人物。杨志写来是旧家子弟，关胜写来全是云长变相。

秦明、索超是上中人物。

史进只算上中人物，为他后半写得不好。

呼延灼却是出力写得来的，然只是上中人物。

卢俊义、柴进只是上中人物。卢俊义传，也算极力将英雄员外写出来了，然终不免带些呆气。譬如画骆驼，虽是庞然大物，却到底看来觉道不俊。柴进无他长，只有好客一节。

朱仝与雷横，是朱仝写得好。然两人都是上中人物。

杨雄与石秀，是石秀写得好。然石秀便是中上人物，杨雄竟是中下人物。

公孙胜便是中上人物，备员而已。

李应只是中上人物，然也是体面上定得来，写处全不见得。

阮小二、阮小五、张横、张顺，都是中上人物。燕青是中上人物，刘唐是中上人物，徐宁、董平是中上人物。

戴宗是中下人物，除却神行，一件不足取。

吾最恨人家子弟，凡遇读书，都不理会文字，只记得若干事迹，便算读过一部书了。虽《国策》《史记》都作事迹搬过去，何况《水浒传》。

【互联网+注释】

1. 掌握下列字词：

[1] 不受羁靮（dí）：不受约束。

[2] 缘故：此处指要抒发的感情。

2. 理解下列语句的意思：

[1] 看得《水浒传》出时，他书便如破竹。

[2] 虽《国策》《史记》都作事迹搬过去。

【互联网+知人论世】

1. 作者简介：金圣叹（1608—1661），苏州府长洲县人，少年时期便表现出对文学的强烈兴趣和不凡才华。由于明清易代在生活和心理上给金圣叹造成沉重打击，他决意不事清廷，断绝仕途，致力于学术研究，先后研究了文字学、佛学、易学等，同时提出著名的“六才子书”说，认为庄周、屈原、司马迁、杜甫、施耐庵、王实甫是真正的“才子”，决心把毕生精力倾注在为他们的著作扬隐阐微的事业上。在生命的最后阶段，金圣叹因参与谋划并起草传单，成为“苏州学潮”的核心人物，最终为苏州巡抚所害，时年54岁。

2. “六才子书”指《庄子》《离骚》《史记》《杜工部集》《水浒传》《西厢记》，金圣叹为六部书都做了评点。但由于他疏狂成性的才子作风，评点多半是兴至则奋笔疾书，兴阑则投笔弃书，故半成品居多，真正完成点评的，唯有《水浒传》和《西厢记》。

【文本解读+鉴赏力】

崇祯十四年（1641年），金圣叹完成了对《水浒传》的评点工作，在好友贯华堂主人的资助下，以《贯华堂第五才子书》的名目刊行。金圣叹的小说理论主要体现在这部书中，金圣叹一生中影响最大的事情也是批点和刊刻了《水浒传》。他将120回本的《水浒传》删改至梁山好汉排座次，保留了120回本的精华，克服了原来拖沓的毛病，深受读者欢迎，他的批语也随之流传，产生了很大的影响。

金圣叹高度评价了《水浒传》的创作艺术，认为认真研读水浒可“得读一切书之法”。他主要从两个角度对《水浒传》进行艺术鉴赏，一是从文章学角度赞赏《水浒传》的行文布局、遣词造句技巧；二是从文学角度欣赏《水浒传》人物形象塑造、情节结构安排以及艺术想象能力等。金批的一个特色是善于使用描述之法来对《水浒传》的情节和艺术效果进行赏析，令读者印象深刻。

本篇是金批的节选。首先指出《水浒传》情节结构的“奇绝”，表现在施耐庵善用犯重逞才的手法塑造人物，令人直叹才气如海。而后转入对《水浒传》人物形象的评点，依据金圣叹的喜好，《水浒传》人物被他分为上上人物、上中人物、中上人物、中下人物、下中人物、下下人物几类，各类人物均是同中有异。在金批中，不但能够看到同类人物的特点，更能看到经过金圣叹细心比较后各自的独到之处，如鲁达、史进、李逵、武松、阮小七、焦挺都是粗鲁之人，却又粗鲁得各有特色，而同样是奸猾有智计，宋江却落了下层，被批为下下人物，吴用却因光明磊落被赞为上上之人，等等。

从选文中可见，金批主张人物个性化，把个性化定为小说审美的头条标准，所谓“写一百八个人性格，真是一百八样”，在我国小说理论史上第一次使用了“性格”一词，影响深远。

【阅读思考+创造力】

1. 金圣叹认为《水浒传》在创作上有何奇绝之处？

2. 你是否同意金圣叹对《水浒传》人物的点评？

【互联网+拓展链接】

1. 课外阅读《水浒传》，深入体会小说的人物描写方法。
2. 选择其中一个人物，对他进行赏析性的品评，300字左右。

童心说

李贽

龙洞山农[1]叙《西厢》，末语云："知者勿谓我尚有童心可也。"夫童心者，真心也。若以童心为不可，是以真心为不可也。夫童心者，绝假纯真，最初一念之本心也。若失却童心，便失却真心；失却真心，便失却真人。人而非真，全不复有初矣。童子者，人之初也；童心者，心之初也。夫心之初，曷[2]可失也？然童心胡然而遽失[3]也。

盖方其始也，有闻见从耳目而入，而以为主于其内而童心失。其长也，有道理从闻见而入，而以为主于其内而童心失。其久也，道理闻见日以益多，则所知所觉日以益广，于是焉又知美名之可好也，而务欲以扬之而童心失。知不美之名之可丑也，而务欲以掩之而童心失。夫道理闻见，皆自多读书识义理而来也。古之圣人，曷尝不读书哉？然纵不读书，童心固[4]自在也；纵多读书，亦以护此童心而使之勿失焉耳，非若学者反以多读书识义理而反障之也。夫学者既以多读书识义理障其童心矣，圣人又何用多著书立言以障学人为耶？童心既障，于是发而为言语，则言语不由衷；见而为政事，则政事无根柢[5]；著而为文辞，则文辞不能达。非内含于章美也，非笃实生辉光也，欲求一句有德之言，卒不可得，所以者何？以童心既障，而以从外入者闻见道理为之心也。

夫既以闻见道理为心矣，则所言者皆闻见道理之言，非童心自出之言也，言虽工，于我何与？岂非以假人言假言，而事假事、文假文乎！盖其人既假，则无所不假矣。由是而以假言与假人言，则假人喜；以假事与假人道，则假人喜；以假文与假人谈，则假人喜。无所不假，则无所不喜。满场是假，矮人何辨[6]也。然则虽有天下之至文，其湮灭于假人而不尽见于后世者，又岂少哉！何也？天下之至文，未有不出于童心焉者也。苟童心常存，则道理不行，闻见不立，无时不文，无人不文，无一样创制体格文字而非文者。诗何必古《选》[7]，文何必先秦，降而为六朝，变而为近体，又变而为传奇，变而为院本，为杂剧，为《西厢曲》，为《水浒传》，为今之举子业，皆古今至文，不可得而时势先后论也。故吾因是而有感于童心者之自文也，更说甚么六经[8]，更说甚么《语》《孟》乎！

夫六经、《语》《孟》，非其史官过为褒崇之词，则其臣子极为赞美之语，又不然，则其迂阔门徒、懵懂弟子，记忆师说，有头无尾，得后遗前，随其所见，笔之于书。后学不察，便谓出自圣人之口也，决定目之为经矣，孰知其大半非圣人之言乎？纵出自圣人，要亦有为而发，不过因病发药，随时处方，以救此一等懵懂弟子，迂阔门徒云耳。医药假病，方难定执，是岂可遽以为万世之至论乎？然则六经、《语》《孟》，乃道学之口实，假人之渊薮[9]也，断断乎其不可以语于童心之言明矣。呜呼！吾又安得真正大圣人童心未曾失者而与之一言文哉！

【互联网+注释】

1. 掌握下列字词：

[1] 龙洞山农：有人认为是李贽别号，有人认为是颜钧，字山农。

[2] 曷（hé）：什么。

[3] 遽（jù）失：很快就失去。

[4] 固：本来。

[5] 根柢（dǐ）：根基。

[6] 矮人何辨：矮人看不到台上演戏，就无法分辨（角色）了。

[7] 古《选》：推崇《文选》。

[8] 六经：儒家的经典《诗》《书》《礼》《乐》《易》《春秋》。

[9] 渊薮（sǒu）：原指鱼和兽类聚居的处所，比喻人或物聚集的地方。

2. 理解下列语句的意思：

[1] 知者勿谓我尚有童心可也。

[2] 圣人又何用多著书立言以障学人为耶。

【互联网+知人论世】

1. 作者简介：李贽（1527—1602），字卓吾，号宏甫，福建泉州人，明代思想家、文学家，泰州学派的宗师。曾任职云南姚安知府，后来辞官讲学，被官府以“敢倡乱道，惑世诬民”的罪名逮捕下狱，最后自刎而死。李贽公然以“异端”自居，指出只有把人性从既存知识和价值体系的束缚中解放出来，真情才能显露，“至文”才能产生，具有思想启蒙的意味。

2. 童心：李贽认为是由人的自然本性所产生的未经假饰的真情实感，与之对立的，则是社会教给人们的知识与价值体系。

【文本解读+鉴赏力】

明中叶，王阳明以“心即理”的哲学命题为中心，形成思想领域盛行一时的王学，要求对陈腐顽固的程朱理学进行修正，强调个人拥有认识真理的权利，注重提倡个性尊严而反对偶像崇拜，具有思想解放的意味。到了明后期，李贽在王学思想基础上进一步发展，不仅充分肯定了人欲，认为人为自身谋取利益是人的天性，是合理的本性，更提出要从根本上摆脱对历史元典的依赖、重新建设社会文化的要求，具有思想启蒙的作用。

在文学方面，李贽主张创作要“绝假还真”，抒发己见，认为唯有童心才是真心，有真心方能为真文、做真人、说真事、讲真理，建立了以“童心说”为核心的新思想体系。

本文首段中，作者阐释了童心的重要性。何为童心？童心即是真心；童心若失，将会怎样呢？“若失却童心，便失却真心；失却真心，便失却真人。人而非真，全不复有初矣”，这便是失去童心的后果：人无童心，即无真心；人无真心，便非真人；人非真人，人类天性中最初的善良纯洁将会无处安放。

第二段从现实出发，为人们揭示童心在现实世界中屡屡难寻的根源，即“多读书识义理而反障之”。人们接触和认识世界从闻见而入，随着闻见的积累，逐渐懂得分辨美丑善恶、得失利害，在经验与教训的警示下，人们学会了选择看似适应现实世界，实则混淆了本心的道理规范，以此来指导生活，于是人的真心、童心遂被歪曲、隐藏，正所谓“人生识字糊涂始”。

第三段则承接上段，阐释童心被蒙蔽的危害，一是世间将为假言、假人、假事、假文笼罩，二是在这样的掣肘下，人们将只会被既定规则所囿，失去鉴别能力，欣赏不到也写不出真正至纯至真之好文了。

第四段提出强烈批判，抨击历史上所谓的“元典”之虚伪失真、蒙蔽后人，鼓励人们打倒偶像，推翻经典，而不是随波逐流，做一个没有主见的“点头虫”，应敢于大胆地以自身的感觉为判断标准，肯定真意，摈弃假心。

综合来看，《童心说》反对的其实是封建的道学教育和名教的束缚、封建文化的权威和僵化，是对封建专制主义压制人的个性和情感、程朱理学摧残人们精神和理智的一种抗争，是封建名教重压下的人的主体的觉悟。

【阅读思考+创造力】

1. 李贽的“童心说”有哪些要求？
2. 你是否同意李贽的“童心说”？

【互联网+拓展链接】

1. 课外阅读李贽的诗文作品，以“童心说”的观点对其进行分析。
2. 结合课本中《游园·惊梦》一折，对汤显祖与李贽的文学主张进行比较。

论世变之亟

严复

呜呼！观今日之世变，盖自秦以来，未有若斯之亟也。夫世之变也，莫知其所由，然强而名之曰运会[1]。运会既成，虽圣人无所为力。盖圣人亦运会中之一物，既为其中之一物，谓能取运会而转移之，无是理也。彼圣人者，特知运会之所由趋，而逆睹其流极。唯知其所由趋，故后天而奉天时；唯逆睹其流极，故先天而天不违。于是裁成辅相，而置天下于至安。后之人从而观其成功，遂若圣人真能转移运会也者，而不知圣人之初无有事也。即如今日中、倭之构难[2]，究所由来，夫岂一朝一夕之故也哉！

尝谓中西事理，其最不同，而断乎不可合者，莫大于中之人好古而忽今，西之人力今以胜古；中之人以一治一乱、一盛一衰为天行人事之自然，西之人以日进无疆，既盛不可复衰，既治不可复乱，为学术政化之极则。盖我中国圣人之意，以为吾非不知宇宙之无尽藏，而人心之灵苟日开瀹[3]焉，其机巧智能可以驯致于不测也。而吾独置之而不以为务者，盖生民之道期于相安相养而已。夫天地之物产有限，而生民之嗜欲无穷，孳乳[4]寖多，镌鑱[5]日广，此终不足之势也。物不足则必争，而争者人道之大患也。故宁以止足为教，使各安于朴鄙颛蒙[6]，耕凿[7]焉以事其长上。是故春秋大一统，一统者，平争之大局也。秦之销兵焚书，其作用盖亦犹是。降而至于宋以来之制科，其防争尤为深且远。取人人尊信之书，使其反覆沉潜，而其道常在若远若近、有用无用之际。悬格[8]为招矣，而上智有不必得之忧，下愚有或可得之庆。于是举天下之圣智豪杰，至凡有思虑之伦，吾顿八纮之网以收之，即或漏吞舟之鱼，而已暴鳃断鳍，颓然老矣，尚何能为推波助澜之事也哉？嗟乎！此真圣人牢笼天下，平争泯乱之至术，而民智因之以日穷，民力因之以日衰。其究也，至不能与外国争一旦之命，则圣人计虑之所不及者也。虽然，使至于今，吾为吾治，而跨海之汽舟不来，缩地之飞车不至，则神州之众老死不与异族相往来，富者常享其富，贫者常安其贫。明天泽之义，则冠履之分严；崇柔让之教，则嚣凌之氛泯。偏灾虽繁，有补苴[9]之术；萑苻[10]虽伙，有剿绝之方。此纵难言郅治[11]乎，亦用相安而已。而孰意患常出于所虑之外，乃有何物泰西其人者，盖自高颡深目之伦，杂处此结衽编发之中，则我四千年文物声明，已涣然有不终日之虑。逮今日而始知其危，何异齐桓公以见痛之日，为受病之始也哉！

夫与华人言西治，常苦于难言其真。存彼我之见者，弗察事实，辄言中国为礼义之区，而东西朔南，凡吾王灵所弗届者，举为犬羊夷狄，此一蔽也。明识之士，欲一国晓然于彼此之情实，其议论自不得不存是非善否之公；而浅人怙私，常詈其誉仇而背本，此又一蔽也。而不知徒塞一己之聪明，以自欺而常受他族之侵侮，而莫与谁何。忠爱之道固如是乎？周孔之教又如是乎？公等念之。今之夷狄，非犹古之夷狄也。今之称西人者，曰彼善会计而已，又曰彼擅机巧而已。不知吾今兹之所见所闻，如汽机兵械之伦，皆其形下之粗迹。即所谓天算格致之最精，亦其能事之见端，而非命脉之所在。其命脉云何？苟扼要而谈，不外于学术则黜伪而崇真，于刑政则屈私以为公而已。斯二者与中国理道，初无异也。顾彼行之而常通，吾行之而常病者，则自由、不自由异耳。

夫自由一言，真中国历古圣贤之所深畏，而从未尝立以为教者也。彼西人之言曰："唯天生民，各具赋畀[12]，得自由者乃为全受。"故人人各得自由，国国各得自由，第务令毋相侵损而已。侵人自由者，斯为逆天理、贼人道。其杀人伤人及盗蚀人财物，皆侵人自由之极致也。故侵人自由，虽国君不能，而其刑禁章条要皆为此设耳。中国理道与西法自由最相似者，曰恕，曰絜矩[13]。然谓之相似则可，谓之真同则大不可也。何则？中国恕与絜矩，专以待人接物而言，而西人自由则于接物之中，而实寓所以存我者也。自由既异，于是群异丛然以生。粗举一二言之，则如中国最重三纲，而西人首明平等；中国亲亲，而西人尚贤；中国以孝治天下，而西人以公治天下；中国尊主，而西人隆民；中国贵一道而同风，而西人喜党居而州处；中国多忌讳，而西人重讥评。其于财用也，中国重节流，而西人重开源；中国追淳朴，而西人求欢虞。其接物也，中国美谦屈，而西人务发舒；中国尚节文，而西人乐简易。其于为学也，中国夸多识，而西人尊新知。其于祸灾也，中国委天数，而西人恃人力。若斯之伦，举有与中国之理相抗，以并存于两间，而吾实未敢遽分其优绌也。

自胜代末造，西旅已通，迨及国朝，梯航日广，马嘉尼之请不行，东印度之师继至。道咸以降，持驱夷之论者，亦自知其必不可行，群喙稍息，于是不得已而连有廿三口之开。此郭侍郎《罪言》所谓："天地气机，一发不可复遏。士大夫自怙其私，求抑遏天地已发之机，未有能胜者也。"自蒙观之，夫岂独不能胜之而已，盖未有不反其祸者也，惟其遏之愈深，故其祸之发也愈烈。不见夫激水乎？其抑之不下，则其激也不高。不见夫火药乎？其塞之也不严，则其震也不迅。三十年来，祸患频仍，何莫非此欲遏其机者阶之厉乎？且其祸不止此。究吾党之所为，盖不至于灭四千年之文物，而驯致于瓦解土崩，一涣而不可复收不止也。此真泯泯者，智虑所万不及知，而闻斯之言，未有不指为奸人之言，助夷狄恫喝而扇其焰者也。

夫为中国之人民，谓其有自灭同种之为，所论毋乃太过？虽然，待吾言之，方西人之初来也，持不义害人之物而与我构难，此不独有识所同疾，即彼都人士亦至今引为大诟者也。且中国蒙累朝列圣之庥，幅员之广远，文治之修明，度越前古。游其宇者，自以谓横目冒耏[14]之伦，莫我贵也。乃一旦有数万里外之荒服岛夷，鸟言夔面，飘然戾止[15]，叩关求通，所请不得，遂尔突我海疆，虏我官宰，甚而至焚毁宫阙，震惊乘舆。当是之时，所不食其肉而寝其皮者，力不足耳。谓有人焉，伈伈伣伣，低首下心，讲其事而咨其术，此非病狂无耻之民不为是也。是故道咸之间，斥洋务之污，求驱夷之策者，智虽囿于不知，术或操其已促，然其人谓非忠孝节义者徒，殆不可也。然至于今之时，则大异矣。何以言之？盖谋国之方，莫善于转祸而为福；而人臣之罪，莫大于苟利而自私。夫士生今日，不睹西洋富强之效者，无目者也。谓不讲富强，而中国自可以安；谓不用西洋之术，而富强自可致；谓用西洋之术，无俟于通达时务之真人才，皆非狂易丧心之人不为此。然则印累绶若之徒，其必矫尾厉角，而与天地之机为难者，其用心盖可见矣。善夫！姚郎中之言曰："世固有宁视其国之危亡，不以易其一身一瞬之富贵。"故推鄙夫之心，固若曰："危亡危亡，尚不可知。即或危亡，天下共之。吾奈何令若辈志得，而自退处无权势之地乎？"孔子曰："苟患失之，无所不至。"故其端起于士大夫之怙私，而其祸可至于亡国灭种，四分五裂，而不可收拾。由是观之，仆之前言过乎否耶？噫！今日倭祸特肇端耳，俄、法、英、德旁午调集，此何为者？此其事尚待深言也哉！尚忍深言也哉！《诗》曰："其何能淑，载胥及溺。"又曰："瞻乌靡止。"心摇意郁，聊复云云，知我罪我，听之诸公。

（本文发表于1895年2月4日、5日天津《直报》上）

【互联网+注释】

1. 掌握下列字词：

[1] 运会：世界趋势或世界潮流。

[2] 构难：交战、发动叛乱的意思。

[3] 开瀹（kāi yuè）：开导。

[4] 孳乳：滋生增益。

[5] 镌镵（juān chán）：开掘。

[6] 颛蒙（zhuān méng）：愚昧。

[7] 耕凿（gēng záo）：耕田凿井，泛指耕种、务农。

[8] 悬格：公布标准、规章。

[9] 补苴（bǔ jū）：补缀，缝补。引申为弥补缺陷。

[10] 萑苻（huán fú）：盗贼；草寇。

[11] 郅治（zhì zhì）：大治。

[12] 赋畀：给予。特指天赋的权利。

[13] 絜矩（jié jǔ）：絜，度量；矩，画方形的用具，引申为法度。儒家以絜矩来

象征道德上的规范。

[14] 冒彨（ér）：连鬓胡须。

[15] 戾（lì）止：来到。

2. 理解下列语句的意思：

[1] 于是举天下之圣智豪杰，至凡有思虑之伦，吾顿八纮之网以收之，即或漏吞舟之鱼，而已暴鳃断鳍，颓然老矣，尚何能为推波助澜之事也哉？

[2] 苟扼要而谈，不外于学术则黜伪而崇真，于刑政则屈私以为公而已。

[3] 盖谋国之方，莫善于转祸而为福；而人臣之罪，莫大于苟利而自私。

【互联网+知人论世】

1. 作者简介：严复（1854—1921），原名宗光，字又陵，后改名复，字几道，福建侯官（今福州市）人，出生于名医世家。少年时期，严复考入家乡的船政学堂，接受了广泛的自然科学的教育。1877—1879 年，严复等被公派到英国留学。留学期间，涉猎了大量资产阶级政治学术理论，并且尤为赞赏达尔文的进化论观点。回国后，严复从海军界转入思想界，积极倡导西学的启蒙教育，完成了著名的《天演论》的翻译工作。在《天演论》中，严复以"物竞天择""适者生存"的生物进化理论阐发其救亡图存的观点，提倡鼓民力、开民智、新民德，自强自立，号召救亡图存。他的著名译著还有亚当·斯密的《原富》、斯宾塞的《群学肄》、孟德斯鸠的《法意》等。他第一次把西方的古典经济学、政治学理论以及自然科学和哲学理论较为系统地引入中国，启蒙与教育了一代中国人。

2. 名家点评

[1] 康有为称赞严复是"精通西学第一人"。

[2] 梁启超称赞严复"于中学西学皆为我国第一流人物"。

[3] 毛泽东曾称赞他是"中国共产党出世以前向西方寻找真理的一派人物"之一。

[4] 胡适称赞严复是"介绍近世思想的第一人"。

【文本解读+鉴赏力】

1895 年，中国在甲午中日战争中战败，暴露出中国当时积贫积弱的社会诸多问题，救亡图存成了国人普遍关心的中心问题。在这样的社会背景下，严复发表《论世变之亟》，提出了向西方学习的新的观念，突破了洋务派所热衷的"师夷之长技以制夷"的层面，而上升到制度、传统、文化的层面。

全文可分三个部分：

第一段和第二段为第一部分，言世变已亟，不随顺运会为中国之败深层之因，虽圣人亦将必败无疑。进而指出圣人之智，以止足为教以息争，使天下无乱相安。而事实证明，其弊至不能与外国争一日之短长。

第三段和第四段为第二部分，论述西方文明，要害在圣人所忌讳而西方所推尊之"自由"。比较中西文化之差异，认为西方强于我之根本，在于学术崇真、刑政为公，以及追求自由作为以上二者所由之径。

第五段和第六段为第三部分，指出西方文明为运会之所向，不可阻遏。阻遏之后果将极其严重。认为国之危亡，主因是当国诸大吏之抱残守缺、国人顽愚、苟利而自私。

文中，严复把时代危急归结到运会上去，运会具体指的是世界趋势或世界潮流。他认为这种趋势和潮流不是人力所能够扭转或改变的。人在这种运会面前只有预见它的发展变化，并且在世界潮流后面照着潮流的趋向走去，才能“置天下于至安”。认为在世界的发展变化中始终是有一种不变的规律存在的，而人只能顺应这种规律才能够顺利发展。由此可见严复进化论观点的雏形。

严复从时间观和历史观两方面进行中西比较，之后阐述神州大地造成现在这种贫弱状况的根源。严复认为正是“盖生民之道期于相安相养而已”这种心态限制了圣人们推动社会发展。严复分析说，中国诸种弱民和愚民政策的实施都是为了实现国家的“大一统”，并且用科举制度做了有力的说明。科举制用《四书》《五经》这些古圣先贤的著作命题，考试中所写的文字要代古代的圣贤立言，这种方式看似切近，实在遥远；看似有用，其实皆是空洞无物。既不能显出个人的真才实学，而且考试的名额又有严格的限制。还有一种固定的格式规范来核定一个人是否考中。考中的人就像是鲤鱼跳龙门一样变成了龙，而落榜的却像搁浅在石头上的鱼一样没有生气。严复认为这种统治政策造成的结果只能是，“神州之众老死不与异族相往来，富者常享其富，贫者常安其贫。明天泽之义，则冠履之分严；崇柔让之教，则嚣凌之氛泯”。

接下来他开始对中西不同的“事理”进行言说。严复得出这样的结论：西方人的长处主要不是在于他们的“汽机兵械”，也不在于其“格致天算”，其关键在于他们“于学术则黜伪而崇真，于刑政则屈私以为公而已”。严复列举了种种中西方差异，严复的这些概括无疑是相当精练的。的确，在我国传统道德系统中，仁与爱都是要分等级和差序的，没有西方基督教中爱的观念——不分等级差序的爱。在西方团体格局的社会中，履行义务本身就是每一个公民都不可或缺的一种权利。而中国传统社会中，义务和责任的履行还要回到父母昆弟朋友这些具体的人伦关系中。概而言之，严复认为中国的思想和行为是具有强烈的保守性和节制性的，而西方则是开放的和前瞻的。

通过一番中西的对比，更凸显出学习西方的重要性。接着严复对西洋人侵入中华大地的历史史实进行了简要的概述。在叙述历史事件的过程中，严复并没有就事论事，而是具体批判当时的顽固派。严复在文章最后一段提出了他对士大夫或读书人的一种理想形态的期待：“盖谋国之方，莫善于转祸而为福；而人臣之罪，莫大于苟利而自私。夫士生今日，不睹西洋富强之效者，无目者也。”

中国传统的治国治民思想，已经不再能够适应西方文明主导的世界潮流。中国倘若不弃旧图新，急起变法，向西方文明学习，将会面临亡国灭种的大祸。这就是本文的结论。

【阅读思考+创造力】

1. 中西文化存在什么差异？
2. 严复认为造成中国贫弱状况的根源何在？
3. 本文的核心主旨是什么？作者是如何展开论证的？

【互联网+拓展链接】

1. 通过互联网了解当下中国与西方国家在科学文化上存在的差距。
2. 在线阅读吴蔚蓝《严复传》。

中国书法

林语堂

一切艺术的问题都是韵律[1]问题。所以，要弄懂中国的艺术，我们必须从中国人的韵律和艺术灵感的来源谈起。我们承认韵律是普遍存在的，并非中国人的专利，但这并不妨碍我们去探索一个不同的侧重点。在讨论理想的中国妇女时，笔者已经指出，西方艺术总是到女性人体那里寻求最理想、最完美的韵律，把女性当作灵感的来源。而中国的艺术家和艺术爱好者则通常满足于高兴地赏玩一只蜻蜓、一只青蛙、一只蚱蜢或一块嶙峋的怪石。由此看来，西方艺术的精神较为耽于声色，较为热情，较为充满艺术家的自我；而中国艺术的精神则较为高雅，较为含蓄，较为和谐于自然。我们可以借用尼采的话来说明它们的不同：中国的艺术是太阳神[2]的艺术，而西方艺术是酒神[3]的艺术。这一巨大差别只有具备对韵律不同的理解与欣赏才能形成。无论在哪个国度，艺术问题总是韵律问题，这一点毫无疑问。但直到晚近，韵律才在西方艺术中起到了决定性的作用。而在中国，韵律一直占有举足轻重的地位——这一点也是毫无疑问的。

很奇怪，这种对韵律理想的崇拜首先是在中国书法艺术中发展起来的。一幅寥寥几笔画出的顽石图，挂在墙上，供人日夜观赏。人们面对它沉思冥想，并得到一种奇异的快感。西方人士要想懂得此种快感，就非懂得中国书法艺术的原则不可。学习书法艺术，实则学习形式与韵律的理论，由此可见书法在中国艺术中的重要地位。我们甚至可以说，书法提供给了中国人民以基本的美学，中国人民就是通过书法才学会线条和形体的基本概念的。因此，如果不懂得中国书法及其艺术灵感，就无法谈论中国的艺术。比方说，中国的建筑，不管是牌楼、亭子还是庙宇，没有任何一种建筑的和谐感与形式美不是导源于某种中国书法的风格。

这样，中国书法在世界艺术史上的地位实在是十分独特的。毛笔使用起来比钢笔更为精妙，更为敏感。由于毛笔的使用，书法便获得了与绘画平起平坐的真正的艺术地位。中国人已经充分认识到这一点，他们把绘画和书法视为姐妹艺术，合称为“书画”，几乎构成一个单独的概念，总是被人们相提并论。假如要问二者之中哪一个得到了更多人的喜爱，回答毫无疑问是书法。于是，书法成了一门艺术。人们对之投以满腔热忱和献身精神，以及它丰富的传统，人们对它的尊崇，这些都丝毫不亚于绘画。书法标准与绘画标准一样严格，书法家高深的艺术造诣远非凡夫俗子所能企及，如同其他领域的情形一样。中国的大画家，像董其昌、赵孟頫等人，通常也都是大书法家。赵孟頫（1254—1322）是最著名的中国画家之一。他在谈到自己的绘画时说：“石如飞白木如篆，六法原与八法通。若也有人能会此，须知书画本来同。”

在我看来，书法代表了韵律和构造最为抽象的原则，它与绘画的关系，恰如纯数学与工程学或天文学的关系。欣赏中国书法，是全然不顾其字面含义的，人们仅仅欣赏它的线条和构造。于是，在研习和欣赏这种线条的兢力和构造的优美之时，中国人就获得了一种完全的自由，全神贯注于具体的形式，内容则撇开不管。绘画总有一个客体要传达，但一个写得很好的字却只传达其本身线条和结构的美。在这绝对自由的天地里，各种各样的韵律都得到了尝试，各种各样的结构都得到了探索。正是中国的毛笔使每一种韵律的表达成为可能。而中国字，尽管在理论上是方方正正的，实际上却是由最为奇特的笔画构成的，这就使得书法家不得不去设法解决那些千变万化的结构问题。于是通过书法，中国的学者训练了自己对各种美质的欣赏力，如线条上的刚劲、流畅、蕴蓄、精微、迅捷、优雅、雄壮、粗犷、谨严或洒脱，形式上的和谐、匀称、对比、平衡、长短、紧密，有时甚至是懒懒散散或参差不齐的美。这样，书法艺术给美学欣赏提供了一整套术语，我们可以把这些术语所代表的观念看作中华民族美学观念的基础。

由于这门艺术具有近2 000年的历史，且每位书法家都力图用一种不同的韵律和结构来标新立异，这样，在书法上，也许只有在书法上，我们才能够看到中国人艺术心灵的极致。某些美学鉴赏范畴，如对参差不齐之美的尊崇，对那些乍看摇摇欲坠，细看则安如磐石的结构的尊崇，这些美学范畴会使西方人大为吃惊。如果他们知道这些范畴在中国艺术的其他领域中并不容易看到，他们就更会惊叹不已。

对西方来说，更有意义的事实是，书法不仅为中国艺术提供了美学鉴赏的基础，而且代表了一种万物有灵的原则。这种原则一经正确地领悟和运用，将硕果累累。如上所说，中国书法探索了每一种可能出现的韵律和形式，这是从大自然中捕捉艺术灵感的结果，尤其来自动物、植物——梅花的枝丫、摇曳着几片残叶的枯藤、斑豹的跳跃、猛虎的利爪、麋鹿的捷足、骏马的遒劲、熊罴的丛毛、白鹳的纤细，或者苍老多皱的松枝。于是，凡自然界的种种韵律，无一不被中国书法家所模仿，并直接地或间接地形成了某种灵感，以造就某些特殊的“书体”。如果一位中国学者在一棵枯藤之上看到了某种美，它那不经意的雅致，可伸可缩的韧性，枝头弯弯曲曲，几片叶儿悬挂其上，漫不经心，却又恰到好处，他就会把这种种的美融于自己的书法之中。如果另一位学者看到一棵松树树干弯曲、树枝下垂而不直立，表现出一种惊人的坚韧和力量，他也会将这种美融入自己的书法风格。于是，我们就有了“枯藤”和“劲松”的笔法。

曾经有一位名僧兼书法家先前习书多年却无长进。一天，他闲步于山径之间，偶见两条大蛇争斗，各自伸长脖颈，颇有一股外柔内刚之势。他猛然有所感悟，顿生灵感，回去后便练就了一种极有个性的书体，称作“斗蛇”体，表现了蛇颈的伸展和弯曲。

中国的“书圣”王羲之在谈书法艺术时，也使用了自然界的意象：“每作一横画，如列阵之排云；每作一戈，如百钧之弩发；每作一点，如高峰坠石；每作一折，如屈折钢钩；每作一牵，如万岁枯藤；每作一放纵，如足行之趋骤。”

如欲通晓中国书法，必先仔细观察蕴藏在每个动物体内的形态和韵律。每种动物都有其和谐优美之处，这是一种直接出自其生理机能尤其是运动机能的和谐。一匹腿部多毛、躯干高大的负重拉车之马，有其独特的美，正如一匹光滑灵巧的赛马有其独特的美一样。这种和谐还存在于身体细长、蹦蹦跳跳、快速灵活的灵缇犬身上，也存在于长毛的爱尔兰㹴身上：它的头和四肢在一起几乎构成了一个方形物，极似中国书法中的“隶书”（流行于汉代，后由清代邓石如发展成为一种艺术）。

有一点很重要，需要注意。这些动植物的外形之所以美，是因为它们蕴藏着一种动势。试想一枝盛开的梅花，具有多么不经意的美丽和充满艺术感的不规则变化！彻底而艺术化地领悟这种美，就等于领会了万物有灵的内在原则，领悟了中国艺术。这枝梅花，即使花朵凋谢或被拨落，仍然美丽无比，因为它还活着，因为它表达了一种生的冲动。每一棵树的外形都显示了一种韵律，它源自某种生命的冲动，它要生长，要拥抱阳光，要保持自己生命的平衡；它也源自抵御风暴的必要。每一棵树都是美的，因为它暗示了这些冲动，尤其是因为它暗示了一种朝某个方向的运动，一种向某个地方的延伸。它并没有想美，它只是想生存，结果却是极端的和谐与令人十分满意的美。

大自然给予灵缇犬以高度弯曲的身躯和一条连接身体与后腿的曲线，以使它跑起路来迅捷无比。除此之外，大自然并没有人为地赐给它什么抽象的美，这些器官之所以美，是因为它们代表了某种速度，从这些和谐的器官中产生了一种和谐的形式。猫儿轻柔的举动，导致了其柔软的外形。即使是一只固执地蹲伏在那里的叭喇狗的线条，也能反映出它本身力大性猛的美。这样，我们就解释了自然界无穷无尽的形态，这些形态总是那么和谐、那么富有韵律，变化万端，无以穷尽。换言之，自然界的美是动态的美，而非静态的美。

这种运动的美正是理解中国书法的钥匙。中国书法的美在动不在静，由于它表达了一种动态的美，它生存了下来，并且也同样是千变万化，不可胜数的。迅捷稳重的一笔之所以是完美的，是因为它是速度和力量的象征。不能模仿，不能更改，因为任何更改都会带来不和谐。这也就是为什么书法作为一门艺术非常难学的原因。

把中国书法的美归结为万物有灵原则，并非著者的独创。汉语中的不少说法可资证明和参考，比如笔画的“肉”“骨”“筋”等，其哲理性内涵从未被有意识地揭示出来过。只有当我们想方设法使西方人理解中国书法时，我们才开始探索。王羲之曾从师的东晋女书法家卫夫人说道：“善笔力者多骨，不善笔力者多肉。多骨微肉者，谓之筋书；多肉微骨者，谓之墨猪。多力丰筋者圣，无力无筋者病。”

运动的动态原理生发出一种结构原理，这是理解中国书法的要旨。单纯的平衡匀称之美，绝不是美的最高形式。中国书法的原则之一，即方块字绝不应该是真正的方块，而应是一面高一面低，两个对称部分的大小和位置也不应该绝对相同。这条原则叫作“势”，代表着一种冲力的美，结果，在这种艺术的范型中，我们有了不少看似不平衡实际却十分平衡的结构形态。这种冲力之美与纯静态之美的区别，有如一个人站立或静坐之图景，与挥舞高尔夫球棒或把足球猛一脚踢上天时的图景的区别。又如一位女士把头往后一仰的照片，要比她正视前方的照片动态感更强。所以中国字笔画起端总是侧向一方，这比平平地划过去要艺术得多。这种结构的范例可见于《张猛龙碑》，其中字体似有倒塌之势，却又能很好地保持平衡。这种书体的现代范式可见于监察院院长于右任的字。他个人有今日的高位，在很大程度上得益于自己高级书法家的名望。

现代艺术正在探索各种韵律，试验各种新的结构形式，但至今尚无所获。它唯一的成功是给予我们一种逃避现实的印象。它最为明显的特征，不是努力抚慰我们的心灵，而是竭力刺激我们的感官。由于这一原因，对中国书法及其万物有灵原则的研究，归根结底也就是在万物有灵或韵律活力的原则指导下，对自然界韵律所进行的再研究，它会为现代艺术开辟广阔的前景。直线、平面和锥体的相互交错和反复运用，可以使我们激动不已，却不具备生动活泼的美。正是这些平面、锥体、直线和曲线，看来已经使现代艺术家的才智衰竭了。何不回归自然，向自然求救呢？看来有待于一些西方艺术家不畏艰险，开始用毛笔练习写英语。练上10年之后，如果他天资聪慧，真正弄懂万物有灵原则的话，他将可以用真正称得上一门艺术的线条和形式在泰晤士广场上书写招牌和广告牌。

中国书法作为中国美学的基础，其中的全部含义将在研究中国绘画和建筑时进一步看到。在中国绘画的线条和构思上，在中国建筑的形式和结构上，我们将可以分辨出那些从中国书法发展起来的原则。正是这些韵律、形态、范围等基本概念给予了中国艺术的各种门类，比如诗歌、绘画、建筑、瓷器和房屋修饰，以基本的精神体系。

（收录于 1934 年出版的《吾国吾民》）

【互联网+注释】

1. 掌握下列字词：

［1］韵律：指某些物体运动的均匀的节律，林语堂用韵律表达书法中有规律有节奏的变化这一特征。

［2］太阳神：古希腊神话里的太阳神阿波罗（Apollonian）代表存在于人格和社会中的力量、秩序、逻辑、控制等要素。

［3］酒神：古希腊神话里的酒神狄奥尼索斯（Dionysian）代表人格和社会中的反叛、直觉、率性、散漫、情感的无秩序等要素。

2. 理解下列语句的意思：

［1］因此，如果不懂得中国书法及其艺术灵感，就无法谈论中国的艺术。

［2］善笔力者多骨，不善笔力者多肉。多骨微肉者，谓之筋书；多肉微骨者，谓之墨猪。多力丰筋者圣，无力无筋者病。

【互联网+知人论世】

1. 作者简介：林语堂（1895—1976），生于福建漳州平和县坂仔镇一个基督教牧师家庭，原名和乐，后改玉堂，又改语堂，笔名毛驴、宰予、岂青等。他是 20 世纪中国一位极具个性魅力的作家与学者，在文学、哲学、历史、语言学和中外文化交流等众多领域都取得了巨大成就。早年留学美国、德国，获哈佛大学文学硕士、莱比锡大学语言学博士。回国后在清华大学、北京大学、厦门大学任教。一生著述颇丰，先后完成 11 部中文著作、40 部英文著作、9 部译作以及数以百计的散文小品，饮誉国际文坛，其世界性影响远远超乎想象，曾被美国文化界列为“20 世纪智慧人物”之一。1940 年和 1950 年先后两度获得诺贝尔文学奖提名。1966 年定居台湾，1976 年 3 月 26 日去世于香港，享年 82 岁，4 月移灵台北，长眠于故居后园中。

2. 网上鉴赏林语堂的书法作品，进一步体会其倡导的书法美学思想。

【文本解读+鉴赏力】

林语堂不仅对儒、释、道等中华核心文化有独到的阐释，对中华民族特有的不同于其他民族文化特质的传统书法亦有相当精辟的论述，深刻而精警。其书法美学思想对于我们学习、欣赏中国书法艺术具有启示意义。

本文主要从“韵律”“结构”“自然”等几个范畴论及中国书法美学的一些基本特征。文章首先提出“一切艺术的问题都是韵律问题。所以，要弄懂中国的艺术，我们必须从中国人的韵律和艺术灵感的来源谈起”。紧接着从中西文化比较的视角，着重分析了中国艺术与西方艺术关于艺术韵律与艺术灵感起源的不同途径："西方艺术总是到女性人体那里寻求最理想、最完美的韵律，把女性当作灵感的来源。而中国的艺术家和艺术爱好者则通常满足于高兴地赏玩一只蜻蜓、一只青蛙、一只蚱蜢或一块嶙峋的怪石。由此看来，西方艺术的精神较为耽于声色，较为热情，较为充满艺术家的自我；而中国艺术的精神则较为高雅，较为含蓄，较为和谐于自然。"韵律在中国艺术中一直占有举足轻重的地位，这种对韵律理想的崇拜首先是在中国书法艺术中发展起来的。"书法提供给了中国人民以基本的美学，中国人民就是通过书法才学会线条和形体的基本概念的。因此，如果不懂得中国书法及其艺术灵感，就无法谈论中国的艺术。"

文章认为"书法代表了韵律和构造最为抽象的原则，它与绘画的关系，恰如纯数学与工程学或天文学的关系"。"于是通过书法，中国的学者训练了自己对各种美质的欣赏力，如线条上的刚劲、流畅、蕴蓄、精微、迅捷、优雅、雄壮、粗犷、谨严或洒脱，形式上的和谐、匀称、对比、平衡、长短、紧密，有时甚至是懒懒散散或参差不齐的美。这样，书法艺术给美学欣赏提供了一整套术语，我们可以把这些术语所代表的观念看作中华民族美学观念的基础。"

文章认为书法的韵律与形式都是善于从大自然中捕捉艺术灵感的结果："凡自然界的种种韵律，无一不被中国书法家所模仿，并直接地或间接地形成了某种灵感，以造就某些特殊的'书体'。"自然界具有无穷无尽的形态，和谐而富有韵律，变化万端，自然界的美是动态的美，而非静态的美。中国书法的美在动不在静，由于它表达了一种动态的美，它生存了下来，并且也同样是千变万化，不可胜数的。

现代艺术在探索各种韵律与试验各种新的结构形式过程中，所获甚微；现代艺术过度强调直线、平面和锥体的相互交错与反复运用，竭力刺激人类感官，忽视人类心灵的慰藉，只能让人激动不已却不具备生动活泼的美，使艺术家陷入才智衰竭、心灵荒芜的文化危机，给人一种逃避现实的印象。文章以为，中国书法可为现代艺术之弊的矫正提供一条可资借鉴的有效路径："对中国书法及其万物有灵原则的研究，归根结底也就是在万物有灵或韵律活力的原则指导下，对自然界韵律所进行的再研究，它会为现代艺术开辟广阔的前景。"

最后文章提出了书法的美学"基础说"："中国书法作为中国美学的基础，其中的全部含义将在研究中国绘画和建筑时进一步看到。"

【阅读思考+创造力】

1. 林语堂从哪些角度论及中国书法特征？
2. 林语堂对中国书法艺术精神的文化阐释在文中如何体现？
3. 中国书法艺术的构成因素是什么？

【互联网+拓展链接】

1. 在中国书法史上，汉尚"气"，晋尚"韵"，唐尚"法"，宋尚"意"，元明尚"态"，清尚"碑"，当今书法尚什么？

2. 阅读林语堂《人生的盛宴》，把握其关于中国传统艺术的立场与观点。

3. 在线观赏《中国书法五千年》（央视制作）。

无言之美

朱光潜

孔子有一天突然很高兴地对他的学生说："予欲无言。"子贡就接着问他："子如不言，则小子何述焉？"孔子说："天何言哉？四时行焉，百物生焉。天何言哉？"

这段赞美无言的话，本来从教育方面着想。但是要明瞭[1]无言的意蕴，宜从美术观点去研究。

言所以达意，然而意绝不是完全可以言达的。因为言是固定的，有迹象的；意是瞬息万变，缥缈无踪的。言是散碎的，意是混整的。言是有限的，意是无限的。以言达意，好像用断续的虚线画实物，只能得其近似。

所谓文学，就是以言达意的一种美术。在文学作品中，语言之先的意象和情绪意旨所附丽[2]的语言，都要尽美尽善，才能引起美感。

尽美尽善的条件很多。但是第一要不违背美术的基本原理，要"和自然逼真"(true to nature)：这句话讲得通俗一点，就是说美术作品不能说谎。不说谎包含有两种意义：一、我们所说的话，就恰似我们所想说的话。二、我们所想说的话，我们都吐肚子说出来了，毫无余韵。

意既不可以完全达之以言，"和自然逼真"这个条件在文学上不是做不到么？或者我们问得再直截一点，假使语言文字能够完全传达情意，假使笔之于书的和存之于心的铢两悉称，丝毫不爽，这是不是文学上所应希求的一件事？

这个问题是了解文学及其他美术所必须回答的。现在我们姑且答道：文字语言固然不能全部传达情绪意旨，假使能够，也并非文学所应希求的。一切美术作品也都是这样，尽量表现，非惟不能，且也不必。

先从事实下手研究。譬如有一个荒村或任何物体，摄影家把它照一幅相，美术家把它画一幅画。这种相片和图画可以从两个观点去比较：第一，相片或图画，哪一个较"和自然逼真"？不消说得，在同一视阈以内的东西，相片都可以包罗尽致，并且体积比例和实物都两两相称，不会有丝毫错误。图画就不然。美术家对一种境遇，未表现之先，先加一番选择。选择定的材料还须经过一番理想化，把美术家的人格参加进去，然后表现出来，所表现的只是实物的一部分，就连这一部分也不必和实物完全一致。所以图画绝不能如相片一样"和自然逼真"。第二，我们再问，相片和图画所引起的美感哪一个浓厚？所发生的印象哪一个深刻？这也不消说，稍有美术口味的人都觉得图画比相片美得多。

文学作品也是同样。譬如《论语》："子在川上曰：逝者如斯夫，不舍昼夜！"几句话绝没完全描写出孔子说这番话时候的心境，而"如斯夫"三字更笼统，没有把当时的流水形容尽致。如果说详细一点，孔子也许这样说："河水滚滚地流去，日夜都是这样，没有一刻停止。世界上一切事物不都像这流水时常变化不尽么？过去的事物不就永远过去绝不回头么？我看见这流水，心中好不惨伤呀！……"但是纵使这样说去，还没有尽意。而比较起来，"逝者如斯夫，不舍昼夜！"九个字比这段长而臭的演绎就值得玩味多了！在上等文学作品中，尤其在诗词中，这种言不尽意的例子处处都可以看见。譬如陶渊明的《时运》："有风自南，翼彼新苗"；《读〈山海经〉》："微雨从东来，好风与之俱"——本来没有表现出诗人的情绪，然而玩味起来，自觉有一种闲情逸致，令人心旷神怡。钱起的《省试湘灵鼓瑟》末二句："曲终人不见，江上数峰青"，也没有说出诗人的心绪，然而一种凄凉惜别的神情自然流露于言语之外。此外像陈子昂的《幽州台怀古》："前不见古人，后不见来者，念天地之悠悠，独怆然而涕下！"李白的《怨情》："美人卷珠帘，深坐颦蛾眉。但见泪痕湿，不知心恨谁。"虽然说明了诗人的情感，而所说出来的多么简单，所含蓄的多么深远？再就写景说，无论何种境遇，要描写得惟妙惟肖，都要费许多笔墨。但是大手笔只选择两三件事轻描淡写一下，完全境遇便呈露眼前，栩栩如生。譬如陶渊明的《归园田居》："方宅十余亩，草屋八九间。榆柳荫后檐，桃李罗堂前。暧暧远人村，依依墟里烟。狗吠深巷中，鸡鸣桑树巅。"四十字把乡村风景描写多么真切！再如杜工部的《后出塞》："落日照大旗，马鸣风萧萧。平沙列万幕，部伍各见招。中天悬明月，令严夜寂寥。悲茄数声动，壮士惨不骄。"寥寥几句话，把月夜沙场状况写得多么有声有色。然而仔细观察起来，乡村景物还有多少为陶渊明所未提及？战地情况还有多少为杜工部所未提及？从此可知文学上我们并不以尽量表现为难能可贵。

在音乐里面，我们也有这种感想，凡是唱歌奏乐，音调由洪壮急促而变到低微以至于无声的时候，我们精神上就有一种沉默肃穆和平愉快的景象。白香山在《琵琶行》里形容琵琶声音暂时停顿的情况说："水泉冷涩弦凝绝，凝绝不通声暂歇。别有幽愁暗恨生，此时无声胜有声。"这就是形容音乐上无言之美的滋味。著名英国诗人济慈（Keats）在《希腊花瓶歌》中也说："听得见的声调固然幽美，听不见的声调尤其幽美"（Heard melodics arc sweet，but those unheard sweeter），也是说同样的道理。大概喜欢音乐的人都尝过此中滋味。

就戏剧说，无言之美更容易看出。许多作品往往在热闹场中动作快到极重要的一点时，忽然万籁俱寂，现出一种沉默神秘的景象。梅特林克（Maeterlinck）的作品就是好例。譬如《青鸟》的布景，择夜阑人静的时候，使重要角色睡得很长久，就是利用无言之美的道理。梅氏并且说："口开则灵魂之门闭，口闭则灵魂之门开。"赞无言之美的话不能比此更透辟了。莎士比亚的名著《哈姆雷特》一剧开幕便描写更夫守夜的状况，德林瓦特（Drinkwater）在其《林肯》中描写林肯在南北战争军事焦着的时候跪着默祷，王尔德（O. Wilde）的《温德梅尔夫人的扇子》里面描写温德梅尔夫人私奔在她的情人寓所等候的状况，都在兴酣局紧，心悬悬渴望结局时，放出沉默神秘的色彩，都足以证明无言之美。近代又有一种哑剧和静的布景，或只有动作而无言语，或连动作也没有，就将靠无言之美引人入胜了。

雕刻塑像本来是无言的，也可以拿来说明无言之美。所谓无言，不一定指不说话，是注重在含蓄不露。雕刻以静体传神，有些是流露的，有些是含蓄的。这种分别在眼睛上尤其容易看见。中国有一句谚语说："金刚怒目，不如菩萨低眉。"所谓怒目，便是流露；所谓低眉，便是含蓄。凡看低头闭目的神像，所生的印象往往特别深刻。最有趣的就是西洋爱神的雕刻，她们男女都是瞎了眼睛的。这固然根据了希腊的神话，然而实在含有美术的道理，因为爱情通常都在眉目间流露，而流露爱情的眉目是最难比拟的，所以索性雕成盲目的，可以耐人寻思。当初雕刻家原不必有意为此，但这些也许是人类不用意识而自然碰的巧。

要说明雕刻上流露和含蓄的分别，希腊著名雕刻《拉奥孔》（Laocoon）是最好的例子。相传拉奥孔犯了大罪，天神用了一种极残酷的刑法来惩罚他，遣了一条恶蛇把他和他的两个儿子一块绞死了。在这种极刑之下，未死之前当然有一种悲伤惨戚目不忍睹的一顷刻，而希腊雕刻家并不擒住这一顷刻来表现，他只把将达苦痛极点前一顷刻的神情雕刻出来，所以他所表现的悲哀是含蓄不露的。倘若是流露的，一定带了挣扎呼号的样子。这个雕刻，一眼看去，只觉得他们父子三人都有一种难言之恫；仔细看去，便可发现条条筋肉、根根毛孔都暗示一种极苦痛的神情。德国莱辛（Lessing）的名著《拉奥孔》就根据这个雕刻，讨论美术上含蓄的道理。

以上是从各种艺术中信手拈来的几个实例。把这些个别的实例归纳在一起，我们可以得一个公例，就是：拿美术来表现思想和情感，与其尽量流露，不如稍有含蓄；与其吐肚子把一切都说出来，不如留一大部分让欣赏者自己去领会。因为在欣赏者的头脑里所生的印象和美感，有含蓄比较尽量流露的还要更加深刻。换句话说，说出来的越少，留着不说的越多，所引起的美感就越大越深越真切。

这个公例不过是许多事实的总结束。现在我们要进一步求出解释这个公例的理由。我们要问何以说得越少，引起的美感反而越深刻了？何以无言之美有如许势力？

想答复这个问题，先要明白美术的使命。人类何以有美术的要求？这个问题本非一言可尽。现在我们姑且说，美术是帮助我们超现实而求安慰于理想境界的。人类的意志可向两方面发展：一是现实界，一是理想界。不过现实界有时受我们的意志支配，有时不受我们的意志支配。譬如我们想造一所房屋，这是一种意志。要达到这个意志，必费许多力气去征服现实，要开荒辟地，要造砖瓦，要架梁柱，要赚钱去请泥水匠。这些事都是人力可以办到的，都是可以用意志支配的。但是现实界凡物皆向他心下坠一条定律，就不可以用意志征服。所以意志在现实界活动，处处遇障碍，处处受限制，不能圆满地达到目的，实际上我们的意志十之八九都要受现实限制，不能自由发展。譬如谁不想有美满的家庭？谁不想住在极乐园？然而在现实界绝没有所谓极乐美满的东西存在。因此我们的意志就不能不和现实发生冲突。

一般人遇到意志和现实发生冲突的时候，大半让现实征服了意志，走到悲观烦闷的路上去，以为件件事都不如人意，人生还有什么意味？所以堕落，自杀，逃空门……种种的消极的解决法就乘虚而入了。不过这种消极的人生观不是解决意志和现实冲突最好的方法。因为我们人类生来不是懦弱者，而这种消极的人生观甘心让现实把意志征服了，是一种极懦弱的表示。

然则此外还有较好的解决法么？有的，就是我所谓超现实。我们处世有两种态度，人力所能做到的时候，我们竭力征服现实。人力莫可奈何的时候，我们就要暂时超脱现实，储蓄精力待将来再向他方面征服现实。超脱到哪里去呢？超脱到理想界去。现实界处处有障碍有限制，理想界是天高任鸟飞，极空阔极自由的。现实界不可以造空中楼阁，理想界是可以造空中楼阁的。现实界没有尽美尽善，理想界是有尽美尽善的。

姑取实例来说明。我们走到小城市里去，看见街道窄狭污浊，处处都是阴沟厕所，当然感觉不快，而意志立时就要表示态度。如果意志要征服这种现实哩，我们就要把这种街道房屋一律拆毁，另造宽大的马路和清洁的房屋。但是谈何容易？物质上发生种种障碍，这一层就不一定可以做到。意志在此时如何对付呢？他说：我要超脱现实，去在理想界造成理想的街道房屋来，把它表现在图画上，表现在雕刻上，表现在诗文上。于是结果有所谓美术作品。美术家成了一件作品，自己觉得有创造的大力，当然快乐已极。旁人看见这种作品，觉得它真美丽，于是也愉快起来了，这就是所谓美感。

因此美术家的生活就是超现实的生活；美术作品就是帮助我们超脱现实到理想界去求安慰的。换句话说，我们有美术的要求，就因为现实界对待我们太刻薄，不肯让我们的意志推行无碍，于是我们的意志就跑到理想界去求慰情的路径。美术作品之所以美，就美在它能够给我们很好的理想境界。所以我们可以说，美术作品的价值高低就看它超现实的程度大小，就看它所创造的理想世界是阔大还是窄狭。

但是美术又不是完全可以和现实界绝缘的。它所用的工具例如雕刻用的石头，图画用的颜色，诗文用的语言都是在现实界取来的。它所用的材料例如人物情状悲欢离合也是现实界的产物。所以美术可以说是以毒攻毒，利用现实的帮助以超脱现实的苦恼。上面我们说过，美术作品的价值高低要看它超脱现实的程度如何。这句话应稍加改正，我们应该说，美术作品的价值高低，就看它能否借极少量的现实界的帮助，创造极大量的理想世界出来。

在实际上说，美术作品借现实界的帮助愈少，所创造的理想世界也因而愈大。再拿相片和图画来说明。何以相片所引起的美感不如图画呢？因为相片上一形一影，件件都是真实的，而且应有尽有，发泄无遗。我们看相片，种种形影好像钉子把我们的想象力都钉死了。看到相片，好像看到二五，就只能想到一十，不能想到其他数目。换句话说，相片把事物看得忒真，没有给我们以想象的余地。所以相片，只能抄写现实界，不能创造理想界。图画就不然。图画家用美术眼光，加一番选择的功夫，在一个完全境遇中选择了一小部分事物，把它们又经过一番理想化，然后才表现出来。唯其留着一大部分不表现，欣赏者的想象力才有用武之地。想象作用的结果就是一个理想世界。所以图画所表现的现实世界虽极小而创造的理想世界则极大。孔子谈教育说："举一隅不以三隅反，则不复也。"相片是把四隅通举出来了，不要你劳力去"反"。图画就只举一隅，叫欣赏者加一番想象，然后"以三隅反"。

流行语中有一句说："言有尽而意无穷。"无穷之意达之以有尽之言，所以有许多意，尽在不言中。文学之所以美，不仅在有尽之言，而尤在无穷之意。推广地说，美术作品之所以美，不是只美在已表现的一部分，尤其是美在未表现而含蓄无穷的一大部分，这就是本文所谓无言之美。

因此美术要和自然逼真这个信条应该这样解释：和自然逼真是要窥出自然的精髓所在，而表现出来；不是说要把自然当作一篇印版文字，很机械地抄写下来。

这里有一个问题会发生。假使我们欣赏美术作品，要注重在未表现而含蓄着的一部分，要超"言"而求"言外意"，各个人有各个人的见解，所得的言外意不是难免殊异么？当然，美术作品之所以美，就美在有弹性，能拉得长，能缩得短。有弹性所以不呆板。同一美术作品，你去玩味有你的趣味，我去玩味有我的趣味。譬如莎氏乐府所以在艺术上占极高位置，就因为各种阶级的人在不同的环境中都欢喜读他。有弹性所以不陈腐。同一美术作品，今天玩味有今天的趣味，明天玩味有明天的趣味。凡是经不得时代淘汰的作品都不是上乘的。上乘文学作品，百读都令人不厌。

就文学说，诗词比散文的弹性大；换句话说，诗词比散文所含的无言之美更丰富。散文是尽量流露的，愈发挥尽致，愈见其妙。诗词则要含蓄暗示，若即若离，才能引人入胜。现在一般研究文学的人都偏重散文尤其是小说，对于诗词很疏忽。这件事实可以证明一般人文学欣赏力很薄弱。现在如果要提高文学，必先提高文学欣赏力；要提高文学欣赏力，必先在诗词方面特下功夫，把鉴赏无言之美的能力养得很敏捷。因此我很希望文学创作者在诗词方面多努力，而学校国文课程中诗歌应该占一个重要的位置。

本文论无言之美，只就美术一方面着眼。其实这个道理在伦理、哲学、教育、宗教及实际生活各方面，都不难发现。老子《道德经》开卷便说："道可道，非常道；名可名，非常名。"这就是说伦理哲学中有无言之美。儒家谈教育，大半主张潜移默化，所以拿时雨春风做比喻。佛教及其他宗教之能深入人心，也是借沉默神秘的势力。幼稚园创造者蒙台梭利利用无言之美的办法尤其有趣。在她的幼稚园里，教师每天趁儿童玩得很热闹的时候，猛然地在粉板上写一个"静"字，或奏一声琴。全体儿童于是都跑到自己的座位上去，闭着眼睛蒙着头做伏案假睡的姿势，但是他们不可能睡着。几分钟后，教师又用很轻微的声音，从颇远的地方呼唤各个儿童的名字。听见自己名字的儿童就要立刻醒来。这就是使儿童可以在沉默中领略无言之美。

就实际生活方面说，世间最深切的莫如男女爱情。爱情摆在肚子里面比摆在口头上来得恳切。"齐心同所愿，含意俱未伸"和"更无言语空相觑"，比较"细语温存""怜我怜卿"的滋味还要更加甜蜜。英国诗人布莱克（Blake）有一首诗叫做《爱情之秘》（*Love's Secret*）里面说：

（一）
切莫告诉你的爱情，
爱情是永远不可以告诉的，
因为她像微风一样，
不做声不做气地吹着。
（二）
我曾经把我的爱情告诉而又告诉，
我把一切都披肝沥胆地告诉爱人了，
打着寒颤，耸头发地告诉，
然而她终于离我去了！
（三）
她离我去了，
不多时一个过客来了。
不做声不做气地，只微叹一声，
便把她带去了。

这首短诗描写爱情上无言之美的势力，可谓透辟已极了。本来爱情完全是一种心灵的感应，其深刻处是老子所谓"不可道不可名"的。所以许多诗人以为"爱情"两个字本身就太滥太寻常太乏味，不能拿来写照男女间神圣深挚的情绪。

其实何止爱情？世间有许多奥妙，人心有许多灵悟，都非言语可以传达，一经言语道破，反如甘蔗渣滓，索然无味。这个道理还可以推到宇宙人生诸问题方面去。我们所居的世界是最完美的，就因为它是最不完美的。这话表面看去，不通已极。但是实在含有至理。假如世界是完美的，人类所过的生活比好一点，是神仙的生活；比坏一点，就是猪的生活，便呆板单调已极。因为倘若件件都尽美尽善了，自然没有希望发生，更没有努力奋斗的必要。人生最可乐的就是活动所生的感觉，就是奋斗成功而得的快慰。世界既完美，我们如何能尝创造成功的快慰？这个世界之所以美满，就在有缺陷，就在有希望的机会，有想象的田地。换句话说，世界有缺陷，可能性（potentiality）才大。这种可能而未能的状况就是无言之美。世间有许多奥妙，要留着不说出；世间有许多理想，也应该留着不实现。因为实现以后，跟着“我知道了！”的快慰便是“原来不过如是！”的失望。

天上的云霞有多么美丽！风涛虫鸟的声息有多么和谐！用颜色来摹绘，用金石丝竹来比拟，任何美术家也是作践天籁，糟蹋自然！无言之美何限？让我这种拙手来写照，已是糟粕枯骸！这种罪过我要完全承认的。倘若有人骂我胡言乱语，我也只好引陶渊明的诗回答他说：“此中有真意，欲辨已忘言！”

1924年仲冬于上虞白马湖

【互联网+注释】

1. 掌握下列字词：

［1］明瞭：明白；清楚地知道。

［2］附丽：附着；依附。

2. 理解下列语句的意思：

［1］王尔德（O. Wilde）的《温德梅尔夫人的扇子》里面描写温德梅尔夫人私奔在她的情人寓所等候的状况，都在兴酣局紧，心悬悬渴望结局时，放出沉默神秘的色彩，都足以证明无言之美的。

［2］推广地说，美术作品之所以美，不是只美在已表现的一部分，尤其是美在未表现而含蓄无穷的一大部分，这就是本文所谓无言之美。

【互联网+知人论世】

1. 作者简介：朱光潜（1897年9月19日—1986年3月6日），字孟实，笔名孟实、孟石。安徽省桐城县（今安徽省枞阳县麒麟镇岱鳌村朱家老屋）人。幼年接受父亲朱子香严格的私塾教育，后考入桐城中学，对中国旧诗词产生了浓厚的兴趣。中学毕业后，进入武昌高等师范学校（今武汉大学文学院）中文系学习。1918年考取了当时北洋政府的教育部派送生资格，1922年毕业于香港大学文学院。1925年留学英国爱丁堡大学，致力于文学、心理学与哲学的学习与研究，后在法国斯特拉斯堡大学获哲学博士学位。

1933年回国后，历任北京大学、四川大学、武汉大学教授。1946年后一直在北京大学任教，讲授美学与西方文学。主要著作有《悲剧心理学》《文艺心理学》《西方美学史》《谈美》等。还翻译了大量美学方面的经典著作，如黑格尔的《美学》、莱辛的《拉奥孔》、柏拉图的《文艺对话录》等。

2. 结合《谈美书简》谈谈朱光潜的美学观。

【文本解读+鉴赏力】

在《无言之美》这篇文章中，朱光潜先生提出了一个文艺创造中的美学问题。他认为“言所以达意，然而意绝不是完全可以言达的。因为言是固定的，有迹象的；意是瞬息万变，缥缈无踪的。言是散碎的，意是混整的。言是有限的，意是无限的。以言达意，好像用断续的虚线画实物，只能得其近似。”“文字语言固然不能全部传达情绪意旨，假使能够，也并非文学所应希求的。一切美术作品也都是这样，尽量表现，非惟不能，且也不必。”不论是在文学、美术、音乐、戏剧还是雕塑作品中，虽然不一定能做到言而尽意，但也该遵循无言之美的原则，“与其尽量流露，不如稍有含蓄；与其吐肚子把一切都说出来，不如留一大部分让欣赏者自己去领会。因为在欣赏者的头脑里所生的印象和美感，有含蓄比较尽量流露的还要更加深刻。换句话说，说出来的越少，留着不说的越多，所引起的美感就越大越深越真切”。

朱光潜先生的文章需要用心精读，方能有大收获。读多了，理解了，就知道古今中外到处都是学问。所选文章中心观点明确，逻辑缜密清晰，层次鲜明，语言表达精准。无论是对专业词汇精妙的定义还是信手拈来的例证，无不体现出作者深厚的学术素养和渊博的文学积累。不得不说，这是一篇值得一读再读的绝妙好文。

【阅读思考+创造力】

1. 结合本篇谈谈你对美的看法。
2. 阐述无言之美的内涵。

【互联网+拓展链接】

1. 拓展阅读柏拉图《理想国》。
2. 欣赏丰子恺的画作，领会无言之美。

《红楼梦》的两个世界（节选）

余英时

曹雪芹在《红楼梦》里创造了两个鲜明而对比的世界。这两个世界，我想分别叫它们作“乌托邦的世界”和“现实的世界”。这两个世界，落实到《红楼梦》这部书中，便是大观园的世界和大观园以外的世界。作者曾用各种不同的象征，告诉我们这两个世界的分别何在。譬如说，“清”与“浊”，“情”与“淫”，“假”与“真”，以及风月宝鉴[1]的反面与正面。我们可以说，这两个世界是贯穿全书的一条最主要的线索。把握到这条线索，我们就等于抓住了作者在创作企图方面的中心意义。

当然，由于曹雪芹所创造的两个世界是如此的鲜明，而它们的对比又是如此的强烈，从来的读者也都或多或少、或深或浅地意识到它们的存在。但在最近50年中，《红楼梦》研究基本上乃是一种史学的研究。而所谓红学家也多数是史学家，或虽非史学家，但所做的仍是史学的工作。史学家的兴趣自然地集中在《红楼梦》的现实世界上。他们根本不大理会作者“十年辛苦”所建造起来的空中楼阁——《红楼梦》中的理想世界。相反的，他们的主要工作正是要拆除这个空中楼阁，把它还原为现实世界的一砖一石。在“自传说”[2]的支配之下，这种还原的工作更进一步地从小说中的现实世界转到了作者所生活过的真实世界。因此半个世纪以来的所谓“红学”其实只是“曹学”，是研究曹雪芹和他的家世的学问。用“曹学”来代替“红学”，是要付出代价的。最大的代价之一，在我看来便是模糊了《红楼梦》中两个世界的界线。1961—1963年，大陆红学家曾热烈地寻找“京华何处大观园”。这可以说是历史还原工作的最高峰。这就给人一种明确的印象，曹雪芹的大观园本在人间，是现实世界的一部分。《红楼梦》里的理想世界被取消了，正像作者说的，“落了片白茫茫大地真干净”！

但是在过去几十年中，也并不是没有人特别注意到《红楼梦》中的理想世界。早在1953—1954年，俞平伯就强调了大观园的理想成分。以想象的境界而论，大观园可以是空中楼阁。他并且根据第十八回贾元春“天上人间诸景备”的诗句，说明大观园只是作者用笔墨渲染而幻化出的一个蜃楼乐园。俞平伯的说法在红学史上具有库恩（Thomas S. Kuhn）所谓“典范”（今译“范式”）（paradigm）的意义。可惜他的境况使他不能对他这个革命性的新观点加以充分的发挥。1972年宋淇发表了《论大观园》，这可以说是第一篇郑重讨论《红楼梦》的理想世界的文字。他强调大观园绝不存在于现实世界之中，而是作者为了迁就他的创造企图虚构出来的空中楼阁。宋淇更进一步说：

大观园是一个把女儿们和外面世界隔绝的一所园子，希望女儿们在里面，过无忧无虑的逍遥日子，以免染上男子的龌龊气味。最好女儿们永远保持她们的青春，不要嫁出去。大观园在这一意义上说来，可以说是保护女儿们的堡垒，只存在于理想中，并没有现实的依据。

这番话说得既平实又中肯，我愿意把这一段话作为我讨论《红楼梦》的两个世界的起点。关于50多年来红学发展的内在逻辑及其可能发生的革命性的变化，我已在《近代红学的发展与红学革命——一个学术史的分析》一文中做了初步的检讨，所以详细的论证和根据，这里一概从略。

说大观园是曹雪芹虚构的一个理想世界，会无可避免地引起读者一个重要的疑问：如果大观园是一个“未许凡人到此来”的“仙境”，那么作者在全书总纲的第五回里所创造的“太虚幻境”在《红楼梦》全书中究竟应该占据一个什么位置呢？我们当然可以说“太虚幻境”是梦中之梦、幻中之幻。但这样一来，我们岂不应该说《红楼梦》里一共有三个世界了吗？庚辰本脂批[3]有这样一条：大观园系玉兄与十二钗之太虚玄境，岂可草率？

这里“玄境”的“玄”字其实就是“幻”字，一定是抄者的笔误，因为这一条里还有好几字写错了。所以根据脂砚斋的看法，大观园便是太虚幻境的人间投影。这两个世界本来是叠合的。我们现在还不知道脂砚斋到底是谁。但他和作者有密切的关系，并且相当了解作者的创作意向，大概是不成什么问题的。我们虽然不能过于相信脂批，可是在内证充分的情况下，脂批却是最有力的旁证。让我们现在看看《红楼梦》文本里面的直接证据。第五回宝玉随秦可卿“至一所在”，但见朱栏白石，绿树清溪，真是人迹希逢，飞尘不到。宝玉在梦中欢喜，想道：“这个去处有趣。我就在这里过一生，纵然失了家，也愿意。”这个所在其实就是后来的大观园。怎样证明呢？就风景而言，第十七回宝玉随贾政入大观园，行至沁芳亭一带，书中所描写的恰恰就是“朱栏白石，绿树清溪”这八个字的加注和放大。就心情而言，我们应该记得第二十三回宝玉初住进大观园时，作者写道：“且说宝玉自进园来，心满意足，再无别项可生贪求之心。”细心的读者只要把前后的文字加以比较，就不难看出太虚幻境和大观园是一种什么关系了。

如果说这条证据还嫌曲折了一点，那么让我再举一条更直接、更显豁的证据，以坚读者之信。故事还是出在第十七回，宝玉和贾政一行人离了蘅芜苑，来到了一座玉石牌坊之前。“贾政道：‘此处书以何文？’众人道：‘必是蓬莱仙境方妙。’贾政摇头不语。宝玉见了这个所在，心中忽有所动，寻思起来倒像哪里曾见过的一般，却一时想不起是哪年的事了。贾政又命他作题，宝玉只顾细思前景，全无心于此了。”贾政还特别补上一句：“这是要紧一处，更要好生作来。”宝玉以前在什么地方见过石牌坊的呢？宝玉自己也许忘了。可是读者一定还记得，第五回宝玉梦游太虚幻境“随了仙姑至一所在。有石牌坊横建，上书‘太虚幻境’四个大字”。宝玉在记忆中追寻的岂不明明就是这个地方吗？所以脂砚斋特别在此点醒读者曰：“仍归于葫芦一梦之太虚玄境。”贾政说：“这是要紧一处。”是的，《红楼梦》中还有比太虚幻境更要紧的所在吗？这个石牌坊，宝玉事后是补题了，题的是“天仙宝镜”四字。也就是这座牌坊，后来刘姥姥又误认作是“玉皇宝殿”，而大磕其头。总而言之，“蓬莱仙境”也好，“天仙宝镜”也好，“玉皇宝殿”也好，作者是一而再、再而三地在点醒我们，大观园不在人间，而在天上；不是现实，而是理想。更准确地说，大观园就是太虚幻境。

大观园既是宝玉和一群女孩子的太虚幻境，所以在现实世界上，它的建造必须要用元春省亲这样一个郑重的大题目。庚辰本第十六回有一段畸笏[4]的眉批说：大观园用省亲事出题，是大关键事，方见大手笔行文之立意。

作者安排的苦心尚不止此。第十七回开头一段叙事便很值得玩味。园内工程告竣后，贾珍请贾政进去瞧瞧，有什么要更改的地方，并说贾赦已先瞧过了。这好像是说，贾赦是第一个入园子的人。其实这段话是故意误引读者入歧途的，因为后文又说：“可巧近日宝玉因思念秦钟，忧戚不尽，贾母常命人带他到园中来戏耍。”紧接下去，便是宝玉避之不及，和贾政劈面相逢，终于被逼着一齐再进园子去题联额。这段叙事的后半截至少暗含着两层深意：一、宝玉是最早进大观园去赏玩景致的人。贾赦、贾政等都是在园子完工后才进去勘察的，而宝玉早在这以前已去过不止一次了。二、大观园既是宝玉和诸姐妹的乌托邦、干净土，则园中亭台楼阁之类，自然非要他们自己命名不可。大观园这个“未许凡人到此来”的仙境是绝不能容许外人来污染的。所以庚辰本第十七回的总批说：宝玉系诸艳之冠，故大观园对额必得玉兄题跋。

同本又有一条批语说：如此偶然方妙，若特特唤来题额，真不成文矣。

这些地方，脂评都可以帮助读者了解作者的原意。《红楼梦》之绝少闲笔，我们有时也要通过脂评，才能体会得更深刻。

我们知道，宝玉当日并没有题遍大观园中所有的联额。事实上园中建筑物太多，命名之事也不是宝玉一个人能够包办得了的。那么，还有谁题过联额呢？这个谜直到第七十六回才解开。在这一回里，黛玉和湘云中秋夜赏月联句。湘云称赞“凸碧堂”和“凹晶馆”两个名字用得新鲜。黛玉对湘云说：

实和你说罢，这两个字还是我拟的呢。那年试宝玉，因他拟了几处，也有存的，也有删改的，也有尚未拟的。这是后来我们大家把这没有名色的，也都拟出来了，注了出处，写了这房屋的坐落，一并带进去与大姐姐瞧了。他又带出来命给舅舅瞧过。谁知舅舅倒喜欢起来，又说：“早知这样，那日就该叫他姐妹一并拟了，岂不有趣。”所以凡我拟的一字不改，都用了。

这段话才把当日大观园初题联额的情节完全补出。可见园内各处的命名，除宝玉外，其余也都出自诸姊妹尤其是黛玉之手。第七十六回和第十七回，相去六十回之遥，且就曹雪芹已完成的原稿来说，则已几乎是篓尾余香，而前后呼应，如常山之蛇。《红楼梦》的创作，作者时时有全局在胸，是非常明显的。

大观园是《红楼梦》中的理想世界，自然也是作者苦心经营的虚构世界。在书中主角贾宝玉的心中，它更可以说是唯一有意义的世界。对宝玉和他周围的一群女孩子来说，大观园外面的世界是不存在的，或即使偶然存在，也只有负面的意义。因为大观园以外的世界只代表肮脏和堕落。甚至一般《红楼梦》读者的眼光也往往过分为大观园这个突出的乌托邦所吸引，而不免忽略了大观园以外的现实世界。但是曹雪芹自己却同样地非常重视这个肮脏和堕落的现实世界。他对现实世界的刻画也一样地费尽了心机。这里可以清楚地看出作者、主角和读者之间是存在着不同的观点的。“自传说”之混曹雪芹和贾宝玉为一人，其最根本的困难便在于无法解决这个重要的观点的问题。

曹雪芹虽然创造了一片理想中的净土，但他深刻地意识到这片净土其实并不能真正和肮脏的现实世界脱离关系。不但不能脱离关系，这两个世界并且是永远密切地纠缠在一起的。任何企图把这两个世界截然分开并对它们做个别的、孤立的了解，都无法把握到《红楼梦》的内在完整性。为了具体地说明这一点，让我们检讨一下大观园的现实基础。

第十六回对于大观园的建造有很清楚的叙述。园子的基址是“从东边一带借着东府花园起，转至北边，一共丈量准了，三里半大”。下面还有一段更详细的报告：“先令匠人拆宁府会芳园墙垣楼阁，直接入荣府东大院中。……会芳园本已从北拐角墙下引来一段活水，今亦无烦再引。其山石树木虽不敷用，贾赦住的乃是荣府旧园，其中竹树山石以及亭榭栏杆等物，皆可挪就前来。”这些话里大有文章，可惜一直以来，多数红学家在“自传说”支配之下，根本未做进一步的分析。上面我们已看到，大观园的出现是《红楼梦》中第一大事，作者和批者都一再郑重其事地加以点明。那么，作者在这里细说大观园的现实来历，绝不会是没有用意的。如果“自传说”可以解答问题，确切地考出大观园是由曹家旧宅改建而成的，那当然再好没有。而事实上此路确是不通，我们只好另辟蹊径。

照上面的叙述，大观园的现实基址主要是由两处旧园子合成的：宁府的会芳园和贾赦住的荣府旧园。庚辰本第十七回在“上面苔藓成斑，藤萝掩映”句下有一条批语说：曾用两处旧有之园所改，故如此写方可。细极。

可见作者和批者，一暗一明，都特别提醒我们，这两所旧园子里面是藏着重要消息的。什么消息呢？让我们先从贾赦说起。贾赦这个人在《红楼梦》里可算得是最肮脏的人物之一。《红楼梦》里有一条无形的章法，即凡是比宝玉长一辈的人，对他的不堪之处，描写时多少都有相当的保留，这也可以说是“为尊者讳”吧！所以书中极力渲染的脏事情，大都集中在贾珍、贾琏、薛蟠等几个宝玉的平辈身上。这些地方，也确实露出“自传”的痕迹。但是尽管如此，作者对贾赦还是不肯轻易放过。所以第四十六回特立专章声讨，详写他要强纳鸳鸯为妾的丑事。作者曾借袭人之口写出他的史家定论：“真真——这话理论不该我们说——这个大老爷太好色了。略平头正脸的他就不放手了。”《红楼梦》中对贾琏的淫行最多特写镜头，恐怕就是要曲折地表达“有其父必有其子”这句古谚吧。所以，贾赦住过的园子和接触过的竹树山石以及亭榭栏杆等物，自然也都是天下极脏的东西了。

再说东府园子，那就更是龌龊不堪之至了。正如柳湘莲的名言所说的：“你们东府里，除了那两个石头狮子干净，只怕连猫儿、狗儿都不干净。”这还是一般性的说法。我们得更深一层分析一下会芳园这个地方。在第十六回以前，大观园尚未出现，《红楼梦》里的许多重大事件都是在会芳园这个舞台上上演的。会芳园中的楼阁，现尚可考的有天香楼、凝曦轩、登仙阁等处。天香楼自然是最有名的脏地方，因为原本第十三回回目就叫做“秦可卿淫丧天香楼”。其他两处也一样地不干净。凝曦轩是爷儿们吃酒取乐之处，凤姐所谓“背地里又不知干什么去了”的一个所在。这只要看看后来第七十五回贾珍诸人在天香楼聚赌、说脏话、玩娈童的情形，就可以知道了。至于登仙阁，则是秦可卿自缢和瑞珠触柱而死后停灵的地方。会芳园还发生过一件秽事，便是第十一回“见熙凤贾瑞起淫心”。凤姐遇到贾瑞便恰恰是在这个园子里面。

所以，总而言之，贾赦住的旧园和东府的会芳园都是现实世界上最肮脏的所在，却为后来大观园这个最清净的理想世界提供了建造原料和基址。这样的安排难道会是偶然的吗？甚至大观园中最干净的东西——水，也是从会芳园里流出来的。甲戌、庚辰两本在这里都有同一条脂评，说：园中诸景最要紧是水，亦必写明为妙。

可见作者处处要告诉我们，《红楼梦》中干净的理想世界是建筑在最肮脏的现实世界的基础之上的。他让我们不要忘记，最干净的其实也是从最肮脏的里面出来的。而且，如果全书完成了或完整地保全了下来，我们一定还会知道，最干净的最后仍旧要回到最肮脏的地方去的。“欲洁何曾洁，云空未必空”这两句诗不但是妙玉的归宿，同时也是整个大观园的归宿。妙玉不是大观园中最有洁癖的人吗？曹雪芹一方面全力创造了一个理想世界，在主观企图上，他是想要这个世界长驻人间。而另一方面，他又无情地写出了一个与此对比的现实世界。而现实世界的一切力量则不断地在摧残这个理想的世界，直到它完全毁灭为止。《红楼梦》的两个世界不但有密不可分的关系，并且这种关系还是动态的。当这种动态关系发展到它的尽头，《红楼梦》的悲剧意识也就升华到最高点了。

【互联网+注释】

1. 掌握下列字词：

[1] 风月宝鉴：《红楼梦》中有正、反两面的神奇镜子。

[2] 自传说：红学界有研究者认为《红楼梦》其实是曹雪芹的自传。

[3] 脂批：脂砚斋批评本。

[4] 畸笏（jī hù）：仅次于脂砚斋的《红楼梦》第二大批评家。

2. 理解下列语句的意思：

[1] 可惜一直以来，多数红学家在“自传说”支配之下，根本未做进一步的分析。据原文注释，有下面一段详解：“周汝昌在《〈红楼梦〉新证》里曾引了拆会芳园那一段话，但他的目的是在寻找大观园究竟在北京何处。俞平伯的《读〈红楼梦〉随笔》有一节讨论大观园地点问题，也注意到宁府花园并入了大观园这一事实。俞先生的论点主要在说明地点问题无法考证，只能认作是‘荒唐言’。可惜他没有进一层追问：为什么作者要写这样的‘荒唐言’？”

[2] 这些地方，也确实露出“自传”的痕迹。原文中有作者的自辩：“我并没有完全否定‘自传说’。不过反对以‘自传’代替小说罢了。请看我的《近代红学的发展与红学革命——一个学术史的分析》。”

【互联网+知人论世】

1. 作者简介：余英时，1930 年生于天津，原籍安徽潜山，当代华人世界历史学家、汉学家，在中国历史尤其是思想史和文化史方面有开创性研究，曾获哈佛、耶鲁、普林斯顿三校延聘教授。他著作有数十种之多，包括《士与中国文化》《朱熹的历史世界》《论戴震与章学诚》等。

2. 《〈红楼梦〉的两个世界》：1973 年，余英时回到香港中文大学新亚书院工作，适逢学校举办十周年学术讲座，便以《〈红楼梦〉的两个世界》为题，做了一次精彩的演讲。后来《香港大学学报》的编辑索稿，余英时便将这篇报告的引论部分扩展为《近代红学的发展与红学革命——一个学术史的分析》，又在演讲词的主题部分进行了详尽的论述并加强了论证，而仍以《〈红楼梦〉的两个世界》为题，独立发表。

【文本解读+鉴赏力】

《〈红楼梦〉的两个世界》实有两层意思，第一层意思是，《红楼梦》本身具有两个世界，曹雪芹在《红楼梦》里创造了两个对比鲜明的世界，即大观园这个理想世界，还有就是大观园之外的现实世界。理想世界是干净纯洁的，现实世界是丑陋肮脏的，但理想世界却是在肮脏的现实世界的基础之上建成的，同时现实世界的肮脏又不断地冲击理想世界的干净，最后，最干净的仍然不得不回到最肮脏的地方去。两个世界是贯穿全书的一条最主要线索，而干净从肮脏中来，最后又无可奈何地回到肮脏中去，则是《红楼梦》的悲剧的中心意义。

第二层意思则是，不但《红楼梦》本身具有两个世界，红学研究也同样存在着两个世界。当时的红学研究的中心话题是曹雪芹生活过、经历过的现实世界或历史世界，而“两个世界论”提倡，在对曹雪芹生活过、经历过的现实世界或历史世界进行研究的同时，他所虚构的理想世界或艺术世界也是红学研究的应有之义。

从文学批评的角度来看，余英时认为文学批评应该把阐释的重点从客体转移到主体，不应该去探讨文学反映了什么样的社会历史内容，而应该去探讨文学表现了作家什么样的意图，这是一种表现论文艺观。这种观点恰好符合中国的文学观转型的需要，所以在中国大陆一出现，就引起了广泛的共鸣，引起了一场影响深远的“红学革命”，为红学研究另辟蹊径。但它也引起了红学界的广泛争议，对于这一观点的讨论，各方声音至今未绝。

【阅读思考+创造力】

1. 余英时认为《红楼梦》中的两个世界是什么世界？各有何特点？
2. 对文学作品进行研究分析，应以什么为立足点？

【互联网+拓展链接】

1. 课外阅读《红楼梦》，谈谈你对《红楼梦》的理解。

2. 这篇文章在红学界掀起了轩然大波，至今争议不断，你对此有何看法？
3. 根据学术论文格式规范要求搜集材料，熟悉学术论文撰写的规范格式。

西西弗的神话

加缪

诸神处罚西西弗不停地把一块巨石推上山顶，而石头由于自身的重量又滚下山去，诸神认为再也没有比进行这种无效无望的劳动更为严厉的惩罚了。

荷马说，西西弗是最终要死的人中最聪明最谨慎的人。但另有传说说他屈从于强盗生涯。我看不出其中有什么矛盾。各种说法的分歧在于是否要赋予这地狱中的无效劳动者的行为动机以价值。人们首先是以某种轻率的态度把他与诸神放在一起进行谴责，并历数他们的隐私。阿索玻斯的女儿埃癸娜被朱庇特劫走。父亲对女儿的失踪大为震惊并且怪罪于西西弗，深知内情的西西弗对阿索玻斯说，他可以告诉他有关他女儿的消息，但必须以给柯兰特城堡供水为条件，他宁愿得到水的圣浴，而不是天火雷电。他因此被罚下地狱。荷马告诉我们西西弗曾经扼住过死神的喉咙。普洛托忍受不了地狱王国的荒凉寂寞，他催促战神把死神从其战胜者手中解放出来。

还有人说，西西弗在临死前冒失地要检验他妻子对他的爱情。他命令她把他的尸体扔在广场中央，并且不举行任何仪式。于是西西弗重堕地狱。他在地狱里对那恣意践踏人类之爱的行径十分愤慨。他获得普洛托的允诺重返人间以惩罚他的妻子。但当他又一次看到这大地的面貌，重新领略流水、阳光的抚爱，重新触摸那火热的石头、宽阔的大海的时候，他就再也不愿回到阴森的地狱中去了。冥王的诏令、气愤和警告都无济于事，他又在地球上生活了许多年。面对起伏的山峦、奔腾的大海和大地的微笑，他又生活了许多年。诸神于是进行干涉。墨丘利跑来揪住这冒犯者的领子，把他从欢乐的生活中拉了出来，强行把他重新投入地狱，在那里，为惩罚他而设的巨石已准备就绪。

我们已经明白：西西弗是个荒谬[1]的英雄。他之所以是荒谬的英雄，还因为他的激情和他所经受的磨难。他藐视神明，仇恨死亡，对生活充满激情，这必然使他受到难以用言语尽述的非人折磨：他以自己的整个身心致力于一种没有效果的事业。而这是为了对大地的无限热爱所必须付出的代价。人们并没有谈到西西弗在地狱里的情况。创造这些神话是为了让人的想象使西西弗的形象栩栩如生。在西西弗身上，我们只能看到这样一幅图画：

一个紧张的身体千百次地重复一个动作：搬动巨石，滚动它并把它推上山顶。我们看到的是一张痛苦扭曲的脸，看到的是紧贴在巨石上的面颊，那落满泥土、抖动的肩膀，沾满泥土的双脚，完全僵直的胳膊，以及那结实的满是泥土的人的双手。经过被渺渺空间和永恒的时间限制着的努力之后，目的就快达到了。西西弗于是看到巨石在几秒钟内又向着下面的世界滚去，而他则必须把这巨石重新推上山顶。他于是又向山下走去。

正是因为这种回复、停歇，我对西西弗产生了兴趣。这一张饱经磨难近似石头般坚硬的面孔已经自己化成了石头！我看到这个人以沉重而均匀的脚步走向那无尽的苦难。这个时刻就像一次呼吸那样短促，它的到来与西西弗的不幸一样是确定无疑的，这个时刻就是意识的时刻。在每一个这样的时刻中，他离开山顶并且逐渐地深入到诸神的巢穴中去，他超出了他自己的命运。他比他搬动的巨石还要坚硬。

如果说，这个神话是悲剧的，那是因为它的主人公是有意识的。若他行的每一步都依靠成功的希望所支持，那他的痛苦实际上又在哪里呢？今天的工人终生都在劳动，终日完成的是同样的工作，这样的命运并非不比西西弗的命运荒谬。但是，这种命运只有在工人变得有意识的偶然时刻才是悲剧性的。西西弗，这诸神中的无产者，这进行无效劳动而又进行反叛的无产者，他完全清楚自己所处的悲惨境地：在他下山时，他想到的正是这悲惨的境地。造成西西弗痛苦的清醒意识同时也就造就了他的胜利。不存在不通过蔑视而自我超越的命运。

如果西西弗下山推石在某些天里是痛苦地进行着的，那么这个工作也可以在欢乐中进行。这并不是言过其实。我还想象西西弗又回头走向他的巨石，痛苦又重新开始。当对大地的想象过于着重于回忆时，当对幸福的憧憬过于急切时，那痛苦就在人的心灵深处升起：这就是巨石的胜利，这就是巨石本身。巨大的悲痛是难以承担的重负，这就是我们的客西马尼之夜。但是，雄辩的真理一旦被认识就会衰竭。因此，俄狄浦斯不知不觉首先屈从了命运。而一旦他明白了一切，他的悲剧就开始了。与此同时，两眼失明而又丧失希望的俄狄浦斯认识到，他与世界之间的唯一联系就是一个年轻姑娘鲜润的手。他于是毫无顾忌地发出这样震撼人心的声音：“尽管我历尽艰难困苦，但我年逾不惑，我的灵魂深邃[2]伟大，因而我认为我是幸福的。”索福克勒斯的俄狄浦斯与陀思妥耶夫斯基的基里洛夫都提出了荒谬胜利的法则。先贤的智慧与现代英雄主义汇合了。

人们要发现荒谬，就不能不想到要写某种有关幸福的教材。“哎，什么！就凭这些如此狭窄的道路……？”但是，世界只有一个。幸福与荒谬是同一大地的两个产儿。若说幸福一定是从荒谬的发现中产生的，那可能是错误的。因为荒谬的感情还很可能产生于幸福。“我认为我是幸福的”，俄狄浦斯说，而这种说法是神圣的。它回响在人的疯狂而又有限的世界之中。它告诫人们一切都还没有也从没有被穷尽过。它把一个上帝从世界中驱逐出去，这个上帝是怀着不满足的心理以及对无效痛苦的偏好而进入人间的。它还把命运改造成为一件应该在人们之中得到安排的人的事情。

西西弗无声的全部快乐就在于此。他的命运是属于他的。他的岩石是他的事情。同样，当荒谬的人深思他的痛苦时，他就使一切偶像哑然失声。在这突然重又沉默的世界中，大地升起千万个美妙细小的声音。无意识的、秘密的召唤，一切面貌提出的要求，这些都是胜利所必不可少的对立面和应付的代价。不存在无阴影的太阳，而且必须认识黑夜。荒谬的人说“是”，但他的努力永不停息。如果有一种个人的命运，就不会有更高的命运，或至少可以说，只有一种被人看作是宿命的和应受到蔑视的命运。此外，荒谬的人知道，他是自己生活的主人。在这微妙的时刻，人回归到自己的生活之中，西西弗回身走向巨石，他静观这一系列没有关联而又变成他自己命运的行动，他的命运是他自己创造的，是在他的记忆的注视下聚合而又马上会被他的死亡固定的命运。因此，盲人从一开始就坚信一切人的东西都源于人道主义，就像盲人渴望看见而又知道黑夜是无穷尽的一样，西西弗永远行进。而巨石仍在滚动着。

我把西西弗留在山脚下！我们总是看到他身上的重负。而西西弗告诉我们，最高的虔诚是否认诸神并且搬掉石头。他也认为自己是幸福的。这个从此没有主宰的世界对他来讲既不是荒漠，也不是沃土。这块巨石上的每一颗粒，这黑黝黝的高山上的每一颗矿砂，唯有对西西弗才形成一个世界。他爬上山顶所要进行的斗争本身就足以使一个人心里感到充实。应该认为，西西弗是幸福的。

（选自加缪《西西弗的神话》，杜小真译，桂林：广西师范大学出版社，2002 年版。）

【互联网+注释】

1. 掌握下列字词：

[1] 荒谬：荒唐，错得离谱。

[2] 深邃：深奥的寓意。

2. 理解下列语句的意思：

[1] 这一张饱经磨难近似石头般坚硬的面孔已经自己化成了石头！

[2] 造成西西弗痛苦的清醒意识同时也就造就了他的胜利。

【互联网+知人论世】

1. 作者简介：阿尔贝·加缪（Albert Camus，1913—1960），法国小说家、散文家和剧作家，“存在主义”文学大师。1957 年因“热情而冷静地阐明了当代向人类良知提出的种种问题”而获诺贝尔文学奖，是有史以来最年轻的诺贝尔奖获奖作家之一。

2. 通过互联网搜集有关加缪的文献资料，了解其生平经历和哲学思想。

3. 阅读《局外人》《鼠疫》，清楚加缪的文学成就。

【文本解读+鉴赏力】

西西弗是个英雄，这个英雄受到大多数世人崇敬，特别容易被底层民众崇拜，原因正在于加缪所做的思考。受到惩罚的西西弗，日复一日重复劳作，费尽心力滚动巨石爬上山顶，来不及歇息，就眼睁睁地看着巨石滚到山下，然后这个不屈服的英雄就又到山下继续这永远没有可能结束的工作。这样的工作到底有没有价值？反复阅读本文，不难发现，现实生活中类似的重复劳作真是不少。西西弗的幸福就在于明知没有结果，还是一如既往地投入全部心血和力气。从这一点上看，他的确是个荒谬的英雄，同样，生活中的人们也是荒谬的英雄。

熟悉传统文化的中国人都知道孔子为了推行仁政，周游列国，到处碰壁。偌大的年纪，花白的胡子，尘土飞扬的荒凉小道，无法保障足够的吃食，也没有夜宿的床帐、被褥。面对弟子和世人质疑的目光，这位构建了孝悌仁义伦理观的儒家创始人，同样没有失望，也没有停下进取的脚步。既然送给他人的是更好的生活方式，就一定会被世人接受，所以孔子的幸福不在于活着时的回报，而是给后人修齐治平的美好愿景。以孔子为例，并不是忘记了其他先贤。人活一世，怀着为世界为他人谋幸福的理想，并付诸行动为他人谋幸福，该类人也许历经坎坷磨难，也许还没有看到成功的目标，或快接近目标时就倒下了高大的身躯，但这类人是幸福的。

现代社会文明的种子已经生根发芽，逐渐枝繁叶茂长成社会和谐有序的大树。大多数人过着平凡的生活，成人通过工作获取生活的薪水，孩子在父母精心抚养下背着书包走向学习知识的校园，这其乐融融的生活场景其实非常普通。可以冷静地思考一下：青年男女怀着激情和理想，经过爱情的洗礼和婚姻的殿堂，购房生子工作等，经过三十而立四十不惑五十知天命，似乎日复一日重复着简单的生活模式，天天忙于上班工作，下班忙于买菜做饭，为儿女学习、就业、婚姻操心等，有时也会心里一紧：理想是不是丢了？这样平凡、普通、千家万户一样的人生模式，是不是有太多的价值？其实，这样平凡、普通的多数人，也是成功的英雄。因为他们依靠自己养活了一个家庭，没有成为社会的负担，还为社会培养了工作的人员。

加缪拥有文人的敏感和哲人的理性，他想通过文字唤醒世界，所以他的文字特别准确，又无比精美，字斟句酌，为后人贡献了思想深刻、见解特别的哲理美文。备受惩罚的西西弗不是被加缪改变了形象——他一直都是个英雄，只不过加缪的文字让这个英雄形象在世人的心中越发清晰高大。世人很多时候都会遇到西西弗那样看似荒谬的生活，就像前面分析的那样，一个家庭里的父母看到儿女长大，觉着理想可以不要，但是钱财真是必需的，甚至有不少中年人会感叹家庭的恩爱难道是靠物质财富来支撑的。成人之后反而成了赚钱的工具，这是不是很荒谬？齐家治国平天下的激情和理想，难免会被浮躁和利益冲击。走进加缪的世界，他会告诉后人，不用灰心，勇往直前，不要忘了给世界一张笑脸。

【阅读思考+创造力】

1. 西西弗是怎样对待所受处罚的，为什么？

2. 西西弗无声的全部快乐就在于此。联系现实生活，可以学到什么？

【互联网+拓展链接】

1. 我国古代文献有描写类似重复劳作的神话，如“吴刚伐桂”等，请搜集整理相关资料。

2. 比较加缪与卡夫卡的作品，分析其异同。

第八章 应用文类

尚书·牧誓

武王戎车三百辆，虎贲三百人，与受战于牧野，作《牧誓》[1]。

时甲子昧爽[2]，王朝至于商郊牧野，乃誓。

王左杖黄钺，右秉白旄以麾，曰："逖[3]矣，西土之人！"

王曰："嗟！我友邦冢君、御事[4]，司徒、司邓、司空、亚旅、师氏、千夫长、百夫长及庸、蜀、羌、髳、微、卢、彭、濮人。称尔戈，比尔干，立尔矛，予其誓[5]！"

王曰："古人有言曰：'牝鸡无晨；牝鸡之晨，惟家之索[6]。'今商王受惟妇言是用[7]，昏弃厥肆祀弗答，昏弃厥遗王父母弟不迪[8]；乃惟四方之多罪逋逃，是崇是长，是信是使，是以为大夫卿士。俾[9]暴虐于百姓，以奸宄[10]于商邑。今予发惟恭行天之罚。"

"今日之事，不愆于六步、七步，乃止齐焉。勖哉夫子！不愆于四伐、五伐、六伐、七伐，乃止齐焉[11]。勖哉夫子！尚桓桓[12]如虎、如貔、如熊、如罴于商郊。弗迓克奔，以役西土[13]。勖哉夫子！尔所弗勖，其于尔躬[14]有戮！"

【互联网+注释】

1. 掌握下列字词：

[1] 受：商王帝辛，姓子，名受，死后谥号纣，即后世所称的商纣王。武王：周武王姬发。本节为序言，交代宣誓的背景。

[2] 昧爽：黎明。爽，天明；昧，暗。

[3] 逖（tì）：远。逖矣，相当于说"远道而来，辛苦了"。

[4] 冢君、御事：国君、大臣。

[5]"称尔戈"句：举起你们的戈，排列好你们的盾，竖立起你们的长矛，我要宣誓了。其，语气词。

[6]"牝鸡无晨"句：无，通"勿"；晨，司晨；索，衰败。

[7]“惟……是……”句：宾语前置句式，本节中多次出现。

[8]“昏弃”句：抛弃了对自己先祖的祭祀，不闻不问；抛弃了自己的同宗兄弟，不予任用。昏，一作泯，看不起；肆祀，全牛全羊的祭祀；迪，任用。

[9]俾：使。

[10]宄（guǐ）：犯法作乱。

[11]“今日之事”句：愆，超过；止齐，整齐一致；伐，一击一刺为一伐。

[12]尚桓桓：尚，应当；桓桓，威武的样子。

[13]弗迓（yà）克奔，以役西土：不要杀死前来投奔的人，使他们帮助我们西方国家。迓，迎面、逆向，这里指抵挡、拒绝；克，能。

[14]躬：身体，自身。

2. 理解下列语句的意思：

[1]牝鸡无晨；牝鸡之晨，惟家之索。

[2]今商王受惟妇言是用，昏弃厥肆祀弗答，昏弃厥遗王父母弟不迪。

[3]弗迓克奔，以役西土。

【互联网+知人论世】

1.《尚书》是我国最早的历史典籍之一，实质上是一部古代经典应用文选集。它是在先秦历代政府档案文书的基础上，不断删选、集结而成的，最初被用作贵族子弟的政治教科书。据说孔子也对其进行过整理，使之成为儒家的核心经典之一。汉代儒学独尊以后，宣扬“仁君治民”“贤臣事君”之道的《尚书》更是被视为中国封建社会的政治哲学经典，对中国历史和文化影响深远。

作为记载古代事迹的文件汇编，《尚书》保留了大量先秦特别是周初的重要史料；同时，其篇章非常注重人物语言的形象化和语言表达的意趣，文字包含文学色彩，可视为中国古代散文形成的标志。

然而，如此重要的典籍，其经历却十分坎坷。据记载，《尚书》原有100篇。秦始皇统一中国后，以博士垄断《尚书》的传承，禁止民间私相授受。秦末战乱，秦博士伏胜将一部《尚书》藏在墙壁内，战乱后取出，仅剩29篇完好。这29篇用汉时隶书抄写，被称为《今文尚书》。汉武帝末期，在孔子故宅墙壁内又发现另一部《尚书》，因用六国时的蝌蚪文书写，故称《古文尚书》。《古文尚书》除却和今文相同的29篇，又多出16篇。汉末战乱，今文、古文《尚书》都散轶了。东晋时，豫章内史梅赜献出一本58篇的古、今文以及真、伪混合的《尚书》。自唐至清，科举考试用的就是这个本子。

2. 结合互联网知识，了解《尚书》的实质及其文体构成。

【文本解读+鉴赏力】

牧野之战，是许多中国人耳熟能详的直接导致朝代更替的古代重大战役之一，更由于文学作品《封神演义》和影视作品《封神榜》而家喻户晓。《尚书·牧誓》篇，就是这次战役的誓师词，是一篇演讲稿。

《尚书·牧誓》全文共244字，其中周武王讲话213字。即使按照比较慢的语速，全篇讲完也就两分多钟。然而，誓词虽短，却铿锵有力，充分展现了正义和力量之美。

周武王的演讲地点在一片空旷的原野上。拂晓时分，大地一片寂静，武王的声音可以清晰地传入每一个联盟士兵的耳朵，在他们的心里擂响战鼓。演讲威严而亲切，首先以一声问候拉近了演讲者和听众之间的距离，以使自己的声音能进入士兵的内心。然后，武王列数了商纣王的罪恶：听信妇人谗言，不尊敬祖先和上天；离散宗亲而任用外人。这些罪名在男权至上、崇敬祖先的宗族分封时代，都是不容宽赦的弥天大罪。周武王以此表明己方是“正义之师”，是在“替天行道”，激起联盟军队同仇敌忾的士气，从而直面数倍于自己的敌军。毛泽东同志说过，战略上要藐视敌人，战术上要重视敌人。作战光凭名正言顺和士气可不行。接下来，周武王就如何作战做了布置：一是如何列阵攻击，二是如何对待俘虏，三是勉励大家奋勇向前，不许后退。

整篇演讲在气势上可谓词严而义正、理直而气壮。行文上节奏紧凑，一气呵成，却又层次清晰，逻辑严密。读之令人如临其境。

【阅读思考+创造力】

1.《牧誓》这篇3 000 多年前的战前动员演讲稿，在写作和演讲方面，给我们什么启发?

2. 孔子的弟子子贡说过：“纣之不善，不如是之甚也。是以君子恶居下流，天下之恶皆归焉。”结合小说《封神演义》中商纣王的形象及本文周武王所宣读的其罪恶，谈谈文学创作与历史人物的关系。

【互联网+拓展链接】

1. 课外阅读美国民权运动领袖马丁·路德·金的《我有一个梦想》，总结演讲有什么特点，对自己有什么启示。

2. 写一篇题为《我心中的大学》的演讲稿，500 字左右。

3. 检索国家标准 2012 年版《党政机关公文格式》，掌握常用的公文格式及写作特点。

孙子兵法·用间篇

孙武

凡[1]兴师十万，出征千里，百姓之费，公家之奉[2]，日费千金。内外骚动[3]，怠[4]于道路，不得操事[5]者，七十万家[6]。相守[7]数年，以争一日之胜，而爱[8]爵禄百金，不知敌之情者，不仁之至也。非人之将也，非主之佐也，非胜之主也。故明君贤将，所以动而胜人，成功出于众者，先知也。先知者，不可取于鬼神，不可象于事，不可验于度[9]。必取于人，知敌之情者也。

故用间有五：有因间，有内间，有反间，有死间，有生间。五间俱起，莫知其道，是谓神纪[10]，人君之宝也。因间者，因其乡人而用之；内间者，因其官人而用之；反间者，因其敌间而用之；死间者，为诳事于外，令吾间知之，而传于敌间也[11]。生间者，反报也[12]。

故三军之事，莫亲于间[13]，赏莫厚于间，事莫密于间。非圣智不能用间，非仁义不能使间，非微妙不能得间之实。微哉！微哉！无所不用间也。间事未发而先闻者，间与所告者[14]皆死。

凡军之所欲击，城之所欲攻，人之所欲杀，必先知其守将，左右，谒者[15]，门者，舍人之姓名，令吾间必索知之。

必索敌人之间来间我者，因而利之，导而舍之[16]，故反间可得而用也。因是而知之[17]，故乡间、内间可得而使也；因是而知之，故死间为诳事，可使告敌；因是而知之，故生间可使如期。五间之事，主必知之。知之必在于反间，故反间不可不厚也。

昔殷之兴也，伊挚在夏；周之兴也，吕牙在殷。故惟明君贤将，能以上智为间者，必成大功。此兵之要，三军之所恃而动也。

【互联网+注释】

1. 掌握下列字词：

[1] 凡：一般，通常。表示概括。

[2] 奉：同“俸”，这里指军费开支。

[3] 骚动：扰乱不安。

[4] 怠：疲倦。

[5] 操事：做事。这里指展开正常生产活动。

[6] 七十万家：古代井田之法，八家为邻。一家从军，其余七家壮劳力要合力承担从军者的粮草、甲胄、兵器的生产、运输、补给等任务。

[7] 相守：等待，守候。这里指战争相持。

[8] 爱：爱惜，吝啬。

[9] 不可象于事，不可验于度：不能用其他事情或现象去类推、揣测，不要通过天象去验证。象，类推。度，天象的度数。

[10] 纪：法度，准则，方法。

[11] 死间：指我方间谍在敌方，通过将假情报、假作战计划传给敌方，获得敌方的信任并诱使敌人上当，一旦事情败露，我方间谍难免一死。

[12] 生间：选智能之士往视敌情归以报我。

[13] 莫亲于间：没有人比间谍更应该予以信任的了。

[14] 间与所告者皆死：间谍与知道这件事的人都要处死。

[15] 谒者：传令官。

[16] 因而利之，导而舍之：用重金引诱收买，并巧妙地给对方假情报，然后放走。

[17] 因是而知之：通过反间可知道敌方的具体情况。

2. 理解下列语句的意思：

[1] 相守数年，以争一日之胜，而爱爵禄百金，不知敌之情者，不仁之至也。

[2] 非圣智不能用间，非仁义不能使间，非微妙不能得间之实。

[3] 此兵之要，三军之所恃而动也。

【互联网+知人论世】

1. 孙武（约前 545—前 470），字长卿，后世尊为“兵圣”，春秋末期齐国乐安

（今山东省北部）人，中国历史上著名的军事家、政治家。公元前532年，齐国内乱，孙武来到吴国，潜心钻研兵法，著成13篇。后经伍子胥多次推荐，以客卿身份为将军。在吴楚大战中，指挥吴国军队以3万之师，千里远袭，深入大国，五战五捷，占领楚都郢城，几近覆亡楚国。所著《孙子兵法》，内容博大精深，思想深邃无比，逻辑缜密严谨，体现了孙武完整的军事思想体系，是中国现存最早、最完整、最系统的兵书，被誉为“兵学圣典”，在中国乃至世界军事史上占有极为重要的地位，并在政治、经济、军事、文化、哲学等领域被广泛运用。

《孙子兵法》共5 900余字，分始计、作战、谋攻、形、势、虚实、军争、九变、行军、地形、九地、火攻、用间13篇。书中阐述了战争中战胜敌人的规律，军队应该怎样组织和建设，作战时必须遵循的战略原则，临阵击敌的战术技巧，一些特殊的战斗方法，以及军队的后勤工作等。在书中，孙武强调战争的胜负不取决于鬼神，而是与政治清明、经济发展、外交努力、军事实力、自然条件诸因素相联系，预测战争胜负主要就是分析以上这些条件如何。孙武不仅相信世界是客观存在的，而且认为世界上的事物都在不停地运动变化着，强调在战争中应积极创造条件，发挥人的主观能动性，促成对立面朝着有利于自己的方向转化。

2. 搜索网络电子文献，列举孙武及其后裔孙膑的军事典故。

【文本解读+鉴赏力】

《孙子兵法·用间篇》全文共七段，可分为三个部分。

第一部分主要论述了情报对获取战争胜利的重要性。孙子强调了解敌人是战争胜利的前提，而择人用间则是获取敌人情报唯一正确的途径，从而对间谍的重要意义给予了充分的肯定。第二部分阐述了获取情报的手段和用间的注意事项。文中首先介绍了使用间谍的五种方式：因间、内间、反间、死间、生间。其次讲述了对主将的素质要求和用间注意事项。孙武认为，运用间谍的主将须具备智慧、仁义和细心等条件；同时，间谍的运用强调广泛性和保密性。第三部分说明了成功运用间谍能够获得巨大的利益。所谓的“知己知彼，百战不殆”，就是建立在重视用间的基础上的。

文中所说的“五间”，基本上囊括了当时运用间谍的所有方式。孙武主张的“五间俱起”的思想，深受古今中外许多兵家的重视。《用间篇》不仅把情报的重要性提升到战略层面，而且构建出一个军事情报体系的雏形。

【阅读思考+创造力】

1. 孙武之后，中国军事史上的兵法著作，其成就和影响，鲜有能比得上《孙子兵法》的。试分析其原因。

2. 列举你所知道的中国历史上有名的间谍，并依据本文所述，判断其属于“五间”中的哪一间。

【互联网+拓展链接】

1. 阅读《孙子兵法》中其他篇章，说说你最喜欢哪一篇。

2. 分析并总结《孙子兵法》写作方面的特点。

论积贮疏[1]

贾谊

管子曰："仓廪实而知礼节。"民不足而可治者，自古及今，未之尝闻。古之人曰："一夫不耕，或受之饥；一女不织，或受之寒。"生之有时，而用之亡度，则物力必屈。古之治天下，至孅[2]至悉也，故其蓄积足恃。今背本而趋末，食者甚众，是天下之大残也；淫侈之俗，日日以长，是天下之大贼也。残贼公行，莫之或止；大命将泛，莫之振救[3]。生之者甚少，而靡之者甚多，天下财产何得不蹶！

汉之为汉，几四十年矣，公私之积，犹可哀痛！失时不雨，民且狼顾；岁恶不入，请卖爵子，既闻耳矣。安有为天下阽危[4]者若是而上不惊者？世之有饥穰[5]，天之行也，禹、汤被之矣。即不幸有方二三千里之旱，国胡以相恤？卒然边境有急，数千百万之众，国胡以馈之？兵旱相乘，天下大屈，有勇力者聚徒而衡击；罢夫羸老易子而咬其骨。政治未毕通也，远方之能疑者，并举而争起矣。乃骇而图之，岂将有及乎？

夫积贮者，天下之大命也。苟粟多而财有余，何为而不成？以攻则取，以守则固，以战则胜。怀敌附远，何招而不至？今驱民而归之农，皆著于本；使天下各食其力，末技游食之民，转而缘南亩，则畜积足而人乐其所矣。可以为富安天下，而直为此廪廪[6]也，窃为陛下惜之。

【互联网+注释】

1. 掌握下列字词：

[1] 疏：疏，指分条陈述；作为一种文体，它是古代臣下向皇帝条陈自己对某事的意见的一种文件，也称"奏疏"或"奏议"。

[2] 孅（xiān）：通"纤"，细致。

[3] 振救：拯救，挽救。

[4] 阽（diàn）危：危险。阽，临近。

[5] 饥穰：荒年和丰年。此处为偏义复词，只指荒年。饥，灾荒，《墨子·七患》："五谷不收谓之饥。"穰，庄稼丰熟。

[6] 廪廪：同"懔懔"，危惧的样子。指令人害怕的局面。

2. 理解下列语句的意思：

[1] 古之治天下，至孅至悉也，故其蓄积足恃。

[2] 残贼公行，莫之或止；大命将泛，莫之振救。

[3] 政治未毕通也，远方之能疑者，并举而争起矣。

【互联网+知人论世】

1. 作者简介：贾谊（前200—前168），汉族，洛阳（今河南洛阳东）人，少有才名，18岁时，以善文为郡人所称，世称贾生。20余岁被汉文帝任为博士，不到一年迁太中大夫，23岁受大臣周勃、灌婴排挤，谪为长沙王太傅，故后世亦称贾长沙、贾太傅。三年后被召回长安，为梁怀王太傅。梁怀王坠马而死，贾谊深自歉疚，抑郁而亡，年仅33岁。司马迁对屈原、贾谊都寄予同情，为二人写了一篇合传，后世因之把贾谊与屈原并称为“屈贾”。其著作主要有散文和辞赋两类。散文代表作有《过秦论》《论积贮疏》《陈政事疏》等，鲁迅称之为“西汉鸿文”；辞赋以《吊屈原赋》《鹏鸟赋》最著名。

2. 贾谊短暂的一生为后人留下了珍贵的文化遗产，请就其思想、文学、政治、管理等（任选一个）方面进行总结。

3. 通过搜索网络汇总古人重视民生建设的名言名句。

【文本解读+鉴赏力】

沿着少有大才的贾谊的思维来审视国家积蓄的奥妙：为国分忧就要为国家富强找到出路。建言献策历来是文人士大夫的优良传统，《论积贮疏》首先引用治国名相管仲的论断，从日常生活常识循循善诱，讲明一国一家重视积贮的重要。作者毫不客气地指出，淫侈之风肆起，过度消费，不但破坏民生的基础，还会动摇国家的根基；然后就从国家应对自然灾害和可能发生的战争两个维度进行分析，并直言非常可能出现的国家动荡、百姓遭殃的可怕场面：亡命之徒敢于抢劫、弱者易子而食，危机再进一步不但败家，还要亡国，再次论证了一国一家积贮的重要；按照前面论证的基础，自然归纳出“夫积贮者，天下之大命也”的中心论点，并对比印证，充足的粮食财力就能保障天下和平、安居乐业，所以从农业生产这个根本入手，就可以强化积贮的基础，从而向皇帝提出了积贮的治国之道，反复强调作为农业大国重视农业生产的重要性。

文章从正、反两面进行说理，由家国民生再到国家治理强调了积贮的重要性。回应现实生活的重大关切，粮食财力兴家兴国的道理自然上升到国计民生的高度。这篇文章代表了农业为国之本的认知，对于今天仍有可借鉴的意义。同时也要看到，抑制商业的观点不足取。当然，文章只是隐含地说明了这点。

【阅读思考+创造力】

1. 熟读文章，概括其写作特点，特别是领悟其论证方法。
2. 与晁错《论贵粟疏》比较异同。
3. 结合我国改革开放40年来取得的成就，谈谈你对经济改革的看法。

【互联网+拓展链接】

1. 阅读司马迁《货殖列传》，概括其经济思想。
2. 结合文献资源查阅《管子》重视国家积蓄的篇目。

荆楚岁时记（节选）

宗懔

十二月八日为腊日。谚语：“腊鼓鸣，春草生。”村人并击细腰鼓，戴胡头，及作金刚力士以逐疫。按：《礼记》云：“傩人所以逐厉鬼也。”《吕氏春秋·季冬纪》注云：“今人腊前一日，击鼓驱疫，谓之逐除。”《晋阳秋》：“王平子在荆州，以军围逐除，以斗故也。”《玄中记》：“颛顼[1]氏三子俱亡，处人宫室，善惊小儿。汉世以五营千骑自端门传炬送疫，弃洛水中。”故《东京赋》云：“卒岁大傩[2]，驱除群厉。方相秉钺，巫觋[3]操茢。侲[4]子万童，丹首玄制。桃弧棘矢，所发无臬[5]。”《宣城记》云：“洪矩，吴时作庐陵郡，载土船头。逐除人就矩乞，矩指船头云：无所载，土耳。”《小说》：“孙兴公常着戏头，与逐除人共至桓宣武家，宣武觉其应对不凡，推问乃验也。”金刚力士，世谓佛家之神。按：《河图玉版》云：“天立四极，有金刚力士，兵长三十丈。”此则其义。

其日，并以豚酒祭灶神。按：《礼器》：“灶者，老妇之祭，尊于瓶，盛于盆。”言以瓶为樽，盆盛馔也。许慎《五经异义》云：“颛顼有子曰黎，为祝融火正。祝融为灶神，姓苏名吉利，妇姓王名抟[6]颊。”汉阴子方，腊日见灶神，以黄犬祭之，谓之黄羊。阴氏世蒙其福，俗人竞尚，以此故也。

岁前，又为藏彄[7]之戏。按：周处《风土记》曰：“醇以告蜡，竭恭敬于明祀。乃有藏彄。腊日之后，叟妪各随其侪为藏彄，分二曹以校胜负。”辛氏《三秦记》以为钩弋夫人所起。周处、成公绥并作“彄”字。《艺经》、庾阐则作“钩”字，其事同也。俗云此戏令人生离，有禁忌之家则废而不修。

岁暮，家家具肴蔌，诣宿岁之位，以迎新年。相聚酣饮。留宿岁饭，至新年十二日，则弃之街衢，以为去故纳新也。

【互联网+注释】

[1] 颛顼（zhuān xū）：约公元前2342—公元前2245年在世，中国上古部落联盟首领，“五帝”之一，姬姓，号高阳氏，黄帝之孙、昌意之子 。颛顼生子穷蝉，是虞舜的天祖。后来的夏、楚都是他的子孙。

[2] 傩（nuó）：又称跳傩、傩舞、傩戏，是一种神秘而古老的原始祭礼。

[3] 觋（xí）：男巫师，以装神弄鬼替人祈祷为职业的人，男称“觋”（或“祝”，女称“巫”）。

[4] 侲（zhèn）：指在迷信活动中用以驱疫逐鬼的儿童。

[5] 臬（niè）：箭靶子；古代测日影的标杆；标准。

[6] 抟：把东西揉弄成球形。

[7] 彄（kōu）：戒指一类的东西。

2. 理解下列语句的意思：

[1] 故《东京赋》云：“卒岁大傩，驱除群厉。方相秉钺，巫觋操茢。侲子万童，丹首玄制。桃弧棘矢，所发无臬。”

[2] 汉阴子方，腊日见灶神，以黄犬祭之，谓之黄羊。阴氏世蒙其福，俗人竞尚，以此故也。

[3] 留宿岁饭，至新年十二日，则弃之街衢，以为去故纳新也。

【互联网+知人论世】

1. 作者简介：宗懔（502—565），字元懔，南阳涅阳（今河南涅阳县）人。年少时好学不厌，被乡里称为“小儿学士”。南北朝时梁、周大臣。所撰《荆楚岁时记》流传后世，影响巨大。

2. 后人对于能够读到《荆楚岁时记》这样的文献感到惊喜。也许是在不经意的情况下，作者就给后人记录了那时的生活习俗。结合搜集到的资料，理解这部文献的价值和意义。

【文本解读+鉴赏力】

读什么书，不但反映治学的态度，更能体现所追求的价值取向。古代读书也同样存在相当强的功利性，考取功名成为国家各级官员就是很现实的做法。因此作诗著文一般是围绕晋升为官的。像风土人情类的描述古代小民生活习俗好似旁门左道，很可能为正统文人所不屑。因此《荆楚岁时记》此类作品数量不多，但少数的著作一般都是精品。岁时风俗等读物较为忠实地记录了当时民众的生活习俗，成为后人考查古人生活方式的重要文献，这些不被当时人看好的小品文就成了经典代表作。

节日文化是民俗的重要部分。节日文化是集体、民族和国家的标志性文化财富，说是无价之宝也不过分。

一是传统节日普遍有个漫长的时间传承。这个时间越长越能够说明人们这样生活有其道理，传统的节日文化富有生命力，在传承的基础上要有所创新。

二是节日文化带有欢庆、祝福、消灾等积极元素。重要的节日一家人都要团聚，通过交谈、美食、礼物、娱乐等加深感情，传统文化提倡的孝悌友爱等也适应新时代社会发展的需要，能起到家庭和睦、社会和谐、民乐国安的作用。

春节就是非常典型的例子。

春节俗称过年，通过燃放鞭炮祛除晦气，全家团聚就是分享幸福和喜悦。无论家在何方，阴历腊月三十前，飞机、火车、轮船、汽车等都是开往家的方向的。作为成年人，既要盘算一年的收入，更要为来年规划新的奋斗目标。作为孩子，欢度春节，除了亲近长辈，享受美食、娱乐节目，更重要的是感受到对未来的美好祝愿，明白长大一岁所寄寓的含义。特别是对青年人来说，通过一家老小春节相聚，进一步明确了所应担当的责任。

本文只是选取了一部分来展示古代文献的魅力，通过简易平实的文字带领读者回顾了古时荆楚一带习俗，似乎看到了也听到了人们忙碌不止、欢笑不停的节日场景。今天传承传统文化，就要认真挖掘其积极因素，为当下社会生活提供借鉴。

【阅读思考+创造力】

1. 文中大量引用古老的文献有何用意？请谈谈你的看法。

2. 根据文字内容可以看到当时的社会民俗风情，对此可以得到什么结论？

【互联网+拓展链接】

1.《荆楚岁时记》原书已佚，现存一卷，系明人从类书中辑出。根据搜集到的资料，谈谈传承传统文化的建议。

2. 根据亲身经历，就难忘的家乡春节写一篇文章，不少于800字，配上图片，呈现春节习俗。

放妻书[1]

盖说夫妻之缘，伉俪[2]情深，恩深义重。论谈共被之因，幽怀合卺[3]之欢。

凡为夫妻之因，前世三生结缘，始配今生夫妇。夫妻相对，恰似鸳鸯，双飞并膝，花颜共坐；两德之美，恩爱极重，二体一心。

三载结缘，则夫妇相和；三年有怨，则来仇隙。

若结缘不合，想是前世怨家。反目生怨，故来相对。妻则一言数口，夫则反目生嫌。似猫鼠相憎，如狼羊一处。

既以二心不同，难归一意，快会及诸亲，以求一别，物色书之，各还本道。

愿妻娘子相离之后，重梳蝉鬓，美扫蛾眉，巧逞窈窕之姿，选聘高官之主，弄影庭前，美效琴瑟合韵之态。

解怨释结，更莫相憎；一别两宽，各生欢喜。

三年衣粮，便献柔仪[4]。伏愿[5]娘子千秋万岁。

丁吋某年某月某日某乡谨立此书

【互联网+注释】

1. 掌握下列字词：

[1] 放妻书：离婚证书。

[2] 伉俪（kàng lì）：古时把对方及其配偶尊称为“贤伉俪”，是对别的夫妻的称呼。

[3] 合卺（jǐn）：旧时结婚，男女行同杯饮酒之礼，后泛指结婚。

[4] 柔仪：应作柔荑，茅草的嫩芽，用来比喻女性的手（指）。这里代指妻子。

[5] 伏愿：表示愿望的敬辞。

2. 理解下列语句的意思：

[1] 论谈共被之因，幽怀合卺之欢。

[2] 夫妻相对，恰似鸳鸯，双飞并膝，花颜共坐；两德之美，恩爱极重，二体一心。

[3] 解怨释结，更莫相憎；一别两宽，各生欢喜。

【互联网+知人论世】

1. 该文原为1900年于敦煌莫高窟出土的书札之一，从中能够看出唐人骨子里的大气和包容，请注意搜集相关材料。

2. 搜集整理古时婚配和脱离关系的资料。

【文本解读+鉴赏力】

学做人，学做事，学说话，都是可以向唐人学习的。

常常听到或者见到世人盛赞唐朝气度，单就上面所选的短短数句文字来看，优雅、从容、自信的唐人风度等都体现出来了。这足以让人愿意沉醉在唐朝不愿醒来。为何回到唐朝意境就有催人安然入睡的功效？

其一，会说话。虽然经常有言不由衷的情况，但是发自内心的话语还是可以打动人的，特别是充满了理性和温情的声音更是温暖人心。言为心声，发自内心的话语体现了优雅，优雅就是给对方出路，也是给自己出路，再给双方创造一个新的世界。

其二，会做事。走向婚姻殿堂的青年男女，都是怀着对幸福美好生活的向往的；或许婚后的生活偏离了预期的目标，怨恨和愁烦导致了二人情感破裂，就算到了分开的时候，还是希望对方拥有美好的未来，发自内心的祝愿以及自愿给予女方足够的补偿等，都体现了唐人的从容大度。

其三，会做人。婚姻和情感关乎双方的幸福，需要男女双方用心维护和提升。人生百年，掐指算来，觉着时间漫长，可是日月如梭，百年岁月似乎倏忽而至，就有了人生苦短的说法。因此，二人婚姻生活若没有了甜蜜和默契，就应设身处地为对方着想，为对方做事，并给予力所能及的帮助，就是真正学会了做人。

唐朝给世人树立了包容宽厚、自如典雅、大气温情的标杆，就在于给后人提供了学会真正优雅说话、从容做人、自信做人的视角。更难得的是，这是唐朝普通人体现出来的风度，没有地位、名气、财富等的压力，一切都是那么自然、那么轻松、那么真实。

【阅读思考+创造力】

1. 认真阅读，分析选文运用的写作手法。
2. 结合唐朝文献，尝试分析女性对于婚姻角色的反思和觉醒。

【互联网+拓展链接】

1. 搜集古时纯真婚恋的民间故事，写不少于800字的心得。
2. 搜集唐朝骈文代表作两篇，并进行对比分析。

书《洛阳名园记》后

李格非

洛阳处天下之中，挟[1]崤[2]、渑[3]之阻，当秦[4]、陇[5]之襟喉[6]，而赵[7]、魏[8]之走集[9]，盖四方必争之地也。天下当无事则已，有事则洛阳先受兵[10]。予故尝曰："洛阳之盛衰，天下治乱之候也。"

方唐贞观[11]、开元[12]之间，公卿贵戚开馆列第[13]于东都者，号千有馀邸。及其乱离，继以五季[14]之酷，其池塘竹树，兵车蹂[15]践，废而为丘墟；高亭大榭[16]，烟火焚燎，化而为灰烬，与唐共灭而俱亡，无馀处矣。予故尝曰："园囿之兴废，洛阳盛衰之候[17]也。"

且天下之治乱，候于洛阳之盛衰而知；洛阳之盛衰，候于园囿[18]之兴废而得。则《名园记》之作，予岂徒然[19]哉？

呜呼！公卿[20]大夫方进于朝，放[21]乎一己之私意以自为[22]，而忘天下之治忽[23]，欲退享此乐，得乎[24]？唐之末路[25]是矣！

【互联网+注释】

1. 掌握下列字词：

[1] 挟（xié）：拥有。

[2] 崤（xiáo）：崤山，在今河南洛宁县西北。

[3] 渑（miǎn）：渑池，古城名，在今河南渑池县西。

[4] 秦：今陕西一带。

[5] 陇（lǒng）：今陕西西部及甘肃一带。

[6] 襟喉（jīn hóu）：比喻地当要冲，非常关键。

[7] 赵：战国时国名，在今山西、陕西、河北一带。

[8] 魏：战国时国名，在今河南北部、山西西南部一带。

[9] 走集：交通要冲。

[10] 受兵：遭遇战事。

[11] 贞观：唐太宗年号，是唐代兴盛的初期。

[12] 开元：唐玄宗年号，是唐代兴盛的高峰。

[13] 开馆列第：营建公馆府邸。

[14] 五季：后梁、后唐、后晋、后汉、后周五代。

[15] 蹂（róu）：蹂躏，践踏。

[16] 榭（xiè）：高台上的敞屋。

[17] 候：征兆。

[18] 园囿（yòu）：间或畜养有鸟兽的皇家花园。

[19] 徒然：白白地。

[20] 公卿："三公九卿"的简称，夏朝始设，周代沿袭。"公"是周代封爵之首，"卿"是古时高级长官或爵位的称谓。

[21] 放：放纵。

[22] 自为：随心所欲，任意而为。

[23] 治忽：治世和乱世。

[24] 得乎：还能够吗？

[25] 末路：穷途末路，喻没落衰亡的境地。

2. 理解下列语句的意思：

[1] 予故尝曰："洛阳之盛衰，天下治乱之候也。"

[2] 公卿大夫方进于朝，放乎一己之私意以自为，而忘天下之治忽，欲退享此乐，得乎？

【互联网+知人论世】

1. 作者简介：李格非（约 1045—约 1105），字文叔，齐州章丘（今山东章丘）人，北宋文学家，女词人李清照之父。幼时聪敏警俊，刻意于经学，著《〈礼记〉说》数十万言。

2. 查阅资料，说说李格非、李清照、赵挺之以及赵明诚。

【文本解读+鉴赏力】

这篇散文为《洛阳名园记》跋记。但它与其说是阐述写作旨意的后记，毋宁说是饱含忧患意识的政论文。本是游观之属的园池亭榭，在作者看来却关系至大，其兴废系乎都市的盛衰、国运的治乱，并用前代惨痛事实告诫沉湎于享乐的“公卿大夫”。以小及大，目光如炬，对于目前殆危国势有着清醒的认识和深深的担忧。20多年后，北宋覆灭，洛阳陷落，繁丽的花园也随之灰飞烟灭。作者的忧虑不幸而成现实，他的告诫最终于国事无补。难怪南宋不少人读此文，为之流涕不已。

【阅读思考+创造力】

1. 谈谈你所了解的洛阳。如何理解“洛阳之盛衰，天下治乱之候也”?

2. 文中为什么说洛阳是东都?

3. 通过查找图书、电子文献了解贞观之治、开元盛世、五代十国以及北宋灭亡的经过。

【互联网+拓展链接】

1. 课外阅读杨衒之《洛阳伽蓝记》。

https：//www. sbkk88. com/mingzhu/gudaicn/luoyangjialanji/

2. 查阅韦庄《台城》，感叹大唐王朝兴亡之事。

贾谊论[1]

苏轼

非才之难，所以自用者实难。惜乎！贾生，王者之佐，而不能自用其才也。

夫君子之所取者远，则必有所待；所就者大，则必有所忍。古之贤人，皆负可致[2]之才，而卒不能行其万一者，未必皆其时君之罪，或者其自取也。

愚观贾生之论，如其所言，虽三代何以远过？得君如汉文，犹且以不用死。然则是天下无尧、舜，终不可有所为耶？仲尼圣人，历试于天下，苟非大无道之国，皆欲勉强扶持，庶几一日得行其道。将之荆，先之以冉有，申[3]之以子夏。君子之欲得其君，如此其勤也。孟子去齐，三宿而后出昼，犹曰：“王其庶几召我[4]。”君子之不忍弃其君，如此其厚也。公孙丑问曰：“夫子何为不豫[5]？”孟子曰：“方今天下，舍我其谁哉？而吾何为不豫？”君子之爱其身，如此其至也。夫如此而不用，然后知天下果不足与有为，而可以无憾矣。若贾生者，非汉文之不能用生，生之不能用汉文也。

夫绛侯[6]亲握天子玺而授之文帝，灌婴连兵数十万，以决刘、吕之雌雄，又皆高帝之旧将，此其君臣相得之分，岂特父子骨肉手足哉？贾生，洛阳之少年。欲使其一朝之间，尽弃其旧而谋其新，亦已难矣。为贾生者，上得其君，下得其大臣，如绛、灌之属，优游浸渍[7]而深交之，使天子不疑，大臣不忌，然后举天下而唯吾之所欲为，不过十年，可以得志。安有立谈之间，而遽[8]为人“痛哭”哉！观其过湘为赋以吊屈原，纡郁[9]愤闷，趯然[10]有远举之志。其后以自伤哭泣，至于夭绝。是亦不善处穷者也。夫谋之一不见用，则安知终不复用也？不知默默以待其变，而自残至此。呜呼！贾生志大而量小，才有余而识不足也。

古之人，有高世之才，必有遗俗之累[11]。是故非聪明睿智不惑之主，则不能全其用。古今称苻坚得王猛于草茅之中，一朝尽斥去其旧臣，而与之谋。彼其匹夫略有天下之半，其以此哉[12]！愚深悲生之志，故备论之。亦使人君得如贾生之臣，则知其有狷介[13]之操，一不见用，则忧伤病沮，不能复振。而为贾生者，亦谨其所发[14]哉！

【互联网+注释】

1. 掌握下列字词：

[1] 贾谊：西汉初政论家、文学家。少有才名，文帝时曾任太中大夫。因政治上力主革新，得罪周勃、灌婴等旧臣，受排挤不被重用，自伤无状，忧愤而死。

[2] 致：取得，得到。这里指成就功业。

[3] 申：重复，再。

[4] “孟子”句：孟子曾为卿齐国，因齐王不能行其道而辞官离去，但仍在齐地停留了三天，想等齐王改过后重新召他入朝。事见《孟子·公孙丑下》。昼，齐地名，在今山东临淄。庶几，可能或期望。

[5] 豫：高兴，喜悦。

[6] 绛侯：周勃的封号。周勃为刘邦手下大将，曾任太尉。刘邦死前预言“安刘氏天下者必勃也”。刘邦死后，吕氏专权，周勃与陈平、灌婴等合谋诛杀吕氏诸王，拥立文帝刘恒。

[7] 优游：从容不迫的样子，闲适。浸渍：浸染、熏陶。

[8] 遽（jù）：副词，急速，迫不及待地。

[9] 纡郁（yū yù）：郁积，愁苦难解。

[10] 趯（tì）然：跳跃的样子，这里有超然的意思。

[11] 遗：抛弃，不容。累：忧患，祸害，毛病。

[12] 其以此哉：原因大概就是这个。以，由于，因为。

[13] 狷（juàn）介：正直孤傲，洁身自好。狷，固执，固守；介，耿直。

[14] 发：表现，显露。此处泛指立身处世，即上文所谓自用其才。

2. 理解下列语句的意思：

[1] 非才之难，所以自用者实难。

[2] 古之人，有高世之才，必有遗俗之累。

【互联网+知人论世】

1. 苏轼（1037—1101），字子瞻，号东坡居士，世称“苏东坡”，眉州眉山（今四川眉山）人。北宋著名文学家、书画家，“唐宋八大家”之一。苏轼仕途颇多坎坷，仁宗嘉祐二年（1057 年）即中进士及第；神宗元丰三年（1080 年）因“乌台诗案”被贬为黄州团练副使；哲宗即位后，曾任翰林学士、礼部尚书等职，并出知杭州、扬州等地，晚年因新党执政被贬惠州、儋州；宋徽宗时获大赦北还，途中于常州病逝。其诗文汪洋恣肆，豪迈奔放，与韩愈并称“韩潮苏海”。其诗题材广阔，清新雄健，独具风格，与黄庭坚并称“苏黄”。词开豪放一派，与辛弃疾并称“苏辛”。

2. 查询、了解苏轼的文学成就，列举出其中你最喜欢的作品，并谈谈原因。

【文本解读+鉴赏力】

苏轼早年刚入仕时，写了一系列策论，系统地阐述了他的政治思想和政治主张。《贾谊论》就是其中的一篇。贾谊是中国历史上“怀才不遇，郁郁而终”的代表性人物。论者往往惜贾生之才，而叹文帝之误，直追屈原故事。苏轼却从贾谊自身的角度出发，分析其悲剧产生的必然性，批判贾谊的悲剧在于“志大而量小”、不能“自用其才”，从而表达了苏轼对贾谊既同情、惋惜又批判、否定的态度。从别人意想不到的角度切入，得出令人意想不到的结论，标新立异，见解深刻，富有启发性。

文章一开始，就亮出观点：贾谊不能“自用其才”的悲剧源于其自身。然后，由强烈的惋惜进入舒缓的说理。认为贾谊不被汉文帝重用，乃是因为自身的政治修养不够，缺乏坚韧不拔的意志和积极进取的精神。紧接着，一方面结合当时具体历史背景，分析汉文帝不用贾谊的客观原因；另一方面，批判贾谊在政治失意后，自伤自怜，“才有余而识不足”。最后，再次讨论君主与贤人之间的关系，并有所发挥。建议君主对于贾谊这样的臣子，应该针对其个性做出适当的考虑；而贾谊这样的人也应该谨慎地对待自己的立身处事，提高政治素养。

文章紧紧围绕贾谊的悲剧展开，对贾谊的人格特质分析得非常深入，对当时的历史背景的剖析也令人信服，最后得出论点主旨。文章大开大合，而又收放自如，紧凑严密。首先亮明观点，以一种毋庸置疑的口气，总揽下文论述；紧接着，一个“惜乎”的深沉感叹句，以贾谊其人其事，紧紧印证所提观点，而且紧扣文题。接下来又暂时先放开贾谊其人，谈古之君子和贤人。第四段又回到贾谊，文章前后相顾，从而有效地增强了文章的说服力。

【阅读思考+创造力】

1. 人常说：“文人一张嘴。”意思是知识分子谈起国家大事，说起别的人和事来，头头是道，求全责备，但是对于自身的短处却视而不见。苏轼一生仕途坎坷，新党和旧党都排斥他。请结合相关文献资料，谈谈自己的看法。

2. 王安石说苏轼是“邪佞之人”，因为他“作《贾谊论》，言优游浸渍，深交绛、灌，以取天下之权”。你怎么看？

3. 话题讨论：如何扬长避短，发挥自身价值，实现自己的人生目标？

【互联网+拓展链接】

1. 历史上哪些人才有“狷介之操”？每人搜集两例事迹，在课堂上分享并展开讨论。

2. 阅读《柳子厚墓志铭》，体会柳宗元和苏轼两人在人生际遇和文学成就两方面的共同点，写一篇1 000字左右的感想。

曾国藩家书（两篇）

其一

字谕纪鸿[1]儿：

家中人来营者，多称尔举止大方，余为少慰。凡人多望子孙为大官，余不愿为大官，但愿为读书明理之君子。勤俭自持，习劳习苦[2]，可以处乐，可以处约[3]，此君子也。余服官二十年，不敢稍染官宦气习，饮食起居，尚守寒素家风，极俭也可，略丰也可，太丰则吾不敢也。

凡仕宦之家，由俭入奢易，由奢返俭难。尔年尚幼，切不可贪爱奢华，不可惯习懒惰。无论大家小家，士农工商，勤苦俭约，未有不兴，骄奢倦怠，未有不败。尔读书写字，不可间断。早晨要早起，莫坠高曾祖考以来相传之家风。吾父吾叔，皆黎明即起，尔之所知也。

凡富贵功名，皆有命定，半由人力，半由天事。惟学做圣贤，全由自己做主，不与天命相干涉。吾有志学圣贤，少时欠居敬[4]功夫，至今犹不免偶有戏言戏动。尔宜举止端庄，言不妄发，则入德之基也。

手谕（时在江西抚州门外）

咸丰六年九月二十九夜

其二

字谕纪泽、纪鸿儿：

余自从军以来，即怀见危授命之志。丁、戊年在家抱病，常恐溘逝牖下，渝我初志，失信于世。起复[5]再出，意尤坚定，此次若遂不测，毫无牵恋。自念贫窭[6]无知，官至一品，寿逾五十，薄有浮名，兼秉兵权，忝窃[7]万分，夫复何憾！

惟古文与诗，二者用力颇深，探索颇苦，而未能介然用之，独辟康庄。古文尤确有依据，若遽先朝露，则寸心所得，遂成广陵之散[8]。作字用功最浅，而近年亦略有入处。三者一无所成，不无耿耿。

至行军本非余所长，兵贵奇而余太平，兵贵诈而余太直[9]。岂能办此滔天之贼？即前此屡有克捷，已为侥幸，出于非望矣。尔等长大之后，切不可涉历兵间，此事难于见功，易于遣孽，尤易于贻万世口实。余久处行间，日日如坐针毡，所差不负吾心，不负所学者，未尝须臾忘爱民之意耳。近来阅历愈多，深谙督师之苦。尔曹惟当一意读书，不可从军，亦不必做官。

吾教子弟不离八本、三致祥。八者曰：读古书以训诂为本，做诗文以声调为本，养亲以得欢心为本，养生以少恼怒为本，立身以不妄语为本，治家以不晏起[10]为本，居官以不要钱为本，行军以不扰民为本。三者曰：孝致祥，勤致祥，恕致祥。吾父竹亭公之教人，则专重孝字。其少壮敬亲，暮年爱亲，出于至诚。故吾纂墓志，仅叙一事。吾祖星冈公之教人，则有八字、三不信。八者[11]曰：考、宝、早、扫、书、蔬、鱼、猪。三者，曰僧巫、曰地仙、曰医药，皆不信也。

处兹乱世，银钱愈少，则愈可免祸；用度愈省，则愈可养福。尔兄弟奉母，除劳字、俭字之外，别无安身之法。吾当军事极危，辄将此二字叮嘱一遍，此外亦别无遗训之语，尔可禀告诸叔及尔母无忘。

咸丰十一年三月十三日

【互联网+注释】

1. 掌握下列字词：

［1］纪鸿：与第二封家书中提到的纪泽都是曾国藩的儿子。曾纪泽为长子，曾纪鸿为次子。

［2］习劳习苦：习惯劳苦的生活。

［3］约：节俭。

［4］居敬：持身恭敬。

［5］起复：古时官员服父母丧，守期未满即应召赴任官职。明清时专指服父母丧期满后重新复出做官。

［6］贫窭（pín jù）：贫穷。

［7］忝（tiǎn）窃：谦言辱居其位或愧得其名。

［8］广陵之散：魏晋琴家嵇康以善弹此曲著称，后因反对司马氏的专政而惨遭杀害，刑前仍从容不迫，索琴弹奏此曲，并慨然长叹："《广陵散》于今绝矣！"

［9］"兵贵奇而余太平"两句：用兵以令人难测为贵，可是我的性格太平易；用兵以欺诈为贵，可是我的性格太正直。

［10］晏起：很晚才起床。

［11］八者：曾国藩在咸丰十年《致澄弟》信中解释道："早者，起早也；扫者，扫屋也；考者，祭祀祖先，敬奉显考、王考、曾祖考，言考而妣可该也；宝者，亲族邻里，时时周旋，贺喜吊丧，问疾济急。"书、蔬、鱼、猪，主要是指读书、种菜、养鱼、喂猪这几件事。

2. 理解下列语句的意思：

［1］无论大家小家，士农工商，勤苦俭约，未有不兴，骄奢倦怠，未有不败。

［2］尔年尚幼，切不可贪爱奢华，不可惯习懒惰。

［3］八者曰：读古书以训诂为本，做诗文以声调为本，养亲以得欢心为本，养生以少恼怒为本，立身以不妄语为本，治家以不晏起为本，居官以不要钱为本，行军以不扰民为本。

［4］三者曰：孝致祥，勤致祥，恕致祥。

【互联网+知人论世】

1. 作者简介：曾国藩（1811—1872），湖南湘乡人，初名子城，字伯涵，号涤生，中国近代政治家、战略家、理学家、文学家，与李鸿章、左宗棠、张之洞并称"晚清四大名臣"。官至两江总督、直隶总督、武英殿大学士，封一等毅勇侯，谥曰文正。曾国藩主张凡事要勤俭廉劳，不可为官自傲。他修身律己，以德求官，礼治为先，以忠谋政，在官场上获得了巨大的成功。曾国藩的崛起，对清王朝的政治、军事、文化、经济等方面都产生了深远的影响。在曾国藩的倡议下，建造了中国第一艘轮船，建立了第一所兵工学堂，翻译并印刷了第一批西方书籍，安排了第一批赴美留学生，可谓在治家、治军、治国、教育等方面都有所建树。

2. 通过互联网查阅相关史料，具体了解曾国藩在思想、政治、军事、文学等领域所取得的成就。

3. 尽可能地搜集相关资料，看看历史上对曾国藩有哪些评价。

【文本解读+鉴赏力】

曾国藩身为晚清时期朝廷重臣，给人的感觉恐怕是高高在上、不苟言笑。但随着曾氏家书的面世，一位对修身、教子、持家、交友、用人、治军、为政、处世、理财、治学等多个问题都有深刻见解的从政者形象，逐渐显现在人们眼前。《曾国藩家书》是曾国藩的书信集，其中辑录了曾国藩从清道光三十年至同治十年前后30年间近1 500封家信。所涉及的内容极为广泛，是曾国藩一生的主要活动和其治政、治家、治学之道的生动反映。家书行文从容淡定，形式自由，随想而到，挥笔自如，在平淡家常中蕴含真知良言，具有极强的说服力和感召力。尽管曾氏留传下来的著作很少，但一部家书也可以体现他的学识造诣和道德修养。曾国藩作为清代著名的理学家、文学家，对书信格式极为讲究，显示了他恭肃、严谨的作风。

本文所选两篇均是曾国藩写给儿子的家书，信中谆谆教诲，循循善诱，鼓励诫勉，严慈相济，展现了他高明的家教手法。他给孩子的劝诫大概有以下几点：第一，保持寒素家风，勿染官宦习气。第二，读书明理，不可间断。第三，淡泊功名，多修德行。第四，恪守祖训，力戒骄奢。

难能可贵的是，作为父亲的曾国藩并没有摆出封建大家长式的冷酷威严，而是结合自己多年接触社会所收获的人生经验，语气温婉平和，耐心地引导孩子去理解自己寄予他们的殷切希望和初衷，他在陈述道理的同时还提出了具体的实现措施，使得传统的说教不再冰冷生硬，而是理据和方法并存，免除了流于空洞和教条的可能。此外，曾国藩在教育子女的时候，还能现身说法，以己为证。一方面，他不讳言缺陷，坦然承认自己在学为圣贤的路途上仍有不足；另一方面，他不自满于既得的成就，多以自谦之辞平静道来。不管属于哪种情况，其目的都在于以身作则，更好地教育并激励孩子，足可见出这位为人父者的一番良苦用心。

【阅读思考+创造力】

1. 这两封家书都涉及“勤俭”的话题，试在文中找到相关语句，并就此话题谈谈自己的看法。

2. 除了“勤俭”之外，曾国藩在两封家书中还提到了哪些为人处世的原则？请仔细阅读文章并一一列举出来。

【互联网+拓展链接】

1. 课外阅读：（北齐）颜之推《颜氏家训》、（明）洪应明《菜根谭》。

2. 观看视频：观看国内首档书信朗读节目“见字如面”。

3. “互联网+”的时代，各种高科技通信工具的出现，使我们已经很少通过纸质家书的方式与家人联系，但这不应该成为亲情淡化的理由。请通过电话、短信、微信等方式与你的一位亲人联系，跟他（她）聊聊你近期的生活状况。

就任北京大学校长之演说

蔡元培

五年前，严几道[1]先生为本校校长时，余方服务教育部，开学日曾有所贡献于同校。诸君多自预科[2]毕业而来，想必闻知。士别三日，刮目相见，况时阅数载[3]，诸君较昔当必为长足[4]之进步矣。予今长斯校，请更以三事为诸君告。

一曰抱定宗旨[5]。诸君来此求学，必有一定宗旨，欲知宗旨之正大与否，必先知大学之性质。今人肄业[6]专门学校，学成任事，此固势所必然。而在大学则不然，大学者，研究高深学问者也。外人每指摘[7]本校之腐败，以求学于此者，皆有做官发财思想，故毕业预科者，多入法科，入文科者甚少，入理科者尤少，盖以法科为干禄之终南捷径也[8]。因做官心热，对于教员，则不问其学问之浅深，惟问其官阶之大小。官阶大者，特别欢迎，盖为将来毕业有人提携[9]也。现在我国精于政法者，多入政界，专任教授者甚少，故聘请教员，不得不聘请兼职之人，亦属不得已之举。究之外人指摘之当否，姑不具论，然弭谤[10]莫如自修，人讥我腐败（而我不腐败），问心无愧[11]，于我何惧（损）？果欲达其做官发财之目的，则北京不少专门学校，入法科者尽可肄业于法律学堂，入商科者亦可投考商业学校，又何必来此大学？所以诸君须抱定宗旨，为求学而来。入法科者，非为做官；入商科者，非为致富。宗旨既定，自趋正轨，诸君肄业于此，或三年，或四年，时间不为不多，苟能爱惜光阴，孜孜[12]求学，则其造诣，容有底止[13]。若徒志在做官发财，宗旨既乖[14]，趋向自异。平时则放荡冶游[15]，考试则熟读讲义，不问学问之有无，惟争分数之多寡；试验既终，书籍束之高阁[16]，毫不过问，敷衍三四年，潦草塞责，文凭到手，即可借此活动于社会，岂非与求学初衷大相背驰乎？光阴虚度，学问毫无，是自误也。且辛亥之役，吾人之所以革命，因清廷官吏之腐败。即在今日，吾人对于当轴多不满意，亦以其道德沦丧[17]。今诸君苟不于此时植其基，勤其学，则将来万一因生计所迫，出而仕（任）事，担任讲席，则必贻误[18]学生；置身政界，则必贻误[19]国家。是误人也。误己误人，又岂本心所愿乎？故宗旨不可以不正大。此余所希望于诸君者一也。

二曰砥砺德行。方今风俗日偷[20]，道德沦丧，北京社会，尤为恶劣，败德毁行之事，触目皆是，非根基深固，鲜不为流俗所染。诸君肄业大学，当能束身自爱。然国家之兴替，视风俗之厚薄。流俗如此，前途何堪设想。故必有卓绝之士，以身作则，力矫颓俗。诸君为大学学生，地位甚高，肩此重任，责无旁贷，故诸君不惟思所以感己，更必有以励人。苟德之不修，学之不讲，同乎流俗，合乎污世，己且为人轻侮，更何足以感人。然诸君终日伏首案前，芸芸攻苦，毫无娱乐之事，必感身体上之苦痛。为诸君计，莫如以正当之娱乐，易不正当之娱乐，庶于道德无亏[21]，而于身体有益。诸君入分科时，曾填写愿书，遵守本校规则，苟中道而违之，岂非与原始之意相反乎？故品行不可以不谨严。此余所希望于诸君者二也。

三曰敬爱师友。教员之教授，职员之任务，皆以图诸君求学便利，诸君能无动于衷乎？自应以诚相待，敬礼有加。至于同学共处一室，尤应互相亲爱，庶可收切磋之效。不惟开诚布公，更宜道义相勖[22]，盖同处此校，毁誉共之。同学中苟道德有亏，行有不正，为社会所訾詈，己虽规行矩步，亦莫能辨，此所以必互相劝勉也。余在德国，每至店肆购买物品，店主殷勤款待，付价接物，互相称谢，此虽小节，然亦交际所必需，常人如此，况堂堂大学生乎？对于师友之敬爱，此余所希望于诸君者三也。

余到校视事仅数日，校事多未详悉，兹所计划者二事：一曰改良讲义。诸君既研究高深学问，自与中学、高等不同，不惟恃教员讲授，尤赖一己潜修。以后所印讲义，只列纲要，细微（枝）末节，以及精旨奥义，或讲师口授，或自行参考，以期学有心得，能裨实用。二曰添购书籍。本校图书馆书籍虽多，然新出者甚少，苟不广为购办，必不足供学生之参考。刻拟筹集款项，多购新书，将来典籍满架，自可旁稽博采，无虞缺乏矣。今日所与诸君陈说者只此，以后会晤日长，随时再为商榷可也。

【互联网+注释】

1. 掌握下列字词：

［1］严几道：严复（1853—1921），“几道”是他的字，近代启蒙思想家、翻译家，京师大学堂改名为北京大学后的第一任校长。

［2］预科：当时北大设文、法、理、工科和预科。预科相当于北大的附属高中，学制为三年（后改两年），毕业后可免试升入本科。

［3］况时阅数载：况且时间经过几年。阅：经过。

［4］长（cháng）足：形容进展迅速。

［5］抱定宗旨：抱定研究学问的宗旨。

［6］肄业：在这里是就学的意思。肄：学习。

［7］指摘：指出错误，加以批评。

［8］盖以法科为干禄之终南捷径也：以：把。干禄：求取功名利禄，禄：古代官吏的俸给。终南捷径：达到目的的便捷途径。

［9］提携：比喻在事业上扶植后辈。

［10］弭（mǐ）谤（bàng）：禁止非议，制止指责议论。弭：消除，平息。

［11］问心无愧：没有做对不起别人的事。

［12］孜孜：勤勉。

［13］则求造诣，容有底止：学业达到某种程度，前途可望。

［14］若徒志在做官发财，宗旨既乖：徒，只、仅仅。乖：背离，违背。

［15］冶游：同“游冶”，四处游玩。

［16］束之高阁：把东西捆起来，放在高高的架子上面，比喻放在一边不用它，不管它。

［17］吾人对于当轴多不满意，亦以其道德沦丧：当轴，旧指当政大臣，比喻居于政要地位的人。语出《宋史·苏轼传》：“积以论事，为当轴者恨。”以，因为。沦丧：沉没，丧失。

［18］贻误：错误遗留下去，使受到坏的影响；耽误。

［19］砥砺：砥（dǐ）（旧曾读 zhǐ），细的磨刀石。砺，粗磨刀石。此指磨炼。

［20］日偷：越来越苟且敷衍，只顾眼前。偷，苟且。

［21］庶于道德无亏：庶，期望、希望。

［22］相勖（xù）：相互勉励。

2. 理解下列语句的意思：

［1］平时则放荡冶游，考试则熟读讲义，不问学问之有无，惟争分数之多寡；试验既终，书籍束之高阁，毫不过问，敷衍三四年，潦草塞责，文凭到手，即可借此活动于社会，岂非与求学初衷大相背驰乎？光阴虚度，学问毫无，是自误也。

［2］君既研究高深学问，自与中学、高等不同，不惟恃教员讲授，尤赖一己潜修。

【互联网+知人论世】

1. 作者简介：蔡元培，汉族，浙江绍兴山阴县（今浙江绍兴）人，原籍浙江诸暨。革命家、教育家、政治家。中华民国首任教育总长，1916—1927 年任北京大学校长，革新北大，开“学术”与“自由”之风。

2. 蔡元培对近代与现代中国教育、中国革命做出了什么贡献？

3. 搜集蔡元培著述代表作，选一种列出学习的阅读要点。

【文本解读+鉴赏力】

北京大学创办于 1898 年，初名京师大学堂，是中国第一所现代意义上的大学。

京师大学堂的诞生，是戊戌变法的产物。戊戌变法失败以后，所有新政措施几乎都被废除，只有京师大学堂得以保留。1911 年，辛亥革命推翻了清王朝的统治。1912 年 5 月，京师大学堂改名为“北京大学”。但 1917 年蔡元培接任之前的北大，总的来说还是一所封建思想、官僚习气十分浓厚的学府。因初办时所收学生都是京官或八旗贵族子弟，来上学时，有不少还带着听差，上学只是为了升官发财，对研究学问没什么兴趣，而是想方设法混资历、找靠山。蔡元培的贡献就在于，他把陈腐的北大，变成了学术至上的真正大学。他以果决的气魄，按照自己的教育理想，采取一系列对症下药的措施，一步步地改造北大，使北大逐步显示出全新的风貌。两三年时间，北大便从一个培养官僚的腐朽机构一跃而成为全国进步青年仰慕的真正学府。

在办学方针上，蔡元培提出“兼容并包”，延请陈独秀等大批新学人物和刘师培等旧学人士进入北大，并裁减了不称职的教员，清除了一大批腐朽守旧的人物。经过这番整顿，教师队伍的素质大大提高。与此同时，他还在学生中间大力提倡思想自由，培养学术研究风气，树立新道德新风尚。本文就是他这一思想的集中体现。

【阅读思考+创造力】

1. 蔡元培对青年学子提出了三点要求，时至今日还有现实意义吗？

2. 现代大学生除了以上三点，你认为还应该在哪些方面加强学习？

3. 你所认知的大学应该是什么样子的？

【互联网+拓展链接】

1. 莫言诺贝尔颁奖仪式演讲词。

视频：http://www.iqiyi.com/w_19rrlsuosh.html；

文章：http://www.360doc.com/content/12/1211/16/45084_253431122. shtml.

2. 观赏名人演讲视频，学习演讲技巧。组织班级同学举行演讲比赛。